유무죄 세계의
사랑법

유무죄 세계의
사랑법

**범죄 너머에서 발견한
인간에 대한 낙관**

정명원 지음

프롤로그

대체로 유죄이고, 가끔씩 무죄인 세계에서의 사랑법

온통 복잡하고 모호한 세상에 비하면 형사사법의 세계는 간명하다. 이곳은 오직 유죄와 무죄로 나눠지는 세상, 유죄가 될 수 없다면 무죄인 세계다. 제아무리 복잡한 사연도 엉킨 감정도 마찬가지다. 정해진 절차와 법규의 틀 안에서 어쨌든 답을 찾을 수 있다.

그 명확성에 기대어 세상을 이해하고 싶었다. '그것 참 근사한 일이군' 생각하며 유무죄의 틀로 세상 속을 들여다보는 일을 직업으로 삼았다. 2006년 2월 검사가 되었다.

그러나 들여다볼수록 알 수 없는 것이 세상이었다. 오래 공부한 방식으로 절차와 법규를 적용해보면 유무죄의 결과는 간명한데, 인간 세상에는 그것으로 다 담지 못하는 수없는 갈래와 맥락이 존재한다는 사실만이 거듭 확인될 뿐이었다. 그렇게 남겨진 맥락들이 질문의 형태로 한 검사 인간의 마음 한편에 차곡차곡 쌓였다.

세상에 떠들썩하게 알려진 아동학대치사 사건이 있었다. 자신을 엄마라 부르는 작은 아이를 굶기고 때리고 감금해 끝내 죽음에 이르게 한 이야기를 전해 듣고 사람들은 경악했다. 인간이 어찌 그럴 수 있느냐고, 그를 최고의 형에 처하라고 분노에 찬 대중이 돌을 던졌다. 인터넷에는 아이를 추모하는 카페가 생겼다. 처음에는 슬픔과 미안함으로 채워지던 추모 공간은 점점 다 옮길 수도 없는 격한 욕설들로 채워졌다. 태반은 사건과 연관성 없는 성적 조롱과 혐오의 말들이었다. 시간이 지나고 사건이 사람들의 기억 속에서 흐릿해질 무렵, 추모 카페에 모욕적 댓글을 달았던 이들이 모욕죄와 명예훼손죄로 고소되었다. 고소를 당한 이들 중 한 사람인 K는 이 상황을 무척 억울해했다. 적반하장도 유분수지, 하고 화를 내다가 일찍 세상을 떠난 아이가 너무 가여워 자신도 모르게 격한 표현을 쓰게 되었다고 그렁그렁한 눈으로 호소했다. 그런 K의 전과목록에는 그가 청소년 성매매로 처벌받은 사실이 있다고 적혀 있었다.

악은 다만 악의 얼굴을 하지 않고 복잡다단한 표정을 하고 있어서 단번에 제대로 알아보기 어렵다. 큰 악과 그보다 조금 작은 악과 그럭저럭한 악들이 서로 엉켜 누가 누구를 욕해야 좋을지 알 수 없는 상황에서 인간은 특별한 악의 없이도 범죄를 저지른다. 범죄를 저지르는 동시에 상처를 입기도 하고, 상처 입었다고 생각하는 만큼 다른 이를 할퀴기도 한다. 탐욕과 무책임과 분노와 이기심, 될 대로 되라는 체념과 다들 그렇게 사는 것 아니냐는 합리화가 알 수 없는 비율로 섞여 서로를 찌르고 속이고 할퀴는 세계에서, 그 상흔을 오롯이 지우는 법을 우리는 알지 못한다.

이런 것이 세상이라면 우리에게 희망이 있을까? 사건 기록이 어지러이 널린 책상 위로 수시로 깊은 회의가 들이닥쳤다.

그럼에도 불구하고 아예 절망하지는 않고 다시금 나의 일 앞으로 가 앉을 수 있었던 이유는, 내가 조금 다른 이야기도 알고 있기 때문이다.

갑자기 폭설이 내린 날의 어느 이른 아침. 차를 운전해 출근을 서두르던 말단 공무원 A는 교통사고를 냈다. 아직 어둠이 가시지 않은 이른 아침의 시골 국도길에 사람이 있으리라 생각하지 못하고 속도를 올리다가 길을 따라 걷던 피해자를 친 것이다. 피해자는 목숨을 잃었다. 불시에 가족을 잃은 유족들의 슬픔 뒤로, 징역형을 받을 시 공무원직을 잃게 될 A의 비극이 숨죽여 웅크렸다. 무엇도 한 사람의 생명을 대신할 수 없었지만 살아 있는 이들의 남은 생에는 우선 합의가 필요했다. 얼마간의 시간이 지나 합의가 되었다는 소식이 전해졌다. 피해자 유족이 제출한 합의서에는 적지 않은 돈이 든 봉투 하나가 첨부되어 있었다.

'그날 아침에 일어난 일로 그도 많이 놀라고 힘든 날들을 보내고 있을 겁니다. 이 돈으로 A가 트라우마 치료를 받을 수 있도록 해주십시오.'

이전에는 본 적 없는 합의서의 낯선 문구를 들여다보며 여기에 담긴 사람의 마음은 어떤 것일까 생각했다. 그리고 마침내 하나의 문장이 떠올랐다. '애쓰고 있는 것이구나.'

가족을 잃어 회복되지 않는 상처 자리 옆에 가해자의 아픔을 헤아려 자리를 내어주는 마음은 애잔하고, 그래서 장엄하다. 맞은편에 웅크린 이의 거친 손등에 눈물이 다 마르지 않은 젖은 손을 겹쳐보는 마음, 그것이 연약한 생에 득달같이 들이닥치는 비극을 이해하고 회복하는 또 하나의 방식이 될 수 있다는 사실을 어렴풋이 깨닫는다.

문득 쏟아지는 폭설처럼 닥쳐오는 삶의 비극 앞에, 유죄와 무죄를 가르는 일은 종종 무력하다. 아무리 유죄를 입증하고 형을 집행한다 하더라도 매번 낯선 얼굴로 찾아오는 슬픔을 다 가릴 수 없다. 그렇지만 애를 써보는 것이다. 각자 자신이 아는 방식으로 끝내 악의와 범죄에 지지 않으려고 할 수 있는 일을 해보는 것이다. 그 애씀으로 인하여 아예 무너지지는 않는 것 또한 인간이라는 생각이 코끝에 찡하게 맺힌다.

형사법의 세계에서 인간은 대체로 유죄이고, 가끔씩 무죄지만, 그런 뻔한 것들로 세상이 구성되었다고 생각하지는 않는다. 유죄와 무죄의 틈바구니를 애써 버티는 힘으로 사람의 역사는 쓰인다. 그러므로 검사로 일하며 내가 매일 마주한 것은 시커먼 악의 얼굴도 청명한 정의의 얼굴도 아니다. 다만 애쓰고 있는 평범한 이들의 얼굴이다. 그 얼굴을 오래 들여다보며 내가 알게 된 사실을 여기에 조금씩 기록해보았다. 거기에는 직업병처럼 미간을 좁힌 채 각자의 세계를 이해하려고 분투하는 나와 내 동료들의 표정도 들어 있다.

보나 마나 슬프고 답답한 이야기뿐이겠거니 미리 예단하지는 말아주시라. 우리 모두는 범죄라는 형태의 비극과 싸우며 살지만 알고 보면 명랑한 구석이 있는 인생들이니까.

이 시대에… 검사된 자가 책을 낸다는 것은 어떻게 이해될까, 가던 발걸음을 멈추고 생각해보는 날들이 많았다. 나는 마치 무너져가는 왕국의 성곽에 꽃을 심는 한가한 정원사가 아닌가 생각해본 날도 있다. 그러나 이내 생각을 고쳐먹는다. 애초에 이 성곽이 지키고자 하는 것이 무엇인가를 생각해보면 답은 조금 더 명확해진다.

범죄의 땅을 일구는 방식에 대해 그 어느 때보다 다양한 생각과 반성과 촉구가 내려앉고 있다. 그리하여 우리는 어떤 방식으로든 변해갈 것이다. 그 변화의 결과로 어떤 이름의 형사 사법 시스템을 구축하게 될지 단정할 수 없지만, 그것이 무엇이건 간에 그 땅에서 우리가 지키고자 하는 바는 지금과 다르지 않을 것이다. 범죄라는 이름의 재난 앞에 소중한 이들의 다정함을 지켜내고자 하는 것, 그러한 방식으로 인간이라는 연약한 종족에 대한 낙관을 잃지 않는 것.

나의 기록이 그 낙관을 위한 애씀의 흔적으로 이해될 수 있으면 좋겠다.

2025년 여름의 초입

정명원

차례

프롤로그　　　　　　　　　　　　　　　　　　　4

1부　　사건 외곽의 풍경들

작가 지망 검사의 공소장　　　　　　　　　　15
대단한 그녀　　　　　　　　　　　　　　　　23
법정의 연기자들　　　　　　　　　　　　　　33
존속살해예비죄가 품고 있는 세계　　　　　　45
싸움의 기술　　　　　　　　　　　　　　　　54
고등어 삼촌의 지하실 왕국　　　　　　　　　60
사기와 패기 사이　　　　　　　　　　　　　　68
두부 공장 횡령 사건　　　　　　　　　　　　76
어떤 씨닭　　　　　　　　　　　　　　　　　82
지역에 대형 백화점이 들어오고 나서　　　　88
세상의 끝, 그녀의 집　　　　　　　　　　　　94
우리가 끝내 믿어보는 어떤 것　　　　　　　100
수사가 끝난 지점에서 어떤 이야기는 시작되지　109

2부 유무죄 세계의 사랑법

공판부장 J검사의 하루	117
나의 사무실 변천사	124
어떤 검사를 움직이는 힘	129
그 시절, 우리가 술잔에 담았던 것들 1	138
그 시절, 우리가 술잔에 담았던 것들 2	148
쪽박산을 위하여 건배!	160
검사 엄마 2	169
민원인의 송곳 끝이 나를 향하던 순간	181
검찰청 생활체조동호회	188
나의 댄스: 현재와 과거와 미래	197
경직이 인간에게 끼치는 영향	209
오늘도 무사히, 우당탕탕 공판부	217

3부   시골지청 안단테

시골지청 안단테: intro   229
여기는 심쿵요정들이 살고 있어요   233
웰컴 투 곶감 시티   239
여사님들의 꽃놀이   245
B검사는 버섯이 싫다고 했었지   251
해피엔드를 향하여, 구속영장   262
장화를 샀다   271
우리는 징검다리를 건너 스타벅스에 간다   279
물끄러미와 넌지시 사이에서   288
굿바이 상주, 올리브그린색 작별   294

에필로그   301
추천의 말   307

1부 사건 외곽의 풍경들

작가 지망 검사의 공소장

'피고인은 피해자의 아들과 결혼하였다가 이혼한 사람이다.'
 공소장의 첫 문장은 이렇게 시작되었다. 즉, 피고인은 피해자의 전 며느리이고 피해자는 피고인의 전 시어머니라는 이야기다. 죄명은 주거침입. 여기까지만 보고도 경험이 많은 검사는 대략의 스토리를 유추해낼 수 있다. 피고인과 피해자의 아들 사이의 결혼 생활은 순탄치 않았을 것이다. 그 갈등의 한 부분에 아마도 시어머니가 관여한 부분이 있을 것이다. 이혼으로도 정리되지 않은 분노와 원망이 그들 사이에 있었을 것이고, 아마도 무엇인가를 되찾으려고 전 며느리는 전 시어머니의 집에 침입했을 것이다. 찾으려는 것이 돈이거나 재산이거나 자녀일 수 있겠고, 다만 못다 푼 분노를 풀어내기 위한 것일 수도 있겠다. 흔한 이야기들. 진부하나 실존하는 스토리들이다.
 간단히 처리할 수 있겠다고 기록을 넘기는데, 전개가 조금 이상하다. 전 시댁의 마당에 침입한 피고인은 다만 마당 한쪽에서 눈물을 흘리며 서 있었다고 경찰의 수사보고서에 적혀 있었다. 행패를 부리거나 집을 난장판으로 만들거나 무언가를 빼앗아 오려는 시도도 하지 않고 다만 울면서 서 있었다는 것은, 어딘지 해석이 잘 안 되는 부분이었다. 답은 피고인이 된 며느리의 진술에 있었다. 어떤 경위로 이혼을 했지만 마음이 다 정리되지 않았고 그전에 잘해주시던 시부모를 만나 전처럼 따숩게 밥이라도 먹고 싶어 찾아왔는데 받아주지 않을 것 같아 그저 마당에서 울고 있었다는 것이다.

그렇다면 이제 의문은 다른 방향으로 향한다. 아무리 아들과 이혼한 사이라 하더라도 그저 마당에 서서 울고 있는 전 며느리를 경찰에 신고까지 할 일인가. 더없이 인정머리 없는 시어머니가 아닌가 의심하는 찰나, 다음 장에 편철된 시어머니의 진술서에 눈길이 머문다.

'더는 연이 없는 사람들입니다. 각자 자기 인생을 향해 걸어가야 할 텐데, 며느리가 마음을 못 잡고 자꾸만 찾아옵니다. 몇 번을 타일러도 보고 화도 내보면서 돌려보냈지만 자꾸 다시 옵니다. 이제는 법으로 작게나마 어떤 처벌이라도 하는 것이 그 아이도 제 한 몸 건사하고 살게 하는 길이 아닐까 싶습니다.'

'더는 연이 없는…' 부분과 '제 한 몸 건사하고 사는 길' 부분에서 숨을 들이쉬게 된다. 생의 연들은 얼마나 다양하게 얽히고설키는가, 그 난맥 속에서 각자 제 한 몸 건사하고 산다는 것은 얼마나 또 어려운 일인가. 한때 시어머니였던 여자가 이제는 끊어진 인연의 끈을 놓지 못하는 며느리였던 여자의 등을 두드린다. 네 길을 가라고, 각자의 삶에서 각자의 생을 건사하며 사는 일은 언제고 두렵고 서러운 일이겠지만 그리 가는 것이 인생이라고 늙은 여자가 젊은 여자에게 말한다. 알겠다고 하고서는 자꾸만 돌아와 울고 서 있는 더는 연이 없는 며느리에게 법으로라도 신신당부해달라고 말한다. 뻔해 보이던 범죄사실의 첫 문장은 이제 다르게 읽힌다.

공소사실은 주로 관계를 설명하는 문장에서 시작돼 범죄사실을 완성하는 문장으로 끝난다. '피고인과 피해자는 친구 사이다'로 시작해 '피고인은 이같이 피해자를 속여 3000만 원을 편취하였다'로 끝나기도 하고 '피고인과 피해자는 전혀 모르는 사이다'로 시작해 '피고인은 피해자를 폭행하였다'로 끝나기도 한다. '피고인과 피해자는 부부였다'로 시작해 '피고인은 피해자를 살해하였다'로 어떤 공소장의 문장은 마무리된다. 공소장의 세계에서 범죄사실의 다정한 도입부가 끝까지 이어지는 경우는 없다. 관계에서 비롯되는 범죄들의 끝은 주로 관계의 파멸로 마무리된다. 그래서 첫 문장의 관계가 돈독할수록, 범죄는 잔혹하고 애잔하다.

공소장은 형식이 정해져 있는 글쓰기다. 죄명에 따라, 범죄의 유형에 따라 시작하는 문장에서 끝나는 문장까지의 구성이 거의 정해져 있다. 하나의 공소장 속에는 반드시 들어가야 할 요소들과 그 순서도 정해져 있다. 그 외에 꾸미는 말, 연결하는 말, 감탄하는 말들은 생략된다. 최대한 건조하게 범죄의 뼈대만을 발라 조립해내는 것이 공소장이다.

하지만 범죄는 뼈대로만 구성되어 있지 않다. 범죄구성요소라는 뼈대가 있겠지만 거기에는 살도 있고 지방도 있고 피도 땀도 눈물도 있다. 그것들은 하나의 덩어리로 엉켜 누군가의 삶의 한 부분으로 놓여 있다. 각각 모양과 질감과 온도가 다르다. 모두 다른 것들 속에서 공통적으로 존재하는 범죄의 뼈대만을 추려내는 것이 공소장의 1차 목표다. 있어야 할 뼈대를 정확히 찾아내 있을 곳에 놓으면 성공이다. 그러면 공소장을 쓰는 시험에서 감점당하지 않는다.

그러나 어떤 검사는 여기에서 만족하지 않는다. 한 단계 더 나아가고 싶어 한다. 뼈대로만 이루어진 문장의 세상에 어떻게 숨을 불어넣을 수 있을까. 뼈대를 명확히 하기 위해 발라지고 생략된 것들의 뉘앙스를 어떻게 전달할 수 있을까. 하여 뼈대로만 이루어진 문장으로도 뼈대가 아닌 사람의 이야기를 오롯이 담는 것이 가능할까. 이것은 마치 해체와 조합과 해체가 반복되는 현대 미술의 한 장르인 것도 같다. 어찌어찌 가장 가까운 곳까지는 갈 수 있을지언정 그 자체에는 가닿을 수 없는 방법으로 진실을 추구하는 인간의 악취미 같은 것.

그런 의미에서 문장을 쓰는 일에 대해 애착을 지닌 인간은 공소장을 쓰면서 자주 좌절한다. 그 빈약함에 숨이 막히고 너절함에 진저리가 난다. 이것은 지나치게 어려운 장르다. 어쩌면 잘 쓰고 싶다는 욕망을 투여하는 것 자체가 금지된 영역이 아닌가 싶다. 그런데, 아주 가끔 만날 때가 있다. 정확히 있어야 할 위치에 있어야 할 각도로 구성된 뼈대의 세상, 그 사이로 바람이 불고 숨결이 일고 어떤 생의 한순간이 한 치의 오차도 없이 피사되었다고 판단되는 어떤 문장들. 비로소 만족한다. 숨 막히게 절묘한 균형점 위에서 잠시 맞이하는 해방의 순간. 그걸 잊지 못해, 밥 먹듯 찍어내는 공문서일 뿐이지만 어떤 사건에서는 공소장의 첫 문장을 오래 고른다. 숨을 멈추고 가장 정확한 문장이 떠올라주기를 기다린다.

'피고인과 피해자는 양파밭에서 일하다가 서로 사귀게 되었다'로 시작되는 공소장이 있었다. 상상해보자. 이 뒤에 어떤 이야기가 뒤따르게 될까. 어차피 범죄에 대한 이야기일 것이고 당연히도 아름답지 않을 사실들일 것이지만 어쩐지 저 첫 문장은 다음 문장을 기대하게 만드는 묘한 지점이 있다. 아마도 '양파밭' 때문일 것이다. 세상에는 연인들이 만나게 되는 수많은 장소들이 있다. 아침운동을 하다가 사귀게 된 연인도, 흔한 소개팅에서 만난 연인도, 길을 건너다가 우연히 운명 같은 사랑에 빠지는 연인도 있을 것이다. 그 수많은 만

남의 경위 중에 양파밭에서 일하다가 만나게 된다는 것은 어떤 의미일까.

뒤이어 이어지는 문장들은 예상하다시피 아름답지 않다. 그러던 중 피해자 쪽이 결별을 요구하게 되었고 이를 받아들이지 못한 피고인은 피해자의 집 앞에 찾아가 소란을 피워 경찰에 신고되었다는 흔하고도 씁쓸한 내용이다. 그런데도 첫 문장의 저 양파밭이 어쩐지 자꾸 마음에 남는다. 엄밀히 말해 양파밭은 이 사건을 구성하는 데 중요한 요소가 아니다. 뼈대가 아니라는 말인데, 왜 저곳에 들어가 있을까. 이 공소사실을 구성한 인간이 양파밭을 끼워 넣음으로 해서 보여주고자 했던 것은 무엇일까.

문장과 문장을 쓰는 인간의 욕망에 대해 과도하게 의미를 부여하는 경향이 있는 나는 어쩌면 아무 생각 없이 적어 넣었을지 모를 양파밭의 세계에 빠져든다. 어째서인지 노을이 내리고 있는 양파밭을 상상한다. 거대한 양파밭 사이로 각자 다른 곳에서부터 시작해 양파를 뽑아 오다가 마침내 밭 한가운데서 서로의 존재를 마주한 두 사람, 각자의 살아온 궤적과도 같은 피로와 두 손에 묵직하게 뽑아 든 양파의 알싸함을 이해하는 존재로서 잠시 연인이 되었던 두 사람, 백화점이나 회사 사무실이 아니라 양파밭에서 일하다가 서로를 알게 되어 더욱 맵고 달았을 그들의 인연을 생각하면 그에 뒤이은 파국이 더욱 안타깝고, 피고인 행위의 위험성을 양형하는 일이 조금 다르게 읽히기도 한다.

그러나 이것은 어디까지나 일이 힘들면 낭만의 세계로 도피하는 습관을 가진 낭만주의 문장 애착자의 시선일 뿐, 옆에서 내가 하는 양을 지켜보던 현실주의 수사관이 한마디 한다.

"양파밭에서 하라는 일은 안 하고 사랑에 빠졌다고요? 에이… 엄벌해야 되겠구만요."

알고 보니 수사관은 시골 밭에서 양파 농사를 지어본 적이 있는 농장주였다. 양파를 출하할 시기에는 일손이 얼마나 바쁜데 사랑 타령이나 하고 있다니, 속 터지는 일이라고 농장주님은 말했다.

아, 이래서 공소장에는 쓸데없는 말들을 생략하고 뼈대만 쓰라고 하는 것인가 보군. 뒤늦은 깨달음이 양파향처럼 알싸하게 올라오는 가운데, 귓전을 때리는 부장님의 목소리.

"빨리 공소장 써서 사건 처리 안 하고 뭐하냐~"

퍼뜩 정신을 차리고 보니 오래 첫 문장을 찾지 못한 채 남은 미제사건의 목록에는 빨갛게 경고등이 들어와 있다(검찰의 사건부 시스템에는 오래된 사건의 번호 앞에 빨간 불이 들어오는 경고 기능이 있다).

이런, '버려진 섬마다 꽃이 피었군'. (feat. 김훈,《칼의 노래》첫 문장) 못다 이룬 작가의 꿈을 꿀꺽 삼키며 검사는 익히 알고 있는 방식의 공소장을 향해 내달린다. '피고인과 피해자는 직장동료 사이다. 피고인은 피해자가 평소 자신을 무시한다고 생각해 앙심을 품고….'

대단한 그녀

 대단하다. 그녀를 떠올리면 언제나 자동으로 이 네 글자가 따라 떠올랐다. 마치 그녀에게 꼭 맞는 수식어처럼, 오래전부터 달고 다닌 별명처럼 내가 만난 모든 순간 그녀는 대단했다. 대단하지 않은 그녀를 떠올릴 수 없을 지경이었다.
 이를테면 이렇다. 그녀는 먼저 한 남자에게 접근해 환심을 산 후 결혼을 약속한다. 오래 외롭게 혼자 살았던 남자는 수려한 외모는 아니어도 싹싹해 보이는 그녀에게 깜빡 넘어간다. 결혼 날짜를 잡기 위해 그녀의 집에 인사를 가기로 하고 양복도 새로 한 벌 맞춘다. 그러나 그녀의 부모 형제에게 인사를 하러 가는 날은 어쩐지 자꾸 미뤄진다. 인사를 하러 가기로 한 며칠 전에 꼭 사고가 터진다. 한번은 그녀의 친오빠가 누구를 때려서 합의금을 마련해야 하고 또 한번은 엄마 허리 수술 날짜가 급히 당겨진다. 이런저런 이유로 많은 돈이 그녀에게 건네진다. '어차피 곧 결혼을 하면 한 식구인데 뭘…' 남자는 기쁜 마음으로 처가의 일들이 빨리 정리되기를, 그래서 남 보란 듯 결혼식을 올릴 수 있기를 기다린다. 그러던 어느 날 그녀와 연락이 닿지 않는다. 무슨 일이 생긴 것인지 걱정된 남자는 백방으로 수소문을 한다. 언젠가 그가 합의금을 마련해준 적이 있는 친오빠에게 어렵게 연락하는 데 성공한다. 그리고 사실은 그가 친오빠가 아니고 그녀의 남편이라는 사실을, 그 외에도 그녀와 결혼을 약속한 남자가 더 있다는 사실을 알게 된다. 남편과 남자들은 힘을 합쳐 그녀를 고소하고 그녀는 결국 구속되어 교도소에 갔다. 여기까지가 그녀의 사기 1라운드.

대단한 그녀의 2라운드는 그녀가 수감된 교도소에서 시작된다. 교도소에 갇힌 그녀는 임신 중이었다. 아이 아빠가 누구인지, 그건 여기서 따지지 말자. 아무튼 산달이 다가오자 그녀는 출산을 위해 형집행정지로 잠시 석방된다. 남자는 그 무렵 한 통의 전화를 받는다. 전화기 속의 여성은 그녀의 어머니라고 자신을 소개했다.

"안녕하세요. ○○ 씨. 저 그 애 엄마입니다. 우리 애가 지금 출산을 위해 잠시 나와 있는 것 아시죠? 애가 워낙 말도 안 되는 짓을 저지르고 살아서 저도 인연 끊고 살려고 했어요. 에휴…. 그런데 저렇게 금방 출산한 애를 다시 감옥에 보낼 수도 없고 해서…. 제가 ○○ 씨와 합의를 좀 보려고 합니다."

그는 그녀에게 어머니가 진짜로 있다는 사실이, 그가 새로 산 양복을 입고 한우세트를 들고 뵈러 가려고 했던 그 어머니가 존재한다는 사실이 일단 반가웠다. 그녀와 목소리가 닮은 그녀의 어머니는 이어서 말했다.

"그런데 저도 그렇게 큰돈을 현금으로 가진 것은 아니어서, 제가 보유하고 있는 땅을 ○○ 씨에게 넘겨드리는 방식으로 하면 어떨까요?"

남자는 좋다고 한다. 어머니가 보유하고 있다는 땅에 대해서는 그녀에게도 몇 번이나 들은 적이 있다. 장모님이 될 뻔한 여성은 합의에 응해줘서 고맙다고 하면서 자신의 전속 법무사가 곧 연락을 줄 것이라고 했다. 과연 잠시 후 법무사라는 남자로부터 전화가 왔다.

법무사는 여사님의 땅을 ○○ 씨에게 이전해주겠다고 설명하며 그런데 아주 사소한 문제가 하나 있다고 말한다. 이 땅에 약간의 세금 체납으로 인한 압류가 있어서 이걸 먼저 풀어야 등기이전이 가능하다는 것이다. 법무사가 불러준 체납액은 약간이라고 하기에는 큰 금액이었으나 못해도 10억 원은 된다는 땅값에 비하면 약간이라고 할 수도 있는 금액이었으므로 남자는 법무사가 불러준 계좌로 돈을 보낸다. 얼마 후 법무사는 마침내 체납을 풀었다고 하면서 이제 등기이전 비용과 증여받는 토지에 대한 세금 등을 보내라고 한다. 뭔가 만나서 계약서 같은 것을 써야 하지 않나 싶지만, 딸의 형집행정지 기간이 끝나기 전에 빨리 일을 마무리하려고 서두르는 여사님의 뜻이라는 말에 남자는 수긍하고 만다. 등기이전 비용과 세금까지 송금하고 나자 법무사도 장모님이 될 뻔한 여성도 연락이 두절된다. 그녀가 아이를 출산하고 다시 교도소에 들어간 후에야 남자는 다시 그녀에게 당했다는 사실을 깨닫는다. 허겁지겁 이미 교도소에 있는 여자를 다시 고소한다. 그 2라운드의 사기 사건이 나에게 배당된 것이다.

한 번 사기 친 피해자를 형집행정지 기간에 다시 사기 친 여자! 그 짧은 기간을 놓치지 않고 스토리를 구성하고 보조 출연자까지 섭외해 범행을 완성한 여자. 그럼에도 자신은 그 일에 대해 전혀 아는 바가 없다고 하는 그 여자를 검사실로 불렀다.

여자가 검찰청에 도착했다는 사실을 출입통제시스템 알림보다 먼저 알려주는 것은 그녀의 거친 숨소리였다. 엘리베이터도 없는 작고 조용한 3층 건물의 검찰청에 그녀는 이상하리만큼 큰 숨소리를 내며 나타났다. 1층에서부터 3층까지 그녀가 천천히 계단을 올라오는 동안 그 숨소리는 점점 가까워졌는데, 그것은 무언가 한 사람이 올라온다기보다 거대한 하나의 세계가 다가오는 느낌이었다. 마침내 커다란 체구의 여성이 걸음마를 이제 뗀 듯한 작은 아이의 손을 잡고 검사실에 들어섰다. 기록을 보며 상상하던 모습과는 다소 다른 모습이라 약간 의아해하다가 그녀의 커다란 배에 눈길이 이른다. 그럴 줄 알았다는 듯이 그녀는 말한다.

"제가 임신 중이거든요. 쌍둥이래요."

그녀의 커다란 배와 모든 것을 집어삼킬 듯 압도적인 숨소리가 모두 수긍된다. 검사실의 우리는 모두 "아~" 하고 고개를 끄덕이면서 조사를 시작한다. 이때부터 이미 완전히 이기기엔 어려운 판이 된다.

그녀는 이 사건에 관해 아무것도 모른다고 말한다. 어머니를 자처한 자에 대해서도, 법무사에 대해서도, 남자가 돈을 송금한 계좌에 대해서도(여자의 전 남편의 누나 명의 계좌였다).

"저는 저 아이를 낳고 다시 교도소에 들어갔을 뿐이에요. 아이가 장애가 좀 있어요."

여자는 함께 온 아이의 팔을 거칠게 잡아당겼다. 옆에서 잘 놀고 있던 아이가 갑작스러운 상황에 놀라 소리를 지르기 시작한다. 아이 엄마는 아이를 달랠 생각이 없고, 조사는 중단된다.

아이가 좀 진정되고 나서 수사관은 미리 추적해둔 계좌 내역을 내민다. 그녀가 쓴 것이 분명한 체크카드 사용 내역이다. 서류를 한참 들여다보던 여자의 숨소리가 점점 거칠어진다.

"아, 배가 아파요."

갑자기? 이 타이밍에? 싶지만 그녀의 거친 숨소리와 거대한 배를 보고 있자면 저것이 쇼일 확률이 99퍼센트라 하더라도 어쩔 수 없다는 생각이 든다. 조사는 다시 중단되고 병원에 잠시 다녀오겠다며 나간 여자는 돌아오지 않는다.

"의사 선생님이 조금만 늦게 왔으면 큰일 날 뻔했다고…. 당분간 절대 안정해야 한다고 하시더라고요."

전화로 소식을 전하는 여자의 목소리가 쾌활했다. 어쩔 수 없이 조사는 또 다음으로 미뤄진다.

'검사는 거짓말을 곧바로 가려낼 수 있나요?' 참 많이 듣는 질문이다. 검사는 수많은 종류의 거짓말을 보고 듣는다. 처음부터 거짓을 탐지해내는 능력 같은 것을 가진 것은 아니었겠으나 수없이 보고 듣다 보면 거짓말 속에 일정한 패턴이 있다는 사실을 알게 된다. 거짓말을 하는 순간 눈동자가 왼쪽으로 간다든가 하는 것과는 다르다. 인간이 무언가를 숨기거나 과장하면서 주로 쓰는 일정한 기제가 오랜 경험을 가진 검사의 촉에 걸리는 것이다. 그러고 보면 인간은 어느 정도 뻔한 구석이 있다.

그중 하나만 소개해보자면 거짓말을 하는 사람은 자꾸만 되묻는 경향이 있다. '안 그렇습니까, 검사님?' '내가 그랬다는 증거가 있어요?' '정말 어이가 없지 않습니까?' '제가 그럴 이유가 있겠습니까?' '제 말을 못 믿겠습니까?' 논리가 빈약할수록 인과가 흐릿할수록 '상식적으로 그렇지 않습니까?'를 덧붙인다. 거짓말을 하는 자가 이런 눈에 뻔히 보이는 수를 쓰는 이유는 그 자신이 초조하기 때문이다. 상대방이 잘 따라오고 있다는 확신이 들어야 다음 단계로 넘어갈 수 있을 텐데, 알 수 없으니 자꾸 되묻는 것이다. 초조한 자신의 마음을 상대의 공감으로 감추려는 것이다. 이때 거짓의 중심축은 이미 상대방을 향해 기울어져 있으므로 상대방의 상태에 따라 자주 스텝이 엉킨다.

그러나 그녀는 달랐다. 그녀는 무엇도 되묻지 않았다. 그녀는 완벽히 그녀가 창조한 세계 안에 있었다. 상대방이 의심할 가능성 같은 것을 고려하지 않았다. 스토리의 중심축이 말하고 있는 그 자신에게 있으므로 오직 그 맥락에서 그가 하고자 하는 말을 했다. '이게 사실이고 이게 답인데, 뭐 어쩌라고?' 하는 태도로.

남자가 법무사에게 보낸 등기대금이 공교롭게도 전 시누이 명의 계좌로 들어간 것에 대해서도, 그 계좌와 연동된 체크카드로 산 물품들이 모두 그녀에게 배송된 것에 대해서도 그녀는 막힘없이 꾸며댔다. 스스로도 의심하지 않는 공고한 거짓의 세계가 그녀의 순발력 있는 혀끝에서 창조되었다. 확인되는 사실과 확인되지 않는 사실을 고루 섞어 듣는 이를 혼란에 빠지게 하는 현란한 기술이었다. 잘 들어보면 듬성듬성 논리적인 허점이 있었으나 그녀는 전혀 개의치 않았다. 그 구멍들을 그녀의 당당한 태도로 메꿨다. 그것으로 부족하면 옆에서 잘 놀고 있는 아이를 꼬집거나 거칠게 숨을 몰아쉬며 배를 움켜잡는 방법으로.

어쨌거나 그녀가 갖가지 기술을 쓰는 동안에도 수사는 착실히 진행되었다. 그리고 그동안 그녀의 배도 착실히 불러오고 있었다. 그녀의 거짓말들을 우회하여 우리의 수사가 마침내 구속영장을 청구할 수 있을 정도에 이르렀을 때 그녀는 출산이 임박했노라고 통보해왔다. 아무리 그녀가 하는 말들이 모두 거짓이었음을 몇 천 페이지에 이르는 기록으로 증명할 수 있다 하더라도, 그녀의 뱃속에 아이가 실존하는 이상 어쩔 수 없는 노릇이었다. 나는 분노의 구속영장을 저장해두고 그녀의 출산 예정일을 체크했다.

그녀가 아이를 낳았다는 소식을 전해왔다. 병원에 전화를 걸어 확인했더니 그녀가 출산을 한 것은 맞단다. '그래 아무리 숨만 쉬어도 거짓말인 그녀라 하더라도 그 커다란 배가 거짓일 수는 없지' 하고 전화를 끊으려다가 문득 물었다.

"쌍둥이인가요?"

"아니요. 하나예요. 저희 병원에 쌍둥이는 없어요."

이건 도대체 뭘까. 쌍둥이든 아니든 사건에서 달라질 것이 없는데 그녀는 왜 굳이 거짓말을 한 걸까. 아기가 하나인 이유를 묻자 그녀는 머뭇거리는 기색도 없이 세상 슬픈 목소리로 말했다.

"쌍둥이였는데, 한 아이는 유산되었어요."

확인되지 않은 괴벨스의 어록 중에 '100퍼센트의 거짓보다 1퍼센트의 진실이 섞여 있는 쪽이 더 큰 효과를 낸다'는 말이 있다고 한다. 그와 같은 맥락이라고 해야 할지 그녀는 100퍼센트 진실일 수 있는 영역에도 습관적으로 거짓을 섞었다. 그리하여 어디까지가 거짓이고 진실인지 확인할 수 없는 지경에 이르러 마침내 진실이 무엇이고 거짓이 무엇인지 따져 묻는 일 자체가 허망한 것이 되기까지 그녀는 삶의 전방위에서 끊임없이 거짓을 기획하고 실행했다. 사기꾼으로서 그녀의 위대함은 바로 그 지점에 있었다. 그녀가 스스로 창조한 거대한 거짓의 세계 속에서 그녀는 숨소리조차 자유롭게 조절할 수 있었다.

산후조리가 끝날 즈음 드디어 그녀의 구속영장을 청구한 날, 돌연 피해자의 합의서가 제출되었다. '돈은 받고 합의하시는 것이냐' 물었더니 돈은 한 푼도 돌려받지 못했으나 여자의 남편이라는 자가 보증을 섰다고 했다. 그걸 믿으셔도 되겠냐고 물었지만 남자는 확고했다. 자기가 두 번 속지 세 번 속겠냐고 큰소리를 치고 전화를 끊었다. 그리하여 여자의 구속영장은 기각되었다. 글쎄 이 정도라면 여자가 대단하다고 해야 할지 남자가 대단하다고 해야 할지···.

'피의자는 출산한 지 얼마 되지 않은 신생아를 양육하고 있고 피해자와 합의한 점 등을 고려하면 피의자를 구속해야

할 사유가 충분하지 않다고….'

 기각된 영장을 받아들고 나는 다시 한 번 '우와~ 대단하군' 하고 작게 숨을 내쉴 뿐이었다.

법정의 연기자들

　보인다는 건 무엇인가. 보이지 않는다는 건 무엇인가. 보이거나 보이지 않는다는 것은 어떻게 입증할 수 있는가.
　여기 눈이 보이지 않는다고 주장하는 한 남자가 있다. 그의 죄는 타인의 신체를 동의 없이 불법으로 촬영하였다는 것이다. 각종 거짓말로 여자들의 환심을 산 뒤 그녀들을 집으로 불러들여 여자들의 신체를 몰래 촬영했다고 그의 범죄사실이 적혀 있다. 눈이 보이지 않는 남자가 찍은 불법 촬영물이라…. 그것은 어떻게 가능한가. 아니 그것이 가능할 수는 있다. 어차피 촬영은 기기가 하는 것이니까. 그렇지만 왜? 스스로 볼 수 없는 자가 타인의 신체를 몰래 찍어 취하려는 욕망은 무엇인가. 공판검사인 나는 언뜻 모순이 가득해 보이는 공판카드를 받아들고 이것은 마치 풀기 어려운 선문답 같다고 생각했다.
　"결국 눈이 안 보이는 게 아니라는 거죠."
　의문이 가득한 내 앞으로 수사검사가 별거 아니라는 듯 해답을 툭 던진다.
　"거짓말하는 거예요. 눈이 보이는데."

아… 그렇구나. 해답이 영 다른 방향에 있어 김이 좀 새려는 찰나, 다시 새로운 의문이 고개를 든다. '그렇다면 나는 재판에서 눈이 보이지 않는다고 주장하는 그가 실제로는 눈이 보이는 사람이라는 걸 입증해야 한다는 건데, 그걸 어떻게 입증하지?' 반대의 경우라면, 그러니까 눈이 안 보이는데 보인다고 주장하는 경우라면 입증이 어렵지 않을 것이다. 어떤 문서라도 쥐여주고 읽어보라고 하면 될 테니, 그런데 보고 있으면서도 보이지 않는다고 말하는 자의 진실은, 그의 뇌를 스캔하지 않은 이상 어떻게 입증한단 말인가.

한껏 걱정이 앞서는 나에게 수사검사는 증거가 다 있다고 했다.

"피고인이 스스로 찍은 영상 있잖아요. 그거 잘 보면 다 나와요. 아오, 그런데 눈 버릴 각오는 좀 하셔야 될 겁니다."

드디어 앞이 보이지 않는 남자의 불법 성관계 동영상 촬영 사건의 첫 재판이 시작된 날, 나는 법정에 조금 일찍 도착해서 검사석에 앉아 서류를 검토하고 있었다. 아직 법정에는 아무도 오지 않아 나 혼자 있었는데, 법정 문이 벌컥 열리며 한 남자가 들어섰다. 어두운 선글라스를 끼고 있었다. '그 피고인이구나.' 단번에 알 수 있었다.

남자는 아직 재판 시간이 되지 않은 법정에 누군가 있을 것을 예상하지 못했는지 거침없이 들어서다 검사석에 앉아 있는 나를 보고는 우뚝 섰다. 그렇다. 그가 나를 '봤다'. 정확히 법정을 가로질러 대각선 지점에 앉아 있던 나를. 선글라스 너머로 서로 눈이 마주쳤다는 것을 알 수 있었다. 나는 시선을 거두지 않은 채로 천천히 고개만 조금 숙여 목례를 했다.

그 순간 퍼뜩 상황 파악을 한 남자는 갑자기 팔을 앞으로 뻗으며 허공을 짚는 시늉을 했다. 문을 벌컥 열던 기세는 어디 가고 허방을 짚으며 한 발짝도 못 떼는 자가 되었다. 뒤이어 화장실에라도 다녀오는지 옷자락에 손을 닦으며 들어오는 활동보조인 같은 여성의 팔을 화급히 낚아채 잡았다. 활동보조인 역을 맡은 여성은 대충 남성의 팔을 끌고 의자에 앉혔다. 다소 늦은 감이 있지만 뒤늦게나마 혼신의 연기를 펼치고 있는 피고인에 비해 활동보조인의 연기는 성의가 없어 보였다. 잠시 후 변호인이 도착하고 재판이 시작되기까지 나는 서류를 검토하는 대신 줄곧 그를 지켜봤다. 그는 그런 나의 시선을 인식하며 애써 피하느라 좀 불편하게 허공을 응시하고 있었다.

사건 번호가 호명되고 재판을 시작하기 위해 방청석에 있던 남자가 피고인석으로 이동하기까지 다시금 남자와 활동보조인의 길고 지루한 연기가 시작되었다. 이번에는 판사라는 새 관중이 들어왔으므로 활동보조인 역도 정성을 다하는 듯 보였지만, 역시 그 모습을 지켜보고 있는 변호인의 얼굴에 짜증스러움이 묻어나는 걸 숨길 수는 없었다.

그때까지 이 사건에 대해 공소장에 적힌 공소사실만 알던 판사는 법정에 와서 앞을 보지 못하는 피고인을 대면하고는 '이게 뭐지?' 하는 표정이 되었다. 처음에 내가 수사검사로부터 사건을 인계받았을 때와 같은 의문부호 가득한 얼굴이었다.

"그러니까 이 사건은 피고인이 불법으로 성관계 동영상을 촬영했다는 죄로 기소된 것인데 피고인은 앞을 전혀 볼 수 없는 시각장애인으로 이 사건 공소사실 전부를 부인한다는 입장이군요."

나와 피고인과 변호사는 모두 그렇다고 했다. 우리 모두는 의문이 없었다. 판사만이 의문과 흥미가 교차하는 표정을 누르며 어쨌든 재판을 진행해보자고 했다. 증거조사를 위한 다음 기일을 잡고 첫날의 재판은 금방 끝났다. 나는 일부러 천천히 자리를 정리하면서, 그가 법정을 떠날 때까지 지켜보았다. 혼신의 연기로 법정 퇴장 신까지 마친 피고인이 법정 문이 다 닫히기도 전에 성급하게 활동보조인의 팔을 뿌리치고 성큼 앞서 걸어가는 것을 문틈 사이로 보았다.

그 이후로 재판은 길게 이어졌다. 문제는 피해자가 법정에 나오지 않는다는 것이었다. 이 사건은 애초에 피해자의 고소나 신고에 의해 시작된 것이 아니었다. 피고인이 사용하는 컴퓨터에서 피고인이 저장해둔 성관계 동영상을 발견한 피고인의 처가(그렇다. 그에게는 처가 있었다) 컴퓨터를 하드째 들고 경찰서로 찾아가면서 시작되었다. 그러다 보니 피해자들은 법정에 나오지 않았다. 증인 소환을 위해 연락하면 불법 촬영이고 뭐고 상관없으니 더 이상 자신에게 연락하지 말라며 화를 내고는 전화를 끊었다. 나오지 않는 피해자를 기다리며 여러 기일이 그냥 흘러갔다.

재판이 성과 없이 장기화되다 보니 분위기가 다소 헐렁해졌다. 특히 매회 앞이 보이지 않는 연기를 해야 하는 피고인의 경우 집중력의 저하가 심한 것 같았다. 무심결에 두리번거리다가 맞은편에 앉은 나와 눈이 마주치는 경우가 잦았고, 활동보조인 역할을 맡은 사람과의 합이 자주 어그러져 빈틈을 보였다. 사실 그 무렵 검사와 변호사는 물론 판사와 법원 직원들까지 피고인이 앞을 멀쩡히 볼 수 있다는 사실을 알고 있었지만 그걸 공식적으로 내색할 수는 없었다. 무엇보다 무죄 추정의 법도가 지엄한 곳이 형사소송 판이다 보니 판결이 선고되기 전까지는 모두 함께 그의 발연기를 견디는 수밖에 없는 노릇이었다. 다만 재판이 끝나고 그의 지루한 퇴장씬을 지켜보던 법정경위가 그만 인내심을 잃고 "아휴~ 그냥 좀 빨리 나가요"라고 말한 적이 있을 뿐이었다.

그렇게 반전을 다 알고 보는 영화처럼 심심하게 재판이 이어지던 어느 날이었다. 오늘도 피해자가 나오지 않아 증인신문을 하지 못하니 우선 영상물에 대한 증거조사부터 하면 어떻겠느냐고 제안했다. 늘어지는 진행에 다들 좀 지친 상태였으므로 모두 동의했다. 영상물에 대한 증거조사는 영상을 법정에 설치된 큰 화면에 띄워 재생하는 방법으로 진행된다. 기록에 편철된 CD를 법정 컴퓨터에 넣고 플레이하자 피고인의 전면에 설치되어 있는 커다란 화면 가득, 나체 상태인 중년 남성의 몸뚱이가 나타났다. 법정에 있는 모두가 숨죽이고 영상을 봤다. 수사검사 후배가 눈을 버릴 각오를 하고 봐야 한다고 했던 그 영상이었다.

그곳은 어떤 방이었는데 각도상 카메라는 방 안 책상 위에 설치된 것 같았다. 나체인 상태로 주요 부분을 수건으로 가린 피고인이 뒤뚱뒤뚱 걸어 카메라에 다가선다. 카메라를 잡고 이리저리 돌려 초점을 맞춘다. 방의 한 지점과 카메라의 각도를 반복적으로 돌아보며 체크한다. 다음으로 능숙하게 벽장 문을 열고 이불을 꺼내 카메라의 포커스가 떨어진 지점에 편다. 그리고 그 위에 비스듬히 눕는다. 이렇게 비유하고 싶지 않지만 천지창조에 나오는 아담의 포즈로 비스듬히 누워 카메라 방향을 지긋이 응시한다. 잠시 후 방금 몸을 씻은 듯한 여성이 나와 그에게로 다가간다. 카메라의 존재를 전혀 인식하지 못하는 무방비한 몸짓이다. 여성은 천지창조 스타일의 포즈를 보고 흠칫 놀란다. 이후는 에휴 생략하자.

다소 충격적인 영상의 진행을 직업적인 얼굴로 묵묵히 보던 판사가 묻는다.

"그러니까 이것이 ○○년 ○월 ○일, 피해자 김○○ 씨에 대한 불법 촬영물이라는 거죠? 저기 나오는 여성이 김○○ 씨라는 것은 피고인 측에서도 인정하는 건가요?"

판사는 변호인을 향해 물었다. 그런데 옆에 있던 피고인이 뭐라고 중얼중얼 말한다.

"피고인 뭐라고요?"

판사가 다시 묻는다. 뭐라고 다시 중얼거리는데 알아듣기 어렵다.

"그러니까 피고인의 말은 저 여성이 김○○은 맞는데 날짜가 그날이 아니랍니다. 저것은 두 번째 만난 날 상황이라고…"

보다 못한 변호인이 대신 대답한다. 그러고는 깨닫는다. 아~~ 더 이상은 모른 척할 도리가 없다는 듯, 판사가 어금니를 깨물며 나직이 말했다.

"피고인, 동영상이 보이는군요…"

"저는 눈이 보이지 않는 사람입니다. 그래서 불법 동영상을 촬영할 이유가 없습니다."

그의 주장은 그 스스로의 어이없는 실수로 인해 거짓이라는 것이 명백히 확인되었으나, 그렇다고 해서 그 즉시 재판을 종결하고 그를 당장 감옥에 가두는 드라마틱한 진행은 이루어지지 않았다.

그 민망한 법정 해프닝이 벌어진 날 이후로도 재판은 지난하게 계속되었고, 피고인은 언제 그런 일이 있었냐는 듯 다시금 앞이 보이지 않는 사람 연기에 매진했다.

형사재판은 증거에 대한 판단으로 이루어진다. 눈앞에 보이는 뻔한 거짓말조차 증거능력을 갖춘 증거가 충분하지 않다면 어쩔 수가 없다. 그런 이유로 우리는 비록 뻔해 보이는 거짓말에 대해서라도 재판을 계속해야 하고 그사이 법정의 연기자는 한번 시작한 연기를 중단할 수 없었던 것이다.

남자에 대한 재판은 몇 년이 지나 대법원까지 가서야 확정되었다. 나는 결국 그 재판의 끝을 지켜보지 못한 채 다른 임지로 떠나야 했는데, 훗날 판결문 검색 시스템에서 그에 대한 판결문을 찾아보고 그 방대한 분량에 조금 놀랐다. 판결문에는 우리가 그 법정에서 함께 눈을 버려가며 보았던 동영상의 어느 부분이 그가 눈이 보이는 사람임을 말해주는지 길게 적혀 있었다. 카메라 초점을 맞출 때의 그의 표정, 정확히 이불이 들어 있는 장롱문을 열고 능숙히 이불을 깔던 태도, 비스듬히 누워 카메라의 초점을 지긋이 응시하던 그의 느끼한 자세들이 결국 그의 유죄를 입증하는 증거가 되었다. 말도 안 되는 주장과 그의 허접한 연기에 대해 길고도 촘촘한 판결문을 써 내려가야 했던 재판부의 노고에 혼자서 잠시 경의를 표했다.

그는 왜 숱하게 많은 변론전략 중에 '눈이 보이지 않는다'는 설정을 선택했을까. 그것은 애초에 그다지 효과적인 전략이 아니었다. 촬영물은 '○○(피해자 이름)과 나' 같은 제목이 적혀 일목요연하게 그의 개인 컴퓨터 폴더 안에 저장되어 있었는데, '방범용 카메라를 잘못 조작하여 우연히 영상이 찍힌 것'이라는 그의 주장으로는 도저히 설명할 길이 없었다. 다 떠나서, 내내 눈이 보이지 않는 사람의 연기를 한다는 것은 쉬운 일이 아니다. 보고 있는 사람에게도 실소와 짜증을 자아내게 하지만, 그 스스로도 얼마나 피곤했겠는가. 그 어려운 일을 묵묵히 수행하고 있는 그를 보자면 인간은 도대체 어디까지 하찮고 위대할 수 있는가 하는 생각이 들기도 했다.

이 사건 이전에 그의 삶의 궤적이 담긴 전과 기록, 이 사건 기록에서 나타난 삶의 정황들은 그의 연기 인생이 매우 오랜 역사를 가진 것임을 보여준다. 그의 인생은 어느 측면에서 꾸준히 거짓이었다. 그는 아주 돈이 많은 사람, 사업을 크게 하는 사람, 종교계에서 신망이 높은 사람 등을 연기해왔다. 그 연기들이 눈이 보이지 않는 사람 연기보다는 조금 나았는지, 속아 넘어간 사람들도 제법 있었다. 그러나 결국 그런 것들로 대단한 부귀나 영화를 취할 수는 없었다. 그에게 남은 것은 관객 누구도 호응해주지 않는 법정에서 홀로 먹히지 않는 연기를 지속해야 하는 고단함과 곧 닥쳐올 감옥에서의 미래뿐이었다. 얼마간의 돈이나 잠시간의 즐거움, 컴퓨터에 저장된 불법 촬영물 같은 것을 취하기 위해 인생의 많은 순간을 통째 거짓으로 연기하며 사는 인간의 마음은 어떤 것일까. 모습과 형태를 달리하지만 비슷비슷한 패턴을 보이는 법정의 연기자들을 볼 때면 종종 그가 떠올랐다.

여기 또 한 명의 남자가 있다. 그의 주민등록번호 앞자리는 3으로 시작한다. (뒷자리 아니고 앞자리다.) 일제강점기와 해방과 전쟁과 쿠데타와 IMF와 그 외에도 수많은 역사의 질곡을 온몸으로 관통해왔을 남자는 2020년대에 이르러 법정의 피고인석에 섰다. 남자의 범죄사실은 어느 여고 앞에서 등교하는 여학생들에게 접근해 신체부위를 만졌다는 것이다. 범행은 몇 달에 걸쳐 등교시간마다 반복적으로 이루어졌는데, 특정된 피해자만 두 자릿수에 달했다.

사건이 호명되자 방청석에 앉아 있던 고령의 남성이 몸을 일으킨다. 한 손에는 지팡이를 짚고 다른 쪽으로는 자녀인 듯한 여성의 부축을 받으며 천천히 걸음을 옮긴다. 그가 느린 걸음으로 천천히 피고인석에 들어서기까지 법정의 구성원들은 모두 잠자코 그의 기우뚱한 걸음을 지켜본다. 이름을 확인하고 생년월일을 불러보라는 재판장의 요구에 일천구백삼십몇 년 ○월 ○일생이라고 답한다. 작은 몸체에서 나오는 목소리가 카랑카랑하다.

"피고인은 고령으로 몸이 불편하여 본인 의지와 상관없이 몸이 기울어지거나 팔이 움직이는 증상을 겪고 있습니다. 그 때문에 일부 학생들과 접촉하게 된 것을 학생들이 오해한 것 같습니다."

변호인은 공소사실에 대한 피고인 측 입장을 밝히고, 남자가 심하게 다리를 절고 팔을 흔들며 걷고 있는 영상과, '이분의 질환 특성상 자신의 의사와 상관없이 중심을 잃거나 팔을 흔들 수 있다'고 말하는 의사의 진술녹취를 증거로 제출했다.

그러나 우리는 그가 빠른 걸음으로 보행하다가 제법 큰 도로를 재빠르게 무단횡단하여 학생들의 등굣길 쪽으로 접근하는 모습이 찍힌 CCTV 영상을 확인했다. 그가 학생들과 접촉한 장소는 학생들이 지름길로 사용하는 야트막한 야산의 등산로였다. 균형을 잡을 수 없을 정도로 보행이 불편한 사람이 굳이 선택할 만한 길이 아니었다. 무엇보다 피해자가 너무 많았다. 이렇게 많은 피해자가 모두 몸이 불편한 할아버지가 기우뚱하는 것을 추행의 행위로 오해하기는 힘들었다. 그럼에도 불구하고, 그는 주장을 꺾지 않았으므로 이를 입증하기 위해 피해자인 학생들은 줄줄이 법정에 나와 증언을 해야 했다. 신문해야 할 증인들이 십수 명이 넘었다. 학생들의 기말고사 일정을 피해 소환날짜를 잡느라 재판은 한참 지연되었다. 1학년 학생들이 먼저 법정에 나왔다.

"할아버지가 앞에서 걸어오시는 걸 보고, 제가 옆으로 피했거든요. 충분히 피해 갈 수 있는 거리였는데 제 옆으로 오더니 팔을 뻗어서 다리 부분을 터치했습니다."

"아니요. 멀쩡하게 걸어 오셨는데요. 그때는 다리를 절거나 그러지 않으셨어요."

"할아버지가 다가오시는 걸 보고 제가 활처럼 몸을 휘어서 피했단 말이에요. 근데도 굳이 팔을 뻗어서 만졌어요."

"미안하다거나 그런 말은 없었고 그냥 갈 길 가시던데요."

교복을 입고 법정에 온 학생들은 바르게 서서 선서를 하고 또박또박 진술했다.

증인신문이 한차례 끝나고 재판장은 피고인 측에 나머지 증인들도 굳이 더 나와야 하겠냐고 물었다. 그러나 피고인은 기존의 입장을 꺾지 않았으므로 다음 기일에는 남은 2학년 학생들을 증인으로 불러야 했다. 그의 재판이 끝나고 다음 재판이 시작되기까지 잠깐의 휴정 시간, 대한민국의 예비 고3을 법정에 불러내야 한다고 생각하니 머리가 무거워져 잠시 복도에 나가 창밖을 바라봤다. 창 너머로 지팡이를 한 손에 들고 살랑살랑 흔들며 가벼운 발걸음으로 성큼성큼 걸어 법원 마당을 빠져나가고 있는 그가 보였다.

아, 진짜…. 시대와 세대를 넘어 다들 정말 이러긴가.

존속살해예비죄가 품고 있는 세계

점심을 먹고 막 오후 일정이 시작되는 시간, 어딘가로부터 걸려온 전화를 심각하게 받던 실무관이 머뭇거리며 말했다.

"우리 구속사건 피의자 엄마라고 하는데요, 검사님 면담을 하고 싶으시다고, 지금 검찰청 앞에 와서 기다리고 있다고 합니다."

"구속사건? 나 구속사건 다 처리했잖아요?"

실무관이 재빨리 전산을 확인하고 말한다.

"네, 그랬는데요…. 방금 1건 배당되었습니다. 지금은 전산에만 들어와 있고 아직 기록은 오지 않았습니다."

처리하기가 무섭게 또다시 구속사건이 배당되었다는 소식이 마음을 무겁게 한다. 아직 기록을 받아보지 못했으므로, 내가 감당해야 할 사건의 사이즈가 얼마나 될지 가늠할 수 없는데, 설상가상 민원인까지 무턱대고 찾아와서 면담을 요청한다니 갑갑한 노릇이다.

'검사가 아직 사건 파악이 안 된 상황이니까, 며칠 뒤에 오셔서 면담을 하시는 것이 더 좋을 것 같다고 안내하세요'

라고 말하려다가, 민원인이 검찰청 앞에 아침부터 와서 기다리고 있었다는 부분이 마음에 걸린다. 무슨 사건이길래 아직 주임검사도 지정되지 않은 시간부터 검찰청에 달려와 기다린 것일까?

"사건 죄명이 뭐예요?"

"존속… 살해… 예비입니다."

흔히 보는 죄명이 아니라서 전산에 떠 있는 죄명을 실무관이 한 자씩 더듬더듬 읽어준다.

'존속살해예비?' 그 죄명만으로도 이 사건이 심상치 않은 사건이 될 것임을 예감한다. 자식이 부모를 살해하려고 한 (그러나 결국 실행에 이르지는 못한) 사건이라는 말인데, 그렇다면 지금 면담을 신청하는 이는 이 사건의 피해자일 수도 있다는 말이다.

"어머니 올라오시라고 하시고요. 기록 빨리 좀 가져다주세요."

잠시 후 피의자의 어머니가 검사실로 들어섰다. 우느라 몸을 잘 가누지 못하는 어머니를 피의자의 누나가 부축하고 있었다. 모녀의 눈매가 꼭 닮았는데, '아마도 아직 내가 만나보지 못한 피의자도 그들과 닮은 눈매를 하고 있겠지' 하고 생각했다. 겨우 울음을 진정하고 어머니의 긴 이야기가 시작되었다.

아들은 고등학교 때까지 공부는 좀 못해도 순하고 착했다고 어머니가 말했다. 그런 아들이 확연히 변한 것은 군대를 제대하고 집으로 돌아왔을 때부터다. 순둥이 같던 눈빛이 어딘가 부산해졌고 다급히 무언가에 몰두하는가 싶다가 화르륵 분노에 휩싸였다. 몇 년 전 쓰러져 거동을 하지 못하는 남편을 홀로 간병하며 어머니는 군대에서 아들이 돌아오기만 기다렸는데, 눈빛부터 다른 사람이 된 아들은 말문을 닫고 인근 원룸에 틀어박혔다.

그런 아들로부터 어느 날, 식당을 한번 해보려 한다는 연락이 왔다. 어머니는 우선 기뻤다. 갑자기 식당이라니 뜬금없는 아들의 계획을 그다지 믿지는 않았지만 모처럼 말문을 연 아들과 만나 식당 집기라도 보러 가기로 하고 약속을 잡았다.

집 밖에서 아들을 마주한 것은 실로 오랜만이었다. 점심을 먹기로 하고 도착한 식당에서 아들은 큰 덩치를 잔뜩 웅크리고 불안한 눈빛을 굴렸다. 그러나 어머니 눈에는 어린 시절부터 불고기에 밥 한 그릇 뚝딱 비우던 든든한 아들로만 보였다. 잘 익은 불고기를 밥 위에 놓아주며 어머니는 모처럼 긴장을 풀었다.

긴장을 너무 풀어버린 탓이었을까. 어머니는 내내 그 순간을 후회했다고 한다. 식사를 마치고 나올 때쯤 가까이 지내던 지인들이 근처 카페에 모여 있다는 연락을 받았다.

"엄마 친구들이 근처에 모여 있대. 나는 거기 좀 가봐야겠다. 우리 시장에 집기 보러 가는 건 다음에 가자. 알았지?"

순간 아들의 표정이 딱딱하게 굳었다.

"엄마는 나와의 약속은 중요하지 않지? 엄마는 항상 그러더라. 꼭 나를 배신하더라."

그 순간 아들의 눈빛이 확 도는 것을 어머니는 보았다고 한다. 살기 어린 눈빛에 두려움이 왈칵 일었다. 어머니는 앞뒤 가릴 것 없이 서둘러 택시를 잡아타고 그 자리를 떠났다. 이른 여름의 뜨거운 태양이 작열하는 거리에 거대한 아들이 우두커니 서 있었다.

그로부터 어느 정도 시간이 지났을 무렵 어머니는 아들이 보낸 문자메시지를 발견한다.

"배신자는 소중한 것을 잃어봐야 해. 집으로 간다."

뒤이어 전송된 사진에는 마대자루 안에 손도끼와 해머 등 흉기가 들어 있었다. 집에는 몇 년째 거동을 못하고 있는 남편이 혼자 누워 있을 것이었다. 어머니는 생각할 겨를도 없이 112를 눌렀다.

"우리 아들이 지 아버지를 죽이려나 봐요. 집 주소가요…."

아들은 어머니의 신고를 받고 출동한 경찰에 의해 집 앞 골목에서 체포되었다. 흉기가 든 마대자루를 소지한 채였다. 이걸로 뭘 하려고 했냐는 질문에 흥분한 채 "죽여버릴 거야"

라고 답했다. 존속살해예비죄로 사건은 송치되었다.

"다 제 잘못입니다. 제가 그때 너무 놀라서 신고를 하는 바람에, 세상에 자식을 신고하는 미친 에미가 어딨습니까…."

검사실에 들어올 때부터 눈물 바람으로 들어온 피의자의 어머니는 같은 말을 반복했다. 논리적이지도 이성적이지도 않은 막무가내의 모성 앞에 짜증이 일었다.

"아니 이게 왜 어머니 잘못이에요? 신고하신 덕분에 빨리 검거가 되었기에 다행이지 진짜 위험한 일이었어요."

설명해보았지만 소용이 없었다.

"걔가 지 아빠를 얼마나 좋아했는데요. 죽이려고 했다니 말도 안 됩니다. 뭐 존속살해? 그런 건 진짜 아니에요, 검사님."

피의자가 아버지를 죽이려고 한다고 신고한 이는 다름 아닌 어머니가 아니었냐고 말하려다 꿀꺽 삼켰다. 대신 동석한 피의자의 누나에게 피의자의 정신과 진료 내역이 있으면 제출하는 것이 좋겠다고 안내했다.

제출된 의료 자료에 의하면 피의자는 일종의 강박증과 우울증이 있었다. 피의자는 엄마가 자신과의 약속을 저버리고 떠났을 때 '모든 것이 끝났다'는 생각이 들었다고 말했다. 불안정한 심리 상태에 있는 이가 모든 것이 끝났다고 느끼는 순간 선택할 수 있는 위험한 행동의 범위는 한계 짓기 힘들다. 과거의 그가 아버지를 얼마나 좋아했는지와 같은 접근으로는 그 위험성을 다 소거할 수 없다. 피의자의 어머니는 면담 이후에도 매일 전화를 걸어 와 "다 내 잘못입니다"로 시작되는 호소를 이어갔으나 나는 구성요건이 똑 떨어지는 존속살해예비죄의 공소장을 이미 마음속으로 정리해두고 있었다.

단단한 마음속 공소장에 균열이 생긴 것은 구속 만기를 앞두고 한 어머니와의 마지막 통화에서였다. 사건은 존속살해예비죄로 기소되겠지만 그간의 사정과 어머니의 마음은 모두 반영될 것이라는 설명을 들은 어머니가 더 이상은 울지 않고 힘없이 덧붙였다.

"그런데요 검사님… 우리는 계속 가족으로 살아가야 하잖아요. 남편이 얼마나 더 살지 모르지만, 아들이 죽이려고 했던 아버지로, 아버지를 죽이려고 했던 아들로… 그렇게 살 수는 없잖아요. 법이 그렇다면 어쩔 수가 없지만 무슨 방법이 없겠는가 다시 한 번만 살펴봐주세요."

무슨 방법이 없겠는가. 나는 처음처럼 기록을 열고 다시 한번 살피기 시작했다. 마음속에 이미 틀을 갖춘 공소장을 허물고….

피의자와 엄마가 헤어진 시각은 오후 3시, 피의자가 흉기를 마대자루에 담아 들고 있다가 집 앞에서 검거된 것은 오후 6시다. 피의자의 동선을 다시 재구성해보니 그는 흉기를 휴대하고 집 앞에 도착하고도 한참 동안 집 앞 골목에 있었던 것이 확인된다. 당시 집 현관문은 잠겨 있지 않았고 집 안에는 혼자 서는 거동을 못하는 아버지만이 누워 있는 상황. 아버지를 살해하고자 마음먹었다면 범행은 이미 완성되었을 시간이다.

그제야 이전에는 보이지 않던 어떤 사실이 보이기 시작했다. 무시무시한 흉기를 가방에 담아 들고 집 앞 골목에 서 있었던 1시간, 피의자의 눈길은 집 쪽이 아닌, 골목 입구 쪽을 향하고 있었다는 사실. 피의자는 아버지를 살해하기 위해서가 아니라 허겁지겁 달려와 다시 자신의 손을 잡아줄 어머니를 기다리고 있었다는 사실 말이다.

존속살해예비죄가 성립하려면 살인의 고의가 있어야 하는데, 피의자는 아버지를 살해할 수 있었음에도 실행으로 나아가지 않고 어머니에게 문자를 보낸 후 집 앞에서 다만 서성거리다 검거된 것으로, 그 고의를 인정하기 어렵다. 그렇다면 피의자의 행위는 아버지를 살해하려고 한 것이 아니라, 어머니를 자신에게 오도록 하기 위해 마치 무서운 일을 벌일 것처럼 어머니를 협박한 것으로 보는 것이 보다 사실에 가깝다.

나는 피의자의 죄명을 아버지에 대한 존속살해예비가 아닌 어머니에 대한 특수협박죄로 바꾸어 기소했다.

나의 선택은 옳았을까. 시간이 더 지체되었다면 세상이 끝났다고 생각한 그가 끝내 끔찍한 결말로 치닫지는 않았을까. 이 사건에서 제대로 평가되지 못한 그의 위험성이 나중에라도 다른 사건으로 발현되지 않을까. 예비나 미수죄처럼 결과가 실현되지 않은 범죄에서 사람의 마음속에만 존재하는 범의를 판단하는 일은 어렵다. 어떤 경우든 이것이 옳다는 완전한 확신에 이르지 못한다.

그 판단의 기로에서 내 마음의 축을 조금 기울인 것은 앞으로도 가족으로 계속 살아가야 할 그들의 남은 삶이었다. 어쩌면 무모하고 비논리적이고 모순 가득한 가족애라는 이름의 희망. 어떤 행위가 어떤 범죄를 구성하는지 판단하는 일에 그런 비정형적이고 감정적인 요소들을 섞는 것은 자칫 위험한 일이다. 그럼에도 불구하고 사람이 사람의 일을 다룸에 있어 사람을 보지 않는 것이 가능한가, 혹은 온당한가 하는 생각으로 오래 창밖을 응시하게 되던 시절이었다.

그로부터 두어 달쯤 지났을 때 피의자의 누나가 검사실로 전화를 걸어왔다. 방금 법원에서 선고가 있었는데, 집행유예가 선고되어 동생이 나올 수 있게 되었다고 들뜬 목소리로 소식을 전했다. 검사님이 죄명을 바꿔주신 덕분이라며, 엄마는 너무 우느라 말을 못해서 자신이 대신 감사 인사를 전한다고 했다. 나는 다행이라고 하면서도 이제 무엇보다 동생이 치료를 잘 받을 수 있도록 가족들이 도와주셔야 한다고 당부했다. 누나는 그러겠다고 하며 고마운 마음에 홍삼세트를 하나 샀는데 3만 원도 안 되는 작은 것이니 받아주면 안 되겠느냐고 했다.

"마음만 받겠습니다. 홍삼은 어머니 드리세요. 어머니가 마음고생 많으셨어요."

끊기는 수화기 너머로 여태 멈추지 못한 어머니의 긴 울음이 잦아들고 있었다.

싸움의 기술

주점에서 술을 마시던 중 옆 테이블과 시비가 되어 패싸움을 벌인 남자를 조사할 때였다.

"CCTV 보니까 자리를 박차고 일어나서 상대방의 머리채를 잡으시더라고요. 왜 그러신 거예요?"

남자는 그 순간의 분이 아직 풀리지 않았다는 듯 씩씩거리며 대답했다.

"제가 원래는 머리채를 잡고 싸우는 사람이 아니거든요. 그런데 싸움이 시작되자마자 상대방이 웃통을 벗어 던진 겁니다. 멱살을 잡을 수가 없잖아요. 그러니 어쩌겠습니까, 머리채를 잡아야지."

내 질문은 그게 아니라 무엇 때문에 그렇게 화가 나서 상대방을 먼저 공격했냐는 뜻이었다. 그런데 남자는 '왜 머리채를 잡았느냐'로 이해한 모양이다. (물론 질문을 애매하게 한 내 잘못이 크다.) 멱살을 잡지 못하고 머리채를 잡고 싸운 것이 못내 아쉽다는 듯, 남자는 억울함과 민망함이 뒤섞인 표정으로 나를 바라봤다.

다소 엉뚱한 대답이었지만 남자의 말을 듣고서야 나는, 오래전부터 내심 궁금했던 의문, '왜 수많은 남자들은 싸울 때 웃통부터 벗어 던지는가'에 대한 답을 알게 되었다. 그러니까 그들은 멱살을 잡히지 않기 위해 웃통을 벗어 던진 것이었다. 이전에는 그저 자신의 몸매나 문신을 과시하려고 그러는 줄로만 알았었다. 문신도 없고 몸도 좋지 않은데 웃통을 벗어 던지는 남자들도 꽤 있어 좀 의아하기는 했다. '혹시 열이 나서 더워서 그러나?' 정도 생각해보았지, 그렇게 전술적으로 의미 있는 행위라고는 생각해보지 못했었다. 조사를 마치고 나의 깊은 깨달음을 옆에 있는 수사관에게 말했더니 그는 그걸 여태 몰랐냐는 듯이 말했다.

"검사님 멱살 안 잡혀 보셨죠? 보통인들의 싸움은 멱살 잡히면 끝나는 겁니다."

검사가 되고 나서 수없이 많은 보통인의 싸움을 영상으로 봤다. 주점과 도로와 길거리에서 싸우는 사람들의 영상이 내 책상 위에서 재생되었는데, 보통인들의 싸움 중에 영화에서처럼 그럴듯하게 싸우는 경우는 거의 없었다. 휘젓는 팔과 다리가 유효하게 상대방의 신체에 가닿는 경우나 그걸 그럴듯하게 피하는 경우는 드물었다. 주로 멱살을 잡고 옥신각신하다 제풀에 넘어지는 경우가 흔했다. 그런 의미에서 보통인의 싸움에서는 멱살을 잡히지 않는 것이 중요하겠구나. 그래서 싸움이 시작되면 일단 웃통부터 벗고 보는 것이었구나. 크게 멱살을 잡혀본 적 없이 살았던 검사 인간의 좁은 식견이 쩌억 소리를 내며 조금 넓어졌다. 역시 인간의 모든 행동에는 이유가 있고, 그 인간이 저지르는 갖가지 범죄를 이해하기 위해서는 오늘도 배워야 할 것이 너무나 많다.

내친김에 여기서 한발 더 나아가 인식을 확장시켜보자. 술을 마시다가 옆자리가 시끄러워서, 운전을 더럽게 해서, 차를 빼달라고 하는데 눈을 부라려서 충동적으로 싸움을 벌이는 보통의 인간들보다 좀 더 비즈니스적으로 자주 싸움을 벌여야 하는 조직폭력배의 경우라면, 보통의 사람들보다 더 자주 멱살을 잡히지 않기 위해 더 자주 웃통을 벗어야 했을 것이다. 그래서 그들은 자주 상반신을 드러내야 하는 상황에 대비하여 다른 곳이 아닌 등판에 문신을 하게 된 것이 아닐까. 그제야 과거로부터 등판을 뒤덮은 거대한 문신이 조폭의 상징이 되게 된 이유를 이해하게 되었다. 역시 모든 문화는 실질적인 필요를 기반으로 발생하는 것이다.

이 문제에 대해 요즘 MZ조폭 사건 전문으로 활약 중인 강력부장 검사와 논의를 해봤다. 강력부장은 어느 정도 나의 이론에 동의하면서도 요즘에는 조폭이라고 해서 다 문신이 있는 것은 아니라고 말했다. 그러면서 그 원인이 아마도 과거와 다른 조직폭력배의 사업 양상에 있지 않겠느냐고 분석했다.

과거에는 조폭들이 유흥업소나 도박장의 뒤를 봐주면서 활동비를 받아 돈을 버는 구조로 사업을 했다면 요즘 조폭들은 직접 사업을 운영하는 형태로 바뀌고 있다고 한다. 보이스피싱 조직, 대포통장 조직, 사이버 도박 사업 등에 직접 뛰어들어 돈을 버는 것이다. 그러다 보니 다른 사람을 갈취하는 형태로 일할 때보다 웃통을 벗어 던져야 하는 경우가 줄어들었고, 그에 따라 잘 보이지도 않는 등판을 문신으로 뒤덮을 이유가 별로 없어진 것이 아니겠는가 말이다.

강력부장 생각에는 문신의 유무, 크기보다는 그 퀄리티가 중요한 것 같다고 했다. 급이 높을수록, 돈이 많을수록 실력이 좋은 문신 시술자에게 질 높은 문신을 받게 되는 것이리라. 그리고 자신이 만난 안타까운 조폭 이야기를 해주었다.

그는 나름 규모가 있는 조직의 중간 보스쯤 되는 조폭이었는데, 몸에 커다란 용문신을 가지고 있었다. 용문신이야 이 세계에서 흔한 것이지만 허벅지에서부터 시작해 옆구리를 타고 휘돌아 등판으로 이어지며 앞발을 들고 포효하는 용의 자태가 남달랐다고 한다. 모르는 사람이 봐도 대단한 공력의 문신 시술자가 장기간 혼을 불어넣어 작업한 것 같았다. 그런데 한 가지 결정적인 흠이 있었으니, 포효하는 용의 눈동자가 비어 있었다는 것이다. (이거 어디서 듣던 스토리인데?)

사연을 들어보니, 허벅지부터 시작해 비늘 한 땀 한 땀 새겨 올라가 마침내 눈동자만 그려 넣으면 완성되는 단계에 이르렀을 때 문신업자가 도망을 가버렸다는 것이다. 조폭은 잠적한 문신업자를 찾으려고 백방으로 수소문하였으나 미처 그를 잡지 못하고 경찰에 검거되었고, 끝내 눈동자를 완성하지 못한 미완의 용과 함께 교도소에 갇히게 되었다. 한 땀 한 땀 살을 파고드는 고통을 견디고, 누구보다 형형한 용의 눈동자를 완성할 때쯤이면 조직의 1인자는 몰라도 2인자쯤은 될 수 있으리라 믿었던 그의 꿈도 그렇게 중단되었다. 그는 이번 사건으로 그가 구속되었다는 사실보다 도망간 문신업자를 찾지 못하고 구속된 것을 더 억울해했다고 한다. 마치 그가 교도소에 갇힌 것이 용의 빈 눈동자 때문인 것처럼.

이것만 해도 전통적인 구 조폭 시대의 이야기다. 요즘 조폭의 세계를 이해하려면 문신보다는 SNS를 봐야 한다고 강력부장은 말한다. 등판에 용이나 호랑이 따위를 새기는 대신, SNS에 슈퍼카와 명품 시계를 올리는 방식으로 그들만의 허세를 전시한다. 이제 막무가내의 폭력적인 몸뚱이보다 젊은 나이에 쉽게 손에 넣은 과시적 자본이 더 무섭고 매혹적인 세상이 되었다는 사실을 그들도 알고 있는 것이다. 그를 선망하는 젊은이들이 대포통장 모집책으로, 사이버 도박 자금 세탁책으로, 전세 사기 대출꾼으로 불나방처럼 뛰어드는 시대에, 그 허황된 욕망의 멱살을 어떻게 잡아 앉힐 수 있을까? 웃자고 시작한 이야기 끝에 문득 고심이 깊어지는 강력부장에게 내가 아는 보통인의 싸움의 기술 한 자락을 넌지시 던져본다.

"멱살을 잡을 수 없다면 머리채를 잡아."

고등어 삼촌의 지하실 왕국

'삼촌', 아버지의 형제를 일컫는 말이다. 그러나 현대 사회에서 삼촌은 그보다는 더 넓은 의미로 쓰인다. 아빠 친구나 엄마 친구를 삼촌이라고 부르는 경우도 많고, 그냥 적당히 젊은 남성에게 붙이는 호칭으로 쓰이기도 한다. 식당에서 남자 종업원을 삼촌이라고 부르는 어른들도 있고(삼촌, 여기 소주 한 병 더요!) 어린 사람이 형이나 오빠라기엔 나이 차이가 좀 나는 윗세대 남자를 칭하는 말로도 쓰인다. 어쨌든 삼촌이라는 말에는 젊은 남성의 이미지와 함께 다른 호칭들이 담지 못하는 친근함 같은 것이 은근히 담겨 있다. 형, 오빠보다는 어른스럽지만 아버지나 아저씨보다는 훨씬 가까운, 때로는 친구같이 때로는 어른같이 어울려 놀 수도 있고 기대어 의지할 수도 있는 존재. 아마 '삼촌' 하면 떠오르는 이상적인 이미지는 그런 것일 것이다.

나는 어떤 '삼촌'에 대한 사건을 다룬 적이 있다. 아니, 삼촌에 대한 사건이야 사촌, 육촌에 대한 사건에 못지않게 많이 다루었겠지만 특별히 기억에 남은 '삼촌' 사건이 있다는 것이 정확하겠다. 어느 지방 검찰청에서 소년 전담 검사로 일할 때의 일이다.

피의자가 열 몇 명쯤 되는 소년 사건이 배당되었다. 소년 사건에서는 피의자가 여럿인 경우는 흔하다. 또래 집단이 세상의 중심인 그 시기의 아이들은 흔히 무리 지어 다니니까. 그러다 무리 지어 범죄에 휩싸이기도 하고 줄줄이 피의자가 되어 함께 송치되기도 하는 것이다. 죄명을 보니 공동폭행, 여기까지만 봐도 대략 사이즈가 나온다. 아이들의 패싸움 사건일 것이다. 경험이 많은 소년 전담 검사는 가장 먼저 피의자 목록에 줄줄이 기재된 소년들의 나이를 체크하며 사건 파악을 시작한다. 소년 사건은 나이에 따라 할 수 있는 처분이 달라지므로 나이를 확인하는 것이 필수적이다. '15세, 15세, 16세, 16세, 14세… 16세… 37세. 응? 37세? 이건 뭐지?' 피의자 목록을 빠르게 훑던 검사의 손가락이 이 이질적인 존재 앞에 흠칫 멈춘다.

37세의 남성인 그는 그 지역의 아이들 사이에서 꽤나 유명한 존재였다. 아이들은 그를 그 지역의 이름을 따 '○○○ 삼촌'이라고 불렀다. 지역이 특정되는 것은 적절하지 않으니 여기서는 그냥 '고등어 삼촌'이라고 하자(하필 왜 고등어냐고 하면 별 이유는 없다. 어류 비하의 뜻은 전혀 없음을 밝힌다). 고등어 삼촌의 인적사항에 대한 정보 중 나이만큼이나 눈에 띄는 것은 직업란에 '대표이사'라고 적혀 있다는 점이었다. 회사 이름도 없이 '대표이사!'. 여기까지만 봐도 범상한 인물은 아닐 것이 분명했다.

나중에 고등어 삼촌을 직접 만나 조사를 하며 도대체 무슨 회사를 대표하고 계시냐고 물어봤지만 그는 끝내 속 시원히 대답해주지 않았다. 그냥 뭐 무역도 하고 이것저것 사업도 한다고 둘러댔다. 아무튼 알 수 없는 사업체의 대표이사인 고등어 삼촌은 지역의 상가 지하에 작은 사무실 하나를 얻어두고 있었다. 고등어 삼촌의 사무실에는 직원이 한 명도 없었지만 그 지역의 방황하는 청소년들로 늘 북적였다. 피씨방과 길거리를 쏘다니기도 지친 아이들이 삼촌의 사무실에 찾아들었다. 집을 나와 오갈 곳이 없는 아이들은 사무실 한구석에 놓여 있는 낡은 매트리스에서 한밤을 지내기도 했다. 고등어 삼촌은 조건 없이 아이들을 받아주었다. 배고픈 아이들에게 밥도 사주고 때로 담배도 사주었다. 부모나 선생님은 들어주지 않는, 또래끼리의 시시콜콜한 이야기도 다 들어주면서 함께 웃고 분노해주었다. 때로 보호의 울타리가 되는 어른이면서도 친구 같기도 한 그를 아이들은 '삼촌'이라 부르며 따랐다.

고등어 삼촌은 아이들에게 자신이 대단한 재력가라고 소개했다. 변호사를 여럿 고용해서 로펌을 운영하고 있다고도 했다. 과거에는 경찰에 근무하기도 했고 현재도 정보기관과

긴밀히 연결되어 있어 지역의 범죄수사나 재판에 상당한 영향력을 끼칠 수 있다고도 했다. 과거부터 그를 거쳐간 청소년 중에는 지역 조폭계의 거목으로 성장한 인물도 있어 그의 요청이 있으면 어떤 일이든 처리해준다고도 했다. 그가 줄줄이 읊는 경력들이 가능하기는 한 건지, 그런 정도의 재력과 영향력을 가진 37세 어른이 왜 하루 종일 여기서 15세 자신들과 시시덕거리고 있는지 좀 이상하기는 했지만 아이들은 더 이상 캐묻지 않았다. 어쨌든 삼촌은 대가 없이 밥을 사주고 잠자리를 제공해주었으니까. 추운 밤거리를 대책 없이 쏘다니지 않아도 되었으니까.

그러는 사이 아이들 사이에서 고등어 삼촌의 영향력은 점점 커져갔다. 그의 마음에 들지 않는 상황이 생기면 삼촌은 말했다.

"저번에 ○○동 애들 총 16명을 한 번에 심사원 타게 만든 사람이 나야, 말 네 마디로 걔네들 심사원 태웠어. 너희들은 어떨 것 같아? 조건에 따라서 6주까지 태울 수 있고 최대 10주 태울 수 있다, 근데 심사원은 너희들도 갔다 왔으니까 거기는 뭐 적응 금방 할 거고. 재미없잖아? 새로운 세상맛을 한번 봐야지?"

이미 어느 정도의 비행으로 소년분류심사원 정도는 갔다 온 경험이 있는 아이들에게 말 몇 마디로 소년원에 보내버릴 수도 있다는 삼촌의 말은 실질적인 공포로 다가왔다. 고등어 삼촌은 아이들의 시시콜콜한 비행 정보를 아주 많이 가지고 있었고, 그의 말대로라면 없는 죄라도 만들어낼 수 있을 테니까. 그런 방식으로 그는 점점 그 지역 비행 청소년들의 왕이 되어갔다.

어느 날, 고등어 삼촌은 04년생 민준이에게 동기들을 모아 05년생들을 혼내주라는 지시를 내렸다. 삼촌이 이뻐하는 진희가 당구장에서 05년생 수찬이에게 무례한 일을 당했다는 것이 이유였다. 민준이는 수찬이와 그의 친구들을 동네 공원으로 불러낸 뒤 04년생 동기들과 함께 때렸다. 폭행이 끝날 때쯤 고등어 삼촌은 그 자리에 친히 왕림하여 혼이 잘 났는지 확인했다. 그 모습이 CCTV에 찍혔고, 아이들의 집단폭행 현장에 나타나 뒷짐을 지고 서 있는 어른의 모습을 이상하게 여긴 경찰의 수사에 의해 그 존재가 드러났다. 그런 경위로 그는 청소년의 집단폭행 사건의 교사범으로 검찰에 송치된 것이다.

"여기 검사님은 사법시험 몇 기세요?"

"왜요?"

"아니 저도 사법시험을 쳤었거든요. 1차 합격하고 2차 시험을 보러 가지 않아가지고 그런데… 어쩌면 검사님하고 저하고 동기가 될 수도 있었을 것 같고요…."

잠시 자리를 비운 사이 검사실에 도착한 남자는 수사관에게 너스레를 떨고 있었다. 반바지 차림으로 다리를 달달 떨고 있었다. 내가 돌아온 것을 확인한 수사관이 서둘러 그를 내 앞으로 안내했다.

진술거부권을 고지하고, 간단한 인적 사항을 확인하고, 무슨 회사의 대표이사인지는 끝내 대답을 듣지 못한 가운데 나는 그에게 무심한 듯 물었다.

"그런데 ○○○ 씨 사법시험 1차에 합격하셨어요? 몇 년도에 시험 보셨어요? 저랑 비슷할 수도 있겠는데요?"

그는 당황한 듯 더듬거리며 말했다.

"아니…. 저 그거는… 제가 아니고…. 그러니까… 제 친구 얘기인데요."

"친구 얘기를 왜 본인 이야기처럼 하신 거예요?"

고등어 삼촌의 얼굴이 약간 등푸른 생선빛으로 굳었다.

그러나 조사가 본론으로 들어가자 그는 다시 자신 있는 목소리로 범행을 일절 부인했다. 자신은 우연히 공원을 지나다가 평소 안면이 있는 아이들이 모여 있길래 안부를 묻고 지나간 것뿐이라는 것이다. 그가 공원에 나타나기 직전에 이루어진 민준이와의 통화 내역도 모르는 일이라고 했다. 당신이 시켜서 한 일이라는 아이들의 진술이 숱하게 있다고 하자 그는 길길이 날뛰었다. 그 아이들이 어떤 아이들인 줄 아냐고, 그 아이들이 저지르고 다니는 나쁜 짓들에 대해 자신이 숱하게 알고 있다고, 지금 그런 애들 말을 믿고 자신의 말을 믿지 않는 거냐고…. 그가 이토록 자신 있는 태도를 보이는 데는 나름의 경험적 근거가 있었다. 그는 이전에도 여러 번 입건된 적이 있었으나 번번이 무혐의 처분을 받았다. 이미 비행 청소년으로 분류된 아이들의 진술은 잘 받아들여지지 않았다. 그는 바로 그 점을 이용하여 아이들을 회유하거나 협박했다. 너희 말을 판검사가 믿어줄 것 같냐는 말과 소년원에 보내버리겠다는 으름장 사이에서 아이들은 결국 진술을 바꾸거나 사라져버렸다. 아이들에게는 여전히 한 끼 식사와 담배와 잠자리가 필요했고 멀고 먼 판검사의 법보다는 고등어 삼촌이 지배하는 지하 사무실의 법칙이 가깝게 느껴졌던 것이다.

나 역시 그 점이 불안했다. 이 사건에서도 직접증거는 '삼촌이 시켜서 한 것'이라는 아이들의 진술뿐이다. 언제 사라질지 모르는 바람 같은 증거를 믿고 사건을 기소한다는 것이 검사로서는 무척 부담스러운 일이다. 그보다도, 이 사건이 무죄가 되었을 때 그 파장을 생각하면 아찔했다. 무죄선고는 그가 구축한 왕국의 질서를 더욱 공고히 할 것이다. 법이, 판검사가 믿어주지 않는 세상에서 아이들은 더욱 고등어 삼촌의 지하 사무실로 모여들게 될 것이었다.

그럼에도 불구하고, 아니 바로 그런 이유로 나는 그를 기소해야 했다. 어른들의 법 같은 건 도통 믿지 않는 눈빛을 하고 있는 아이들에게 어둠의 질서가 아니라 법의 질서가 작동하는 현장을 한 번은 경험할 수 있도록 해야 한다고 생각했다. 법정에 나와 진술해야 할 아이들의 목록을 작성하면서 나는 이 아이들이 끝까지 잘 버텨주기를 마음속으로 빌었다.

몇 년이 지나, '고등어 삼촌'이라는 키워드를 입력하자 판결문이 떴다. 전부 유죄로 인정되었고 징역형의 실형이 선고되었다. 폭행교사죄만으로는 이례적으로 높은 형이었다. 판결문 뒷부분의 유죄로 판단한 근거를 쓰는 부분에 낯익은 아이들의 이름이 적혀 있었다. 민준이와 수찬이와 다른 아이들의 이름 뒤로 '증인들의 진술이 일관되고 허위의 진술을 할 동기가 없으며 충분히 믿을 수 있다'고 적혀 있는 부분을 나는 조용히 소리 내어 읽었다.

사기와 패기 사이

현대 자본주의의 검사실에서 가장 흔한 죄명은 아마도 사기일 것이다. 사기죄는 다른 사람을 속여 재물이나 재산상 이익을 편취하면 성립하는 범죄다. 사기죄는 재산범죄 같지만 사실은 신뢰에 대한 범죄다. 어떤 믿음, 어떤 신뢰, 어떤 기대가 무너진 곳에서 사기죄는 성립된다. 기대가 찬란할수록, 믿음이 굳건할수록 사기죄는 가파르게 인간을 바닥으로 추락시킨다. 주로 추락하는 쪽은 피해를 당한 쪽이지만, 간혹 가해자라 일컬어지는 이들 역시 무관하지 않다. 희망이나 기대 같은 것은 그것을 믿는 자의 내면적 인격과 떨어져서 존재할 수 없기 때문이다. 유능한 사기꾼은 사기를 치는 동안 그가 창조한 거짓의 세계를 믿는다. 스스로 희망을 뜨겁게 믿지 않고서는 상대를 진정으로 속일 수 없다. 그 순간만큼은 누구보다 진심이므로, 사기가 실패했을 때 그만큼 그는 더 깊이 추락하게 된다.

한 남자가 있다. 그는 이미 여러 건의 사기죄로 형을 선고받고 교도소에 복역 중이었는데, 과거 동업자였던 이들로부터 추가 고소를 당하여 또 조사를 받아야 하는 입장이 되었다.

그를 조사하기에 앞서 나는 그의 이전 사건기록을 꼼꼼히 살폈다. 기록에 담긴 과거의 시간 속에서 그는 전도유망한 청년 사업가였다. 적어도 남들에게는 그렇게 인식되었다. 스스로는 돈 한 푼 없었지만 창의적인 아이템과 공격적인 실행력으로 투자자를 모으고 자본을 끌어들였다. 화려한 언변과 세련된 매너가 그의 말끝에 투자를 불러왔다. 사업은 무섭게 일어났고 한때 그는 동업자에게도 투자자에게도 영웅이었다. 물론 모든 일들이 틀어지기 이전의 일이다. 그 일의 끝이 어떻게 되었는지 이제 우리는 모두 알고 있다. 성공의 신화가 물거품처럼 사라진 자리에 마침내 형체가 드러난 그의 거짓말들이 고스란히 고소장에 담겨 나에게 왔다. 고급진 캐시미어 코트 차림에 차분한 분위기의 명품 안경테를 쓴 패기만만한 젊은 이의 사진이 기록 속에 편철되어 있었다.

문이 열리고 수의를 입은 남자가 교도관들에 이끌려 검사실로 들어섰다. 내 앞에 앉은 남자는 한눈에 보기에도 매우 불안해 보였다. 몸체를 작게 웅크리고 앉아 눈동자를 두리번거렸다. 무엇을 물으면 한 번에 알아듣지 못했고 입을 조금 벌린 채 멍한 표정을 지었다. 다리를 달달 떨었다. 그가 수용되어 있던 교도소의 교도관으로부터 그의 상태가 불안정하다는 연락을 미리 받았으나 생각했던 것보다 남자의 상태는 더 좋지 않았다. 조사가 어려울 것 같았다.

힘들어 보이니 다음에 다시 조사 일정을 잡자고 제안했으나 그는 한사코 고개를 가로저었다. 오늘 진술하겠다고, 진술할 수 있다고 단호히 말했다. 이미 형을 받은 다른 사건은 그렇다 치더라도, 이 사건에 대해서만은 정말로 할 말이 많다고 말하며 흔들리던 눈빛을 가다듬었다.

그러나 그의 의지와 상관없이 그는 자신의 사정을 제대로 설명하지 못했다. 일관되게 부인하고 있었으나 조금씩 아귀가 맞지 않는 진술들이었다. 무언가 잔뜩 메모한 종이들을 어수선하게 들고 있었으나 대답에 필요한 정보를 쉽게 찾지 못했다. 그러다가 그에게 불리한 질문을 하면 가쁘게 숨을 몰아쉬었다. 교도관으로부터 건네받은 약을 손을 떨며 삼켰다.

기록 속에서 내가 보았던 눈빛이 형형한 젊은이의 모습은 거기에 없었다. 그는 누구인가. 어느 쪽이 진짜 그인가. 그에게 도대체 무슨 일이 일어난 것일까….

오늘날 현대인들의 시간 중 아주 많은 순간이 손바닥만한 휴대전화 속 문자메시지로 저장된다. 따라서 문자메시지는 자주 쓸모 있는 증거가 된다. 디지털 정보로 저장된 과거의 시간들은 쉽게 복원되어 과거의 어느 순간을 그대로 재현해 준다. 범죄를 도모하던 순간도, 공범과 신호를 주고받던 순간도, 일을 완성한 후의 성취감과 두려움도 그들의 휴대전화 속 문자메시지로 남는다. 어떤 경우에는 누군가의 인생 한 시절이 통으로 문자메시지 속에서 복원되곤 한다.

　지금 내 앞에 앉아 손을 떨며 사탕 봉지를 벗기고 있는 남자의 과거를 나는 알고 있다. (남자는 조사 도중 당이 떨어진다며 사무실에 있는 사탕을 좀 먹어도 되겠느냐고 했다. 그런 사람들이 종종 있어서 검사실 한쪽에 사탕, 초콜릿 같은 것을 비치해둔다.) 고급 수트를 입고 비싼 차를 타고 다니던 시절, 성공한 청년 사업가로 투자자들과 전문직 종사자들 사이에서 이름을 날리던 시절, 그가 그의 직원들과 나눈 문자메시지들이 상당 분량 확보되었기 때문이다. 나는 눈빛에 자신감이 가득하던 시절 과거의 그를 실시간으로 읽어낸다. 주로 대표님이라고 불리지만, 가까운 직원들에게는 형이라고 자신을 칭하기도 하는 쿨하고 매력 넘치는 젊은 남자의 시간이 문자메시지 안에서 고스란히 살아난다.

　'김 실장, 오늘 투자자 미팅 자료 다시 한 번 체크해서 나한테 보내줘.'

　'네, 대표님. 그런데 ○○솔루션에서 뭐가 안 맞는다고 대표님을 직접 뵙길 원한다고 하는데요.'

　'아, 걔들은 뭘 그렇게 확인할 게 많냐. 일단 내가 다시 연락준다고 하고 시간 좀 끌어.'

　'네, 알겠습니다. 그런데 분위기가 급한 것 같았습니다. 빨

리 연락주셔야 할 것 같습니다.'

'김 실장아, 형은 점심도 못 먹고 돌아다니고 있다. 어떻게 너네는 내가 하나부터 열까지 다 나서서 해결을 해줘야 하니.'

'죄송합니다, 대표님.'

'멀지 않았다 김 실장아, 잘하자. 고지가 코앞이야 밑에 애들 잘 챙기고. 조금만 더 고생하자. 참, 박 변호사 사무실 이전한다는데 에스프레소 기계 좋은 걸로 하나 보내. 구리게 화환 같은 거 말고.'

'넵! 식사하시고 건강 챙기십시오. 형님!'

대화는 경쾌했다. 식사할 시간도 없이 바쁘게 일을 진행하고 있는 자의 고단함과 동시에 얼마 지나지 않아 거두게 될 성공에 대한 기대감이 뜨겁게 버무려진 젊은 직장인들의 대화였다.

바쁘지만 활기찬, 성공에 대한 확신과 미래에 대한 설렘이 가득한. 자신을 믿고 따르는 부하직원들에 대한 책임감으로 어깨가 무거운, 힘들지만 언제라도 미래에 대한 비전을 잃지 않는, 고독하고 유능한 사업가가 거기 있었다. 나중에 알려진 바에 의하면 그들이 저토록 활기차게 도모하던 일들은 결국 범죄행위를 구성하는 일들이었지만, 저 문자메시지를 나누던 순간만큼은 그들 사이에 어떤 범죄의 낌새도 느낄 수 없었다. 실체는 하나도 없는 허황된 모래성 같은 조건을 내세워 투자를 받고 있지만, 그 모래성의 어느 한쪽 귀퉁이가 무너지기 시작하면 전체가 무너져내리는 것은 시간문제라는 것을 알고 있지만, 그 순간만큼은 스스로도 전혀 의심하지 않는다. 오직 불확실한 미래를 성공에 대한 확신으로 밀고 나가는 패기만만한 비즈니스맨이 있을 뿐이다. 이 바닥에서 패기와 사기는 한 끗 차이다.

끝내, 모래성은 무너져내렸다. 그들의 예상보다 훨씬 이른 시기에 훨씬 급박한 형태로 붕괴되었다. 무너진 모래성 아래 그의 거짓말들이 고스란히 드러났고 분노한 투자자들은 앞다투어 고소장을 제출했다. 그는 구속되었다. 그런데 망연자실하던 투자자들보다 먼저 그에게 등을 돌린 이들은 그와 가장 가까이 있던 이들이었다. 그를 전도유망한 청년 사업가라고 주변에 소개하며 함께 샴페인 잔을 들던 동업자들이 앞다투어 그의 사기 흔적을 찾아 투자자들에게 넘겼다. 처음부터 오만하고 자기중심적이고 과시욕이 넘치는 인물이었다는 주변의 증언들이 빗발쳤다. 지금 내가 보고 있는 문자메시지를 긁어 제출한 이는 김 실장이다. 성공을 향해 함께 파이팅을 다지던 어느 날의 대화는 그가 대표의 지시에 따라 수동적으로 일했을 뿐이라는 것을 증명하는 자료로 검찰에 제출되었다. 개업식에 고급 에스프레소 기계를 선물받았을 박 변호사는 끝내 그를 면회하러 오지 않았다.

그런 경위로, 투자자도 동업자도 같이 꿈을 이야기하던 동생에게서도 외면받은 그는, 오늘 그의 동업자였던 ○○솔루션에서 추가로 고소한 사건에 대해 대답하기 위해 내 앞에 앉아 있다. 잘나가던 시절의 그라면 입에 대지도 않았을 믹스커피를 연거푸 몇 잔째 마시며 손톱을 물어뜯고 있다. 동업 조건을 적은 계약서의 문구에 대한 질문에, 정산 내역에 대한 질문에 대답하고자 잠시 그는 미간을 좁히고 골똘하지만 더 이상 그조차도 과거의 그를 복원해낼 수 없다. 모든 계산과 설명과 구상들이 머릿속에서 풀세트로 돌아가 그림같이 퍼즐을 맞춰내던 그 시절의 자신으로 잠시만 돌아갈 수 있다면 검사의 질문에 막힘없이 대답해낼 수 있을 텐데, 기억은 전생처럼 흐릿하고 다만 포기되지 않는 억울함만이 생생한 파이팅으로 만져질 뿐이다.

그를 돌려보내고, 그가 남기고 간 종이컵을 본다. 저 종이컵으로 믹스커피를 마시던 남자와 최고급 에스프레소 기계에서 갓 뽑은 커피만을 마시던 남자는 같은 사람인가? 사람이 몇 개월 만에 그렇게까지 무너질 수 있는가. 아니면 불리한 자신의 위치를 극복해보고자 정신을 놓은 척 무너진 척 고도의 연기를 하고 있는 것인가. 어느 쪽으로도 확신할 수 없다. 다만 설사 그가 지금 연기를 하고 있는 것이라 하더라도 그가 무너졌다는 사실은 분명해 보인다. 폼생폼사의 인생에서 그의 폼은 이미 죽은 것이다. 인간은 놀랍도록 영특하고 찬란하다가도 또 어느 순간 저토록 한없이 무너질 수 있는 존재라는 걸 자주 보는데도 매번 아찔하다.

그의 안에서 무너진 것이 무엇인가를 생각해본다. 결국 무너진 것은 과거의 그를 지탱하던 것일 텐데, 그런 것에도 꿈이라든가 희망이라든가 우정이라든가 신뢰 같은 이름을 붙여도 좋은 건지에 생각이 이르면 입안이 쓰다.

우리 모두의 견고해 보이는 오늘은 무엇으로 지탱되고 있는지 문득 자문하게 된다.

두부 공장 횡령 사건

 두부 공장 관리자의 업무상 횡령 사건이었다. 공장이라고 하지만 종업원 서너 명이 매일 새벽에 만든 두부를 재래시장 노점상에 납품하는 작은 가게다. 30년 넘게 그 공장에서 일해 온 피의자는 두부를 만드는 일부터 납품, 수금까지 그 공장의 모든 일을 도맡아 하는 사람이었다. 나이가 많은 사장은 일주일에 한두 번 정도 찾아와 정산만 하고 갈 뿐이었고 대기업의 식품 산업 귀퉁이에서 겨우 명맥을 유지하고 있는 재래식 두부 공장의 운영은 거의 모두 그에게 맡겨져 있었다. 그러던 중 두부를 납품하고 수금한 돈을 장부에 기재하지 않고 착복한 사실이 발각되었고, 결국 그는 구속되어 검사 앞에 왔다.

 흔한, 공장 관리인의 업무상 횡령 사건인데, 사건은 난관에 부딪혀 있었다. 횡령 사건에서는 무엇보다 언제 얼마를 어떻게 횡령했는지, 즉 횡령금의 특정이 중요한데, 이렇다 할 회계시스템 없이 피의자가 젖은 손으로 대충 써온 수기 장부에만 의존해서는 도무지 횡령금을 특정할 수 없었다. 이 거래처에서 수금한 금액은 저 거래처 미수금에 돌려막고, 저 거래처

수금액 중 일부는 또 급하게 공장 물품을 사는 데 써버리기도 해서, 도무지 장부 자체만으로는 정리가 되지 않았다. 결국 이 복잡한 두부의 납품과 수금 시스템, 돌려막기 장부의 흐름에 대해 알고 있는 유일한 사람은 피의자인데, 그는 경찰에서부터 입을 굳게 다물고 사실상 묵비권을 행사하는 중이었다. 그가 두부 대금을 빼돌려 아들 결혼자금으로 썼다는 것이 뻔하다고 하더라도, 구체적인 횡령의 일시와 장소, 금액을 특정하지 않고서는 그를 기소할 수 없는 상황이어서 검사는 초조할 수밖에 없었다.

"도무지 아무 말도 안 하는데요, 검사님."

먼저 피의자를 조사하던 수사관이 더는 어쩔 수 없다는 듯 고개를 절레절레 흔들며 조서를 나에게 넘겼다. 수사관은 체구가 작은 초로의 남성을 내 앞으로 데려와 앉혔다. 그는 이제 아무 말을 안 하는 것이 오히려 익숙하다는 듯 입을 꾹 다물고 고개를 숙이고 있었다. 그런 상태로 다만 자신의 손을 내려다보고 있었는데, 마디가 굵은 손가락 중 유독 한 손가락은 한 마디 정도 짧았다.

"두부는… 어떻게 만드는 거예요? 뭐부터 시작해야 해요?"

예상치 못한 질문이었는지 멈칫 고개를 든 그가 두부를 콩으로 만드는지 팥으로 만드는지도 모를 것 같은 검사의 희멀건한 얼굴을 잠시 쳐다본다. 그러고는 어쩔 수 없다는 듯 두부의 제작 공정에 대해 설명하기 시작한다.

"먼저 콩을 물에 불려야죠."

횡령금의 특정은 당신의 책임범위를 명확히 해서 억울한 부분이 없도록 하기 위한 것이라는 설득에도 꿈쩍 않던 그가 마침내 말문을 연 것이다.

보통 직원들은 새벽 3시에 출근하지만 그는 새벽 2시에 먼저 출근해서 콩도 불려놓고 기계도 켜고 두부 만들 준비를 시작한다고 했다. 아침 해보다 일찍 서는 새벽 시장 노점 할머니들에게 두부를 가져다주려면 새벽 별이 뜬 캄캄한 시간부터 서두를 수밖에 없다는 것이다. 뒤이어 출근한 인부들이 콩을 삶고 갈고 끓이고 굳히는 과정에 대해 그는 설명을 이어갔다. 명색이 공장장이었지만 몇 안 되는 공장 인부들과 마찬가지로 두부를 만드는 모든 잡일들을 다 했단다. 일하러 온 아주머니들에게 새벽잠을 쫓을 믹스커피도 타 주고, 허리 아파 못 나온 인부를 대신해 콩물도 젓다가 주문 전화가 오면 받아서 낡은 장부에 쓱쓱 적었다. 그렇게 부지런히 움직여 동이 트기 전에 완성된 두부를 상자에 담고 트럭에 실어 동네 슈퍼부터 시장 노점상에게까지 배달을 하는 일도 그의 몫이었다. 배달을 마치고 수금해온 돈들을 장부에 정리하면 그날의 일이 끝나는 것이라고 설명하는 그의 눈빛에서 어떤 자부심이 실리는 것이 느껴졌다.

그러고는, 잘려버린 손가락 이야기를 했다. 일을 시작한 지 얼마 되지 않은 젊은 날, 깜빡 졸다가 기계에 손가락이 끼어 들어 갔다고 했다. 그때는 병원에 갈 생각도 하지 못하고 다친 손가락을 헝겊에 싸매고 집에 돌아와 차가운 방바닥에 누워 생각했단다.

'내가 이 일을 그만둬야지. 다시는 그 공장에 돌아가지 말아야지' 생각하고 있는데, 소식을 듣고 숙소로 찾아온 사장은 버럭 화부터 내더니 약봉지를 던져주고 며칠만 쉬고 나오라고 했단다.

'그때 치료만 제대로 받았어도 이렇게까지는 되지 않았을 텐데…' 손마디 하나가 잘려나간 손으로 주먹을 쥐며 그는 야박했던 사장에게인지, 그 옛날의 그 자신에게인지 울컥 화를 냈다.

"막상 손가락도 온전치 않다 보니 다른 일자리를 구하기도 어렵잖아요. 그렇게 눌러앉은 것이 이날까지 온 겁니다. 그때는 산재처리고 뭐 그런 것도 요구할 줄 몰랐고…"

제대로 된 치료도 보상도 받지 못하고 진물이 흐르는 손가락을 싸맨 상태로 두부를 만들어야 했던 날들, 청춘과 손가락을 바쳐 일해온 공장이 어떻게 그의 삶과 엉겨왔는지, 그는 말을 이었다. 살아온 많은 날들에 두부 공장의 뜨거운 습기로 그의 장화 속은 늘 젖어 있었다. 그래도 하얗게 김이 오르는 두부를 싣고 시장에 가면, 이 동네에서 김 사장네 두부가 제일 맛있다고 노점상인들은 그를 반겼다. 꼬깃한 지폐로 두부 대금을 치르는 노점상 할머니들은 공장장일 뿐인 그를 사장이라고 불렀고, 그는 굳이 바로잡지 않았다. 마침내 두부 공장과 그의 삶을 따로 생각할 수 없을 지경에 이르렀을 때, 돌아보니 아들 결혼자금조차 마련하지 못한 쓸쓸한 노년이 당도해 있었노라고 그는 말했다.

긴 이야기를 마친 그는, '그렇다 하더라도, 당신의 행위는 업무상 횡령죄에 해당한다'는 검사의 설명에 선선히 동의했다. 최선의 방식으로 횡령의 일시와 금액을 특정해보았다고 검사가 내미는 표를 쓱 보고는 이의가 없다고 말했다. 마디가 남아 있는 엄지손가락에 인주를 묻혀 지장을 꾹꾹 찍었다. 마침내 횡령액으로 특정된 금액은 사실보다 많을 수도 적을 수도 있었겠지만, 그런 것은 그에게 그리 중요한 문제는 아닌 듯 보였다.

범죄는 무엇으로 구성되는가. 법률상 횡령죄는 횡령의 일시와 장소, 금액과 방법을 특정하는 것으로 구성된다. 구성요소들은 범죄일람표라는 일목요연한 표로 정리할 수 있다. 그러나 범죄란 언제나 누군가의 삶에서 빚어지고, 삶이라는 뜨거운 것에는 법률가가 미처 표에 담지 못하는 수많은 요소들이 있다. 갓 나온 두부의 뜨거운 김으로 늘 젖어 있던 그의 장화 속과 비어버린 손가락 자리, 결국 아들의 결혼식에 참석하지 못하는 노년 같은 것이 그의 횡령 범죄 안에는 있다. 그 모든 것을 제대로 담아 형량하기에는 턱없이 부족한 것이 법률가의 역할이어서 검사는 늘 어느 한편 빚을 지고 있는 마음이 되는 건지도 모르겠다고 공소장에 첨부될 매끈한 범죄일람표를 뽑으며 생각했다.

어떤 씨닭

'검사가 되려면 어떤 공부를 해야 해요?' 검사와의 대화 시간에 청소년들이 묻는 단골 질문이다. 검사가 되기까지 아주 많은 공부를 했다. 일단은 법 공부다. 시골집에 가면 예전에 내가 공부했던 책들이 보관되어 있는데, 그걸 보고 있자면 나조차도 저 많은 걸 어떻게 다 공부했을까 하는 생각이 든다. 법서 아닌 책도 제법 읽었다. 중학생 때 다니던 복지센터 도서관에서는 그곳 서가에 있는 문학책을 한 권도 빠짐없이 모조리 읽었다. 검사가 되어 세상의 범죄들을 가르고 이해하고 파헤쳐 나가기에 제법 준비가 되었다고 할 수도 있었다.

그러나 검사가 되어 막상 마주한 범죄의 세계는 이제까지 내가 취득한 지식의 세계와 다른 문법이 적용되는 곳이었다. 공부 좀 하고, 문학책 좀 읽고, 시험 좀 치고 올라온 인간으로서는 미처 상상해보지 못한 형태의 삶들이 기록 안에 있었다. 그것들은 흥미롭기도 구태의연하기도 한 이야기들이었으나 아주 많은 경우는 내가 잘 모르는 영역에 대한 것이었다. 이제 겨우 시험에 합격했을 뿐인 인간이 검사로서 세상의 이야기를 읽어내기 위해 알아야 하는 지식은 무궁무진했다. 지금까지 알고 있는 것은 기본일 뿐이고, 지금부터 진짜 게임의 시작이라는 듯, 새롭게 알아야 할 세계가 나날이 파도처럼 밀려왔다.

초임검사는 우선, 도박의 룰을 알아야 했다. 타고난 모범생의 품성으로 고스톱조차 제대로 쳐보지 않은 애송이는 '하이로' '도리짓고땡' '섯다'가 각각 무엇인지, 판돈이 어떻게 모이고 돌아가는지를 알아야 했다. 한 번도 가본 적 없는 유흥주점의 생리와 문화를 알아야 했으며 그 세계에서 통용되는 각종 은어들도 알아야 했다. 이런 것도 모르냐고 핀잔을 들으며 책에는 나오지 않는 세상의 온갖 잡지식을 취득했다. 이제까지의 모범적인 삶이 보잘것없이 여겨졌다.

그 허둥대던 초임검사 시절의 한중간에서 만난 일명 '씨닭 사건'이란 것이 있다. 절도 사건이었는데, 어떤 이가 키우는 닭 한 마리를 도둑맞았다는 것이다. 범인은 금방 추적되어 잡혔다. 경찰이 얼마나 기민했는지, 범인은 닭을 잡아 털을 뽑고 먹기 위해 솥에 넣고 끓이다가 잠시 잠이 든 사이 검거되었다. 애써 훔친 닭을 다리 한 짝도 먹어보지도 못하고 잡힌 것이다. 기록에는 먹음직스럽게 푹 삶긴 닭 한 마리와 그 옆에서 잠이 덜 깬 얼굴을 하고 있는 범인의 사진이 붙어 있었다. 범인 입장에선 다소 불쌍하게 되었지만, 훔친 닭이 증거물로 떡 하니 있으니 자백할 수밖에 없었고, 사건을 쉽게 종결할 수 있을 것 같았다.

공소장을 써서 결재를 올렸는데 기록이 금방 반려되어 돌아왔다. 반려 취지를 적은 부장의 메모지에는 '닭값이 20만 원?'이라고 적혀 있었다.

절도 사건에서는 절취품의 시가를 산정하여 적어야 한다. 이 사건에서는 범인이 닭 한 마리를 훔쳤으니 닭 한 마리의 시가를 적으면 된다. 그런데 문제는 범인이 훔친 닭이 그냥 닭이 아니고 종계, 즉 씨닭이라는 것이다. 피해자는 그 닭이 얼마나 훌륭한 씨닭이었는지를 설파하며 그 닭의 시가는 못해도 20만 원은 된다고 주장했었다.

"부장님, 그 닭이 그냥 닭이 아니고 씨닭이라 비싼 거랍니다."

"뭐라고, 씨닭?"

내 어설픈 발음이 욕처럼 들렸을까 봐 다급히 더듬거리며 말을 보탰다.

"그러니까 씨를 퍼뜨리는 닭이라는 뜻인데, 모든 닭의 아버지 같은… 종계라고도 하고요…."

부장님은 당황하는 나를 보며 잠시 재미있어 하더니 다음 순간 표정을 단단히 하며 말했다.

"정 검사님, 절취품인 닭이 씨닭이라 20만 원이라는 것은 피해자의 진술일 뿐인데, 그것을 공소장에 쓰려면 그 씨닭의 시가를 확인할 객관적 자료가 필요합니다. 검사의 공소장에 들어가는 한 마디 한 마디에는 모두 근거가 있어야 합니다."

부장님이 갑자기 존댓말을 쓴다는 건 지금 부장님이 진지하다는 뜻이다. 그러니까 내가 찾아야 하는 것은 씨닭의 시가를 확인할 객관적 자료라는 건데 그런 걸 도대체 어디서 찾지? 그때까지 닭이라고는 양념 반 후라이드 반만 알았지 씨닭이라는 것이 따로 있는 줄도 몰랐던 꼬마 검사는 앞이 막막했다. 축산물 도매시장과 양계협회와 전국의 양계 농장에 전화를 걸어 특별히 출중한 능력을 가진 씨닭의 거래가를 물었다. 반나절은 전화통을 붙들고 씨닭 씨닭거렸다. 그러나 그 어느 곳에서도 대답을 듣지 못했다. 모두들 씨닭 같은 것은 유통하지 않으며 그래서 시가를 알지 못한다고 했다.

너는 검사가 되어 닭값 하나 특정하지 못하느냐고 혼이 날 것을 생각하니 잠도 오지 않았다. 도대체, 피고인이 털을 다 뽑고 삶아버린 씨닭의 객관적 가치는 얼마일까? 그걸 누구한테 물어 어떻게 특정할 수 있을까. 그것은 정말이지 내가 모르는 세계였다. 하루 종일 닭 생각을 했다. 좋아하던 치킨을 마음 편히 먹을 수도 없었다.

"저는 아무래도 검사로서의 자질이 부족한가 봐요…."

며칠이 지나도록 씨닭의 값을 특정하지 못하고 어깨를 축 늘어뜨리고 있을 때 선배 검사가 다가와 한 수 가르쳐준다는 듯 조용히 말했다.

"그럴 때는 그냥 '시가 불상'이라고 쓰면 되는 거야."

'아, 진짜! 이 사람들이… 그런 것이라면 진작에 알려주지.' 역시 이 바닥엔 알아야 할 것투성이었다. 아무튼 그 일을 계기로 나는 세상에는 다양한 닭들이 있으며 닭마다 다른 유통구조와 시가가 있고, 양계협회에서는 씨닭의 값을 모르고, 검사란 이런 것조차 객관적인 자료로 확인해야 하는 존재이며, 해도 해도 모르겠을 때는 모르겠다고 쓰는 방법도 있다는 사실을 알게 되었다. 검사란 이렇듯 세상에 분명히 존재하나 좀처럼 확인하기 어려운 것들을 알아내기 위해 필요 이상으로 골머리를 앓는 사람이라는 사실이 애송이 검사의 가슴에 두렵고도 뻐근한 무엇으로 차올랐다.

그 이후로도 내가 새로 알게 된 것들은 무수히 많다. 검사가 되지 않았다면 굳이 들여다보지 않았을 세상에 대한 것들이다. 지구별에 와서 한 번 살다 가는 것이 인생이라면, 이 세계의 구성요소에 대해 최대한 많은 것을 알아가는 일을 하고 싶다고 생각한 적이 있다. 그런 의미에서는 검사라는 직업이 꽤나 적합하다고 해야 하나? 그런데 검사 생활 19년, 이제 제법 세상의 구성요소에 대해 알게 되었냐고 물으면 그건 또 아니다. 알면 알수록 모르는 것이 많다는 사실을 알게 되었을 뿐이고, 지금 이 순간에도 내가 알지 못하는 문법의 일들이 세상 어디선가 태어나고 있다는 사실을 알게 되었을 뿐이다. 그러니까 세상은 그 가치를 특정할 수 없는 상태로 무수히 씨를 뿌리는 씨닭 같은 것이라고나 할까. 이런 씨닭!

지역에 대형 백화점이 들어오고 나서

　범죄는 어떻게 발생하는가. 범죄는 어디에서부터 시작되어 어떻게 완성되는가. 그것의 시작은 오직 인간의 악한 마음이라고 할 수 있는가. 그렇다면 범죄자가 될 사람과 그렇지 않은 사람은 정해져 있는가. 그런 것이 아니라 범죄는 온갖 정치, 경제, 사회적 맥락 속에서, 자본과 힘의 흐름 속에서 인간이라는 미약한 존재의 욕망 한 스푼이 작용하여 발생하는 것이라고 본다면, 이때 그 욕망을 품은 인간의 책임은 얼마만큼인가.

　시장에서 일하는 상인들을 줄줄이 소환한 적이 있다. 동네마다 작은 재래시장이 제법 상권을 유지하고 있는 지방 도시에 대규모 백화점이 들어오면서 일은 시작되었다. 지역 상권을 파괴할 공룡 같은 대기업의 백화점 유치에 상인들은 항의했고, 이를 해결하기 위해 백화점은 상당한 액수의 지역상권 활성자금을 내어놓는다. 거액의 자금이 시장마다 배분되었는데, 이를 나누는 과정에서 상인들이 얼마씩 횡령한 사실이 밝혀진 것이다. 시장마다 분배된 자금은 시장 입점 상인들에게

골고루 나눠져야 하는데, 회장이 총무에게 인계하면서 일부, 총무가 운영위원회에 보고하면서 일부, 운영위원들이 평상인들에게 나누면서 일부 금액을 떼어먹은 것이다. 처음에는 상가연합회 회장의 횡령 사건이었는데, 수사를 할수록 판이 커졌다. 결과적으로 작은 시장의 상인 상당수가 횡령범으로 입건되기에 이르렀다.

이불집과 정육점, 건어물 상가 사장님과 포목집, 반찬집 사장님 등이 소환되었다. 손님이 가장 뜸하다는 오후 시간에 상인들은 조사를 받으러 줄줄이 검찰청에 왔다. 검찰청에 온다고 그에 맞는 옷을 골라 입거나 할 사이도 없이 입고 있던 앞치마만 벗어 던지고 그대로 온 차림이어서, 그들이 풍기는 냄새와 분위기를 보면 어떤 일을 하는 상인 누구인지 대략 알 수 있을 것 같았다.

기름집 사장님에게서는 고소한 기름 냄새가 났다. 정육점 사장님의 손등에는 긴 흉터 자국이 있었고 반찬집 사장님의 옷소매에는 고춧가루 양념이 말라붙어 있었다. 지역의 작은 시장이 터를 잡을 때부터 30년, 40년씩 장사를 해왔다는 상인들에게는 모두 조금씩 자신들이 매일 만지고 파는 물건의 자취가 묻어 있었다.

상인들은 모두 범행을 순순히 자백했다. 장사도 점점 시들해지고 이 장사를 언제까지 할 수 있을까 고심하던 차에 대형 백화점에서 나온 큰돈 앞에 그만 욕심이 생겨버렸다고, 어차피 너나 나나 거저 생긴 돈인데 그거 좀 떼고 준다고 해서 누군가에게 피해주는 건 아니지 않느냐는 어리석은 생각을 했다고 인정하며 건어물집 사장님은 마른 얼굴을 쓸었다. 그러면서도 그 돈이 자신에게 오기 전 단계에서 떼어먹은 다른 놈들이 또 있었다는 사실에 분노했다. 그러다가 이것이 모두 자신들의 삶의 터전에 밀고 들어온 대형 유통그룹의 백화점이 던진 돈에서 시작된 일이라는 것에 생각이 미치면 어떤 무력감이 먼저 일어나는 것 같았다. 이제 대형 백화점이 들어왔으니 안 그래도 시원찮던 장사를 이참에 접어야 하지 않겠느냐고 나에게 하는 말인지 혼잣말인지 모르게 말했다. 후회와 민망함과 억울함과 쓸쓸함이 비율을 나눌 수 없이 뒤엉킨 얼굴이었다. 어쨌거나 빨리 또 점포로 돌아가봐야 한다며 조서에 도장을 찍고 상인들은 서둘러 돌아갔다. 거리에는 백화점 오픈 기념 이벤트 광고판에 화려하게 불이 들어오고 백화점으로 향하는 차량들로 이른 정체가 시작되고 있었다.

대형 백화점이 어느 정도 자리를 잡은 이후에는 조금 다른 형태의 횡령사건이 지역의 법정에 올랐다. 피고인은 백화점에 입점한 명품 브랜드 매장의 매니저들이었다. 명품에 대해 무지한 나로서는 처음 들어보는 브랜드들이었는데, 그들이 빼돌렸다는 물품의 이름은 알 수 없는 외국어나 숫자의 조합으로 되어 있어서 이름만 보고는 도대체 그것이 옷인지 가방인지조차도 모를 지경이었다. 어쨌거나 물건들이 워낙 고가다 보니 횡령의 액수가 훨쩍 높았다. 들여다보니 명품 매장의 매출 시스템은 생각보다 복잡했고 투명하지도 않았다.

횡령죄로 재판을 받는 매니저들은 그 복잡한 시스템 속에서 매출 실적을 올리느라 장부에 허위로 기재한 부분과, 단골 고객을 잡기 위해 외상을 주거나 안 되는 할인을 해주며 돌려막기한 부분이 자신의 횡령금에 섞여 있다고 억울해했다. 물론 그들 스스로 명품 옷과 가방과 시계를 소비하는 사람인 양 과시하기 위하여 빼돌린 물건들이 그들의 원룸방 옷걸이나 SNS 사진 속에서 발견되기도 했지만, 그건 이런 일을 하다 보면 어쩔 수 없이 수반되는 부수적인 업무의 영역 같은 것이라고 했다. 깨끗하게 세탁해서 다시 택을 달아 돌려놓으면 될 일이라고…. 그가 법정에 입고 온 깔끔한 저 셔츠도 어느 명품 브랜드의 옷일까? 억울하다며 피고인이 쏟아내는 말들 역시 온통 외국어로 표기된 상품명처럼 이해하기 힘들다고 생각할 무렵 나보다는 명품계의 유통구조를 잘 아는 듯한 재판장이 말했다.

"그래요. 억울할 수 있겠죠. 그런데 그렇게 복잡한 구조를 이용해서 횡령을 한 사람은 당신입니다. 당신이 억울하다고 하는 부분은 당신의 횡령을 완성하기 위해 들어간 일종의 비용이라고 볼 수 있는 것 아닐까요?"

끝내 승복할 수 없었던 매니저는 자신으로부터 공짜 선물이나 외상을 받아간 고객들을 증인으로 신청했다. 그러나 백화점의 VIP 고객일 그들은 좀처럼 법정에 나오지 않았다. 언뜻 보아도 고급스러워 보이는 코트를 걸친 노부인 한 분만이 법정에 나왔으나 매니저의 억울한 부분을 입증하는 데는 별로 도움이 되지 못했다. 길고 긴 설명과 질문을 들은 노부인은 간단히 말했다.

"글쎄요. 제가 워낙 그 매장에 자주 가기도 하고, 물건도 많이 사는데… 그런 물건을 선물받은 기억이 없네요. 모르겠어요…."

사람의 마음이 온통 뒤엉킨 듯한 어떤 범죄들에 비해 횡령죄 같은 경제범죄는 훨씬 간명하고 마음 편한 측면이 있다. 어쨌든, 타인의 재물을 탐한 욕심에 대해서는 죄를 물어 마땅하기 때문이다. 그런데 간혹, 주차장에 들어가려는 차량들 때문에 항상 길이 막히는 그 백화점 앞을 지나는 어떤 날에는 지역에 백화점이 들어오고 나서 횡령범이라는 이름으로 내가 만났던 사람들을 떠올리며 조금 복잡한 심경이 된다. 이 모든 것은 저 백화점이 들어오지 않았다면 생기지 않았을 일이었을까. 글로벌 경제와 지역 활성화 정책과 명품의 유통 구조와 시장 좌판에 놓인 쪽파 한 단 사이에서 인간의 욕심은 얼마만큼 유죄일까.

세상의 끝, 그녀의 집

아이슬란드라는 나라에 간 적이 있다. 아주 멀고 먼 나라였다. 어찌나 멀던지 나에게 그곳은 세상의 끝처럼 느껴졌다. 전부를 집어삼킬 듯한 폭포들과 세상 무엇보다 거칠고 당당한 이끼들이 있는 곳. 차가운 호수 위를 둥둥 떠다니던 빙산이 문득 몸을 뒤척이는 걸 바라보며 생각했다.

'나중에, 어떤 일로 세상으로부터 도망쳐야 할 일이 있다면 아이슬란드로 오자.'

무슨 일을 어떻게 잘못해서 도망가겠다는 구체적인 계획은 아니다. 그저 예민하고 날카로운 일을 다루는 자의 습관 같은 것이다. 나는 평범한 누구에게나 삶의 귀퉁이가 완전히 무너져내리는 순간이 올 수 있다는 것을 믿는 편이다. 하나의 인간을 구성하던 요소들이 더 이상 그를 지탱해주지 못하는 순간, 그가 마지막으로 기어가 몸을 웅크릴 곳이 세상 어딘가에는 있어야 한다고 생각한다.

먼 나라에서 온 한 여자를 기소한 적이 있다. 얼핏 보면 한국인처럼 생긴 깡마르고 작은 여자였다. 여자는 한국인 남자를 만나 연애를 했고 몇 년 전에 한국에 들어왔다. 한국에 들어오면서 그의 나라에 있는 원가족과는 연락이 끊겼다. 그 이후 몇 년간 그녀가 어떻게 살아왔는지에 대한 정보는 없다. 가끔 음악을 크게 틀고 춤을 추다가 이웃으로부터 항의를 받았다거나 그가 사는 아파트 난간에 위태롭게 앉아 있다가 신고된 적이 있다는 것 정도가 범죄사실 외에 내가 아는 전부다. 그러던 그녀는 어느 날 집 근처 곳곳에 불을 붙였다. 범행을 숨기려는 기색도 없이, 그녀는 자신을 말리는 사람들을 밀어내고 자꾸만 불을 놓았다. 금방 발각되어 크게 불이 나지는 않았지만 너무나 위험한 행동이었다. 그래서 그녀는 구속되었다. 이혼 수속 중이라는 한국인 남편은 끝내 그녀를 만나러 오지 않았다.

구치소에서 그녀가 먹지도 자지도 않고 내내 울고만 있다는 소식이 들려왔다. 자꾸만 집으로 가겠다고만 한다는데, 내가 알기로 그녀에게는 집이 없다. 남편은 이미 그녀의 손을 놓았고, 그녀가 불을 지른 집으로 돌아갈 수도 없다. 그녀가 가겠다는 집이 도대체 어딜까. 그녀가 떠나온 먼 나라에 가면 그녀가 마음 놓고 쉴 집이 있을까.

그녀를 조사하기로 한 날, 구치감에서 연락이 왔다. 구치감은 구속된 사람들이 조사를 받기 위해 검찰청에 나와 대기하는 동안 머무는 검찰청 내의 임시 수용 시설이다. 그녀가 검찰청까지는 왔는데 구치감에서 꼼짝을 하지 않는다는 것이다. 조사를 위해 통역까지 불러놨는데 낭패가 따로 없었다.

"우리가 내려가봅시다."

나는 수사관과 통역인과 함께 지하에 있는 구치감으로 향했다. 검찰청에서 일하면서도 구치감에 직접 가보는 것은 처음이었다.

몇 개의 문을 통과해 들어가자 구치감이 나왔다. 교도관이 난처한 표정으로 철문을 열었다. 노란색 모노륨 장판이 깔린 환한 정사각형의 방이 드러났다. 방 안은 환하다 못해 창백한 느낌이 나는 조명 아래 장식도 가구도 없어서 마치 진공의 방 같았다. 그녀는 방의 모서리에 작은 물체처럼 몸을 웅크리고 있었다.

"안녕하세요, ○○ 씨. 저는 당신의 사건을 담당하고 있는 검사입니다."

그녀는 몸을 더욱 작게 말았다.

"저는 ○○ 씨의 이야기를 들으려고 왔어요. 왜 불을 질렀는지, 어떤 사연이 있는지 알아야 당신을 도울 수가 있어요. 저에게 이야기를 좀 해주시겠어요?"

통역이 말들을 전달했다. 알아들을 수 없는 그녀의 모국어가 길게 이어지는 동안에도 그녀는 움직이지 않았다.

앞으로의 절차들을 설명하고 당신의 진술이 없어도 나는

사건을 기소할 것이라고도 해보고, 한국에 아는 사람이 있느냐고도 물어보고, 온갖 설득을 해봐도 그녀는 꼼짝하지 않았다. 아무런 대답도 없이 까만 눈을 들어 우리를 보다가 다시 고개를 무릎 사이에 묻었다. 어쩔 수가 없었다. 더는 어쩔 수가 없어서 나도 그녀 옆에 앉았다. 앉아 보니 바닥이 매끄럽고 보드라웠다. 노란 모노륨 바닥 위로 떨어지는 형광등 불빛이 안온했다. 외부의 어떤 소리도 빛도 바람도 와 닿지 않는 공간. 그 진공의 밀도가 한 치 앞을 나갈 방도를 찾지 못하는 인간의 작은 몸체를 부드럽게 감싸는 듯했다.

'어쩌면 이곳이 세상으로부터 가장 먼 곳이구나.'

그녀처럼 무릎을 모아 안고 앉아 있으니 잠시 내가 뭘 하던 사람인지도 잊고 정신이 아득해졌다. 무중력의 우주 공간에 떠 있는 기분이었다. 이대로 다 괜찮다 싶기도 했다.

그때 그녀가 무어라고 중얼거렸다.

"뭐라고요?"

퍼뜩 정신을 차리고 되물었다. 통역이 바짝 그녀 가까이 귀를 댔다.

"여기가 내 집이야. 나는 여기 있을래."

그러고는 다리를 쭉 뻗고 길게 누워 한국어와 그 자신의 모국어를 섞어 소리치며 울며 바닥을 뒹굴었다.

"계속 같은 말입니다. 여기가 집이라고, 여기 있을 거라고,

아무 곳에도 가지 않는다고."

 놀란 통역이 눈을 동그랗게 뜨고 황급히 통역해주었지만, 굳이 통역을 듣지 않아도 그녀가 어떤 말을 하는지 알 수 있었다. 환하게 쏟아지는 인공의 불빛 아래 작고 가녀린 몸이 마구 퍼덕였다.

 구치감은 교도소와 세상 사이를 오가는 사람들이 잠시 머무는 공간이다. 누구도 그 공간에 정주하지 않는다. 그러나 세상 어디에도 갈 곳이 없는 것으로 추정되는 그녀는 그곳이 집이라고 했다. 말이 되지 않는데, 어쩐지 이해할 것 같았다. 누구에게나 그런 공간이 필요한 순간이 있다. 세상의 끝이자 시작이자 아무 곳도 아닌 곳!

 결국 나는 그녀를 조사하지 못한 채 기소했다. 왜 불을 질렀는지 어떤 사연이 있는지, 멀리 사막의 바람 위로 커다란 별이 뜬다는 그녀의 나라에 가면 그녀를 꼭 닮은 얼굴의 가족들이 그녀를 기다리고 있는지에 대해 아무것도 듣지 못한 채 그녀를 재판에 넘겼다. 그녀에 대해 많은 것을 알지 못했지만 한 인간을 재판에 넘기기엔 내가 아는 사실만으로도 충분했다.

 나로서는 어떻게 해볼 수 없는 일들로 세상으로부터 버림받는 일이 생기면, 그때는 내가 아는 가장 먼 땅 아이슬란드로 가야지. 내가 가진 옷 중에 가장 따뜻한 옷 한 벌이라도 챙겨서 세상의 끝으로 가야지. 거기서 새로 태어나 솟아나는 화산과 만 년 전부터 얼어 있던 빙하의 곁에 웅크리고 앉아 있어야지. 그렇게 생각하면 언제 벌어질지 모르는 인생의 비극들 앞에 조금은 덜 두려워진다. 나는 조금 괜찮아진다.

그녀에게도 그런 곳이 있었으면 좋았을 텐데, 어떤 인연으로 낯선 나라에 와서 알 수 없는 이유로 연인도 정신도 세상과의 연결도 놓아버리고, 그녀에게 겨우 집이 될 수 있었던 곳이 구치감이라니, 이 서러운 일을 어쩌면 좋은가. 사무실로 돌아와 공소장을 쓰는데 차갑고도 안온한 모노륨의 감촉이 손끝에 오래 남아 있었다.

크게 불을 내지는 않았으니 곧 재판이 열리고 머지않아 그녀는 석방될 것이다. 석방된 그녀는 어디로 갈까. 손 닿을 듯 가까운 밤하늘 가득 주먹만큼 큰 별이 뜬다는 그 나라에서 그녀를 닮은 누군가가 그녀를 기다리고 있을 것을 상상해본다. 구치감 말고 아늑한 그녀의 집이 세상 어딘가에는 반드시 있어주기를 바라본다.

우리가 끝내 믿어보는 어떤 것

인생에 관해 가장 자신만만한 나이는 언제일까. 인생이 자신이 아는 법칙 안에서 돌아간다는 확신은 점점 강해지는 것일까, 그 반대일까. 의심과 불확실로 가득한 세상에서 그래도 한발 내딛게 하는 어떤 동력이 있다면 그것은 무엇일까.

17세 찬우는 금은방을 털었다. 망치로 금은방 유리창을 깨고 들어가 진열되어 있는 금붙이들을 들고 튀는 수법이다. 금은방에는 보통 다 CCTV와 경보장치가 설치되어 있다. 그러므로 무엇보다 스피드가 생명이다. 경보가 울리고 경찰이나 방호직원이 출동하기 전에 재빨리 범행을 끝내고 튀어야 한다. CCTV에 범행 장면이 고스란히 노출되는 것을 감수할 정도의 대담함도 필요하다. 대담함과 날렵함 면에서 17세는 꽤나 적당한 나이라고 할 수도 있겠다.

그러나 찬우의 범행은 금방 발각되었다. 대담함과 날렵함은 있었으나 경험과 노련함은 없었던 탓이다. 아니 애초에 발각될 것이 예정된 범죄였다. 경찰에 검거된 찬우는 모든 범행은 기욱이 형이 시킨 것이라고 말했다.

"저는 도저히 못 하겠다고 했는데요, 형이 시켜서 어쩔 수가 없었어요."

기욱은 25세다. 덩치가 크고 문신도 좀 있다. 나름 고급 차를 타고 다니는데 직업이 무엇인지는 명확하지 않다. 누가 물으면 아버지 하는 일을 돕는다고 하거나 그럭저럭 둘러댄다. 겨우 20대 중반이지만 10대 후반부터 시작된 기욱의 범죄경력은 조회서의 여러 장을 채우며 넘어간다. 기욱은 찬우 같은 10대 후배들에게 '생활하는 형'으로 알려져 있다. 생활 앞에 생략된 말은 '조폭' 정도가 되겠다.

찬우에게 금은방 털이를 지시했다는 혐의에 대해 기욱은 펄쩍 뛰며 부인했다. 망치를 구해주고 유리창 깨는 법을 알려줬다는 부분도, 돈 되는 귀금속은 안쪽 진열대에 있으니 거기를 먼저 공략해야 한다고 알려줬다는 부분도 모두 다 찬우의 거짓말이라고 주장했다. 겁을 먹고 못 하겠다고 하는 찬우를 윽박질러 금은방으로 가게 했다는 것은 말도 안 된다고 했다. 범행장소에서 조금 떨어진 곳에서 기다리다가 범행을 마친 찬우를 만난 일에 대해서는 우연일 뿐이라고 둘러댔다. 그러나 기욱은 특수절도교사죄로 기소되었다. 이미 다른 범죄로 구속 중에 있는데 추가 건이 뜨다니 환장할 노릇이었다.

"찬우가 증인으로 나와 내가 시킨 일이 아니라고 말만 해주면 나는 무죄가 되는 거야. 경찰에서는 왜 다르게 말했냐고 하면? 그건 뭐 대충 둘러대라고 해. 어쩔 거야. 검사도 어차피 증거 없어!"

어린 나이부터 교도소 주변을 들락거렸던 기욱은 나름 이 바닥이 빤하다고 생각했다. 교도소 안에는 경험적으로 체득한 법률 지식과 재판 전략으로 무장한 반 판사, 반 변호사들이 수두룩했는데, 그들의 조언도 다르지 않았다. 이건 말만 잘 맞추면 되는 게임이었다. 기욱은 교도소에서도 부지런히 작전을 짜고 접견 오는 지인들에게 지시했다.

'찬우를 찾아 위증하도록 하라.'

기욱의 친구들이 날린 DM이 찬우에게 날아들었다.

고 검사는 32세이다. 검사가 된 지 몇 개월 지나지 않은 초임검사다. 고 검사는 검사가 되기를 꿈꾸며 공부하던 시절, 검사가 되어서 법정에 서 있는 자신의 모습을 자주 그려보곤 했다. 빳빳하게 날이 선 법복처럼 날렵하게 정리된 증거들을 제출하는 검사, 때맞추어 등장해 '저 사람이 범인이 맞아요' 증언하는 증인, 승산이 없음을 깨닫고 낙담하는 피고인, 정의를 위해 준엄한 목소리로 최종논고를 하는 검사.

그러나 현실의 법정에서 고 검사는 증인으로 나와 수사기관에서의 진술을 고등어 뒤집듯 180도 뒤집어버린 17세 금은방 절도범을 신문하느라 진땀을 빼고 있다.

"경찰에서는 그냥 누가 시켰다고 하면 벌을 덜 받을 것 같아서 거짓말했어요. 사실 기욱이 형이 시킨 것은 아무것도 없습니다. 제가 혼자 다 한 거예요."

눈에 보이는 뻔한 거짓말을 눈도 깜빡하지 않고 술술 뱉어 대는 찬우의 어깨 너머로 기욱이 검사를 향해 조롱 섞인 눈빛을 쏘며 실실 웃고 있다. 오늘따라 제시할 반대증거가 빨리 찾아지지 않고 고 검사의 법복 안으로 식은땀이 흘러내린다. 법대 위에서 경험이 오랜 판사가 젊은 검사의 고군분투를 조금은 애처롭게, 조금은 심드렁하게 보고 있다.

결론은 몇 주 후, 판사의 판결에 의해 났다.

'수사기관에서의 진술을 합리적 이유 없이 번복한 찬우의 진술은 신빙할 수 없다.'

기욱이 시킨 일이라는 찬우의 처음 진술을 믿고, 그것이 거짓말이었다는 찬우의 법정에서의 진술은 믿지 않는다는 말이다. 기욱이 찬우에게 특수절도를 시킨 죄는 모두 유죄로 판단되었다. 간단한 거짓말로 있던 일을 없던 일로 만들겠다는 기욱과 찬우의 당찬 작전은 무위로 돌아갔다. 그들이 발 딛고 선 땅에서 그들이 아는 방식으로 그들이 확신했던 일들은 생각만큼 호락호락 현실이 되지 않았다. 그리고 다시 찬우와 기욱은 법정에서 거짓말을 한 일에 대해 위증법과 위증교사범으로 고 검사의 수사를 받게 되었다.

고 검사가 압수해온 자료들 중에는 위증을 하라는 기욱의

지시를 전달받고 찬우가 기욱에게 보낸 답장이 있었다.

'형님, 저는 어떻게든 형님을 빼드리려고 노력하고 있습니다. 형님 나오시면 형님 따라 저도 생활을 잘 해보겠습니다.'

인생이 자신들이 알고 있는 범위 안의 질서로 이루어져 있다고 믿는 맹랑하고도 천진한 충성맹세였다.

위증범들에 대한 조사를 마친 고 검사가 부장실에 들어온다.

"부장님, 위증 피의자들 조사 마쳤는데요, 모두 자백했습니다."

숨을 토하듯 보고하는 고 검사의 얼굴이 약간의 흥분으로 들떠 있다.

"그래? 절대로 자백 안 할 것 같다더니, 어떻게 자백을 했지?"

"동생 같기도 하고 해서 많은 이야기를 했는데요, 나이도 젊은데, 언제까지 이렇게 살아갈 거냐고 설득을 했습니다. 피의자들이 울면서 모두 인정하고 반성하겠다고 합니다."

정 부장은 47세다. 20대부터 시작해 마흔을 넘겨서까지 범죄와 그를 둘러싼 갖은 군상을 보아온 탓에, 눈앞에 보이는 무언가를 덥석 믿지 않는 버릇이 생겼다. 특히나 어떤 뉘우침이나 반성, 그로부터 이어지는 인생의 변화 같은 것에 대해 정 부장은 어느 정도 회의적인 편이다. 이 바닥에서 인간의 뉘우침은 자주 가장되니까. 설사 그 순간 진실이라 하더라도 수많은 변수와 복잡한 세상의 질서 앞에 인간의 한순간 뉘우침이란 종종 나약한 것이니까. 습관처럼 미간을 잔뜩 좁히고 보고를 듣던 정 부장은 그러나 고 검사가 남기고 간 마지막 말에 잠시 멈칫했다.

"제 진심이 조금은 전달된 것 같아서 좋습니다."

첫 번째 위증 수사를 마친 소감이 어떠냐는 질문에 고 검사는 떨리는 목소리로 답하고는 민망했는지 서둘러 꾸벅 인사를 하고 나갔다. 며칠 동안 이어진 야근으로 얼굴빛이 꺼칠했다.

'진심이 전해졌다고 믿는 순간의 감각'. 그 작지만 뜨거운 불씨가 젊은 검사의 어깨 위로 내려앉는 것이 닫히는 문틈 사이로 보이는 듯했다. 정 부장은 오래전에 잊었던 옛 친구의 이름을 떠올릴 때처럼 잠시 고요했다.

'그래 어쨌든 끝내 우리가 믿어야 할 것은 저런 것이겠지.'

정 부장은 찬우와 기욱과 고 검사의 어떤 시간을 통과한 위증사건 기록에 반듯하게 도장을 찍으며, 어쨌든 오늘은 그 젊은이들이 나누었을 진심에 대해 다만 믿어볼 일이라고 생각했다.

원래 이 이야기는 여기서 끝난다. 여기서 끝났다면 아마도 해피엔딩이라고 할 수 있을까. 그러나 생은 그토록 간명하지 않고, 해피도 엔딩도 명확하지 않다. 끝내고자 마음먹지 않는 한, 이야기는 계속되고, 그 속에서 변화하고 번복되는 의미들이 삶의 무엇을 형성한다. 하여 이어지는 이야기….

세월이 좀 지난 어느 날, 다른 검찰청으로 옮겨 일하고 있던 정 부장은 고 검사로부터 전화를 받았다. 안부인사 끝에 고 검사가 얘기를 꺼냈다.

"부장님, 전에 제가 처음으로 위증인지 했었던 찬우 사건 기억하세요? 그 사건 1심은 다 유죄 선고 나고 지금 항소심 하고 있는데요. 항소심에서 피고인들이 제 앞에서 자백했던 것 다 거짓말이었다고 다투고 있답니다. 검사의 강압에 의해 허위자백 했다고…."

"하하하 그랬어?"

"네, 그렇더라고요, 하하하."

'어떻게 그럴 수가 있냐' 혀를 차지도, '그렇다고 너무 실망하지 마' 위로의 말을 건네지도 않는다. 다만 고 검사와 정 부장은 마주 웃을 뿐이다. 고 검사는 이제 초임검사 딱지를 벗어 던지고 어엿한 2학년 검사가 될 참이었다(검사는 한 번 임지를 옮길 때를 1학년이라고 표현한다). 검사로 지내온 지난 2년 여의 시간이 조사를 하다 보면 조사받는 사람보다 먼저 볼이 빨개지던 초임의 시절로부터 그를 단단하게 키웠다. 어떤 자백도 어떤 번복도 그대로 믿지 않는 직업의 문법에 그도 이제 제법 익숙해졌다. 어떤 욕망이, 어떤 두려움이 사람의 진술을 만들거나 변화하게 하는지 조금은 알게 되었으며, 그러한 인간의 변덕에 실망하거나 상처 입지 않는 법에 대해 조금씩 면역이 형성되고 있었다.

그렇다고 해서, 호기 어린 피의자들에게 진심이 전해졌다고 믿었던 젊은 검사의 뜨거운 순간이 무위로 돌아가버렸다고 생각지는 않는다. 그 순간의 진심은 거기 그대로 있다. 진심을 믿었던 순간의 뜨거운 기억이 검사를 다시 나아가게 한다. 진심의 존재를 믿지 않는 한 우리는 누구로부터도 진술을 이끌어낼 수 없다. 언젠가 번복되고 곧 부정된다 하더라도, 끝끝내 눈을 마주하고 그에게 물어야 한다. 오직 그것이 아무것도 확신할 수 없는 세계에서 진실의 가장 가까운 자리를 더듬어 찾는 자가 할 수 있는 일이다.

장 검사는, 몇 살인지 모르겠다. 과거엔 의사로 일했고 지금은 검사로 일한다. 보통 사람은 하나도 따기 힘든 전문성을 양손에 거머쥔 괴물 같은 문이과 통합형 인재다.

과거의 이야기를 들어보면 의사로서의 그는 매우 유능하고도 다정한 사람이었던 듯한데, 검사로서의 그도 못지않게 유능함을 인정받고 있다.

어느 날, 장 검사에게 물었다.

"의사로 일할 때랑 검사로 일할 때 가장 다른 점이 뭐야?"

장 검사는 잠시 생각을 하더니 조금 쓸쓸한 얼굴로 대답했다.

"의사로 일할 때는 환자가 하는 말을 의심하지 않아요. 의심할 필요가 없어요. 의사는 환자가 하는 말이 진실이라는 전제에서 그에 따른 처방을 내어놓는 사람이잖아요. 그런데 검사가 되어 보니 전혀 다른 거죠. 검사는 진술이 거짓말일 가능성을 항상 염두에 둬야 하잖아요. 습관이 안 되어 그런지 그게 참 어렵더라고요."

이제까지 한 번도 생각해보지 못한 관점이었는데, 그의 말을 듣고 보니 과연 그럴 수 있겠구나 싶었다. 상대가 언제나 진실을 말할 것을 전제하고 그에 따른 처방을 내어놓으면 되는 일이라니, 그런 세계가 있다는 걸 생각지 못했다. 무엇을 믿고 무엇을 의심하는 일이 문이과 통합형 인재에게도 어려운 일이라니 그건 좀 위안이 된다고 할까?

"그래서 어떻게 해? 지금은 익숙해졌어?"

"지금도 매일 속아요. 하하하."

말은 그렇게 하지만 누구보다 훌륭하게 진실과 진실 아닌 것을 가려내고 있다는 사실을 안다.

오후에도 복잡한 사건의 조사가 있다며 조사실로 향하는 장 검사의 뒷모습을 보며 생각한다. 속을지라도 끝끝내 진실을 믿고자 하는 일에 대하여. 우리가 끝내 믿어야 할 지점에 대하여.

수사가 끝난 지점에서
어떤 이야기는 시작되지

주말에 좀 기이한 사건이 접수되었다고 당직검사가 보고서를 들고 들어온다. 지역에 있는 잘 알려지지 않은 동굴에서 사람의 것으로 추정되는 뼈 일부가 발견되었다는 것이다. 동굴탐험을 취미로 하는 사람들이 새로 개척한 동굴을 탐험하는 과정에서 뼈를 발견하고 경찰에 신고하면서 사건이 드러났다. 아니, 아직 사건이라고 할 수는 없다. 발견된 뼈는 사람의 정강이뼈처럼 생긴 것들이었으나 두개골이나 골반뼈 등은 발견되지 않았다. 큰 동물의 뼈일 가능성을 배제할 수 없어 아직 사람의 뼈라고 확정할 수는 없는 단계인 것이다. 당직검사는 우선 발견된 뼈에 대한 분석 의뢰를 해놓은 상태라고 말했다.

그런데 흥미로운 것은 뼛조각들 옆에서 금속 재질의 램프 하나가 같이 발견되었다는 것이다. 오래된 탐험 영화에서 본 적이 있을 법한 전통적인 모양의 램프였는데 램프의 바닥에 '희망등'이라고 적혀 있었다. 오래된 뼛조각과 희망등이라… 이야기꾼 검사의 촉이 반짝 켜졌다.

뭘까? 무슨 일이 벌어진 것일까? 희망처럼 램프 하나를 간신히 품고 동굴 속에 숨어들어야 했던 어떤 사람이 있었던 걸까? 사람의 형체도 흔적도 다 사라지고 희망등 하나가 남았다라….

눈빛을 빛내며 이야기 속으로 빠져들다 문득 옆을 보니 이 사건의 주임검사가 곤란한 표정으로 나를 보고 있다.

"부장님… 저는 이야기가 흥미진진해지기를 원하지 않습니다. 그저 사람 뼈가 아니기를 바라고 있습니다만…."

"아, 그렇지! 미안. 내가 잠시 신분을 망각하고 그만…."

비로소 정신을 차린 내가 서둘러 검사의 얼굴로 표정을 고쳐 쓰고 흥미를 감춘 채 사건기록을 덮는다.

"그래, 아직 무슨 뼈인지도 모르니까, 우선 분석 결과를 기다려봅시다."

검사의 입장에서 보면 관할지에서 오래된 백골 사체가 발견되는 일은 여러 어려운 일이 시작될 수 있음을 의미한다. 누군가 죽었고 백골이 된 채로 방치되어 있었다면, 혹은 은닉되었다면 누가 어떻게 왜 죽었는지 밝혀야 할 것이며, 나아가 그의 죽음에 관여한 타인이 있는지 밝혀야 한다. 그러나 그것들은 아주 오래전의 일일 것이므로 대부분 밝히기가 어렵다. 여러모로 곤란한 상황이라는 말이다. 세상만사 중에 범죄와 관련된 일을 처리하는 자의 입장에서는 발견된 뼈가 어느 대형 동물의 뼈라는 분석 결과가 나와주는 것이 최선이다. 범죄와 관련된 아무런 의문도 의혹도 시작되지 않는 무탈한 나날을 검사는 기도한다.

그런가 하면 나는 이야기 애호가다. 등장인물들이 있고 갈등이 있어서 반응하고 조응하는 세계의 흐름에 대해 흥미를 느낀다. 언젠가 전생에 나는 저잣거리에서 사람들에게 흥미로운 이야기를 전달하는 이야기꾼이 아니었을까 생각해본 적도 있다. 관중의 마음을 추임새 하나로 쥐락펴락하는 최고의 이야기꾼이 되고 싶었으나 꿈을 이루지 못해 이생에서도 이야기를 찾아다니는 인간. 그런 의미에서 검사란 제법 유리한 직업이다. 가만히 있어도 세상의 만사들이 기록으로 정리되어 검사 앞에 도착한다. 범죄는 삶의 전 방위에 뻗어 있고 삶 속에는 언제나 스토리가 있기 마련이다. 세상의 모든 스토리들을 가장 가까운 곳에서 들여다보는 일, 그것은 인생의 본질이 이야기의 형태로 이해될 수 있다고 믿는 인간에게 매우 매력적인 일이다.

실로, 검사가 되어 세상의 갖가지 이야기들을 들을 수 있었다. 검사가 되지 않았다면 만나지 않았을 사람들을 만나고 검사가 되지 않았다면 존재하는지도 몰랐을 세상을 들여다보았다. 사람이 어떻게 범죄를 저지르는지, 또 다른 사람들은 어떻게 범죄 속에서 살아남는지, 범죄는 어떻게 드러나고 감추어지는지 그리고 또한 범죄 너머의 세상에는 무엇이 있는지… 수많은 이야기들이 내 안에 수집되었다.

그런데 이상하게도, '당신이 본 많은 이야기 중 가장 기억에 남는 사건 이야기를 해달라'는 요청 앞에 나는 자주 말문이 막힌다. 천일야화처럼 천 날 밤을 지새우며 말할 수도 있을 것 같았는데, 막상 구체적인 이야기가 짚이지 않는다. 다른 말들은 따박따박 잘도 하면서 똑같은 질문 앞에 매번 답을 찾지 못하고 어버버하는 내 모습은 나조차도 낯설고 의아하다. 왜일까? 어떤 사건은 너무 무겁고 어떤 사건은 너무 슬프고 그렇지 않은 어떤 사건들은 또 그렇지 않은 어떤 이유들로 차마 이야기가 되어 나오지 못한다. 사건들은 하나같이 누군가의 아픔에 기대어 있다. 사건 속에는 누군가의 슬픔에 빚지지 않고 할 수 있는 이야기가 없다.

그러므로 검사가 되어 온갖 범죄의 바닥을 헤집으며 세상의 오만가지 이야기들을 모으면 최고의 이야기꾼이 될 수 있을지도 모른다는 생각은 애초에 틀렸다. 아무래도 전생에 못다 이룬 꿈을 이루기에는 직업을 잘못 택했다는 사실을 이쯤 되어서야 겨우 깨닫는다.

그런데 어떤 사건, 이를테면 동굴에서 사람의 것으로 추정되는 몇 조각의 뼈와 이름이 하필 '희망등'인 램프가 함께 발견된 사건 같은 것을 만나면 오래 잠들어 있던 이야기꾼 본능이 반짝 일어나기도 하는 것이다. 인생의 비밀이 담긴 오래된 이야기 상자를 열어보기 직전의 사람처럼 마른침을 꼴깍 삼킨다.

세상의 수많은 이야기는 죽음의 비밀로부터 시작된다. 아주 오래전부터 인류는 밝혀지지 않은 죽음의 영역으로부터 이야기를 만들어왔다. 잘 모르기 때문에 두렵고 흥미로운 것. 그것이 범죄거나 죽음이라 하더라도 어떤 스토리가 기어이 있어주기를 바라는 것은, 범죄와 죽음 앞에서도 무력한 인간이 품어보는 작은 희망등 같은 것이 아닐까.

그나저나 그래서 그 사건은 어떻게 되었냐고? 몇 개월이 지나 받은 분석 보고서에는 다음과 같이 적혀 있었다.

'동굴에서 발견된 뼈에서는 두 명의 각각 다른 사람 유전자형이 확인되었다. 최소 두 명 이상의 사람이 그곳에 있었던 것으로 추정된다. 발견된 뼈가 신체의 극히 일부분인 데다 오래되어서 사망의 원인이나 타살의 가능성을 확인할 단서는 찾지 못하였다. 그리고 함께 발견된 '희망등'이라고 쓰인 램프는 우리나라에서 1950년대 초에 생산되어 사용되던 제품으로 확인된다.'

사람의 뼈이긴 하지만 더 이상 사건으로 수사할 의혹도 단서도 남지 않았다는 말이다. 이제 검사는 조금 홀가분한 마음으로 수사를 종결할 수 있다. 그런데 사람이 한 명이 아니라 두 명이라는 말이지? 그들은 어떤 관계였을까? 1950년대라면 전쟁을 피해 동굴에 숨은 걸까? 그들이 램프 하나에 담았을 희망이란 어떤 것일까? 수사가 끝난 지점에서도 어떤 이야기는 시작될 수 있다. 어떤 이야기를 읽을 것인지는 이제 당신의 몫이다.

2부   유무죄 세계의 사랑법

공판부장 J검사의 하루

　새로 배치받은 공판1부장의 사무실은 오래된 검찰청의 본관 2층 동쪽 끝 귀퉁이에 있다. 나는 이 사무실을 잘 알고 있다. 평검사 시절 결재를 받기 위해, 꾸지람을 듣기 위해 수없이 드나들었던 방이다. 그 시절 몇 번쯤은 훗날 이 방의 주인이 된 나를 꿈꿔본 적도 있다. 마침내 꿈을 이룬 건가, 그렇다면 여기가 끝인가, 같은 생각을 두서없이 하며 오래된 사무실의 철문을 민다. 아직 다른 직원들은 출근하지 않은 시간, 밤 사이 차분하게 내려앉은 사무실 공기 속에 무거운 습기 냄새가 묻어난다.
　어째서인지 나는 이런 유의 냄새를 좋아한다. 지하실 같은 곳에 오래 고여 있는 습기 냄새, 오래된 서가의 책 냄새와도 닮았다. 분명 향기롭다고도 쾌적하다고도 할 수 없는 냄새인데, 왜인지 모르겠지만 코를 킁킁대며 편안함을 느낀다(전생에 지하 세계에 사는 생물이었나? 하긴 나는 나를 스스로 이끼라고 칭한 적이 있다). 사무실은 나름 해가 잘 드는 창이 두 면이나 있는데도 어쩐지 좀 어둡고 습습한 냄새가 난다. 오래된 건물이라 그런 것일까, 아니면 오랜 사연과 회한들이 언제라도 습기처럼 떠다니는 공간이기 때문일까. 어느 쪽이든 검찰청이라는 공간이 이런 면에서나마 나에게 잘 맞는다는 사실이 한편 뿌듯하다. 기껏 이런 것에 뿌듯할 일인가…. 혼자 피식 웃으며 사무실 창을 활짝 연다.

'고장'이라는 스티커가 오래전부터 붙어 있는 낡은 창을 열면, 청사 뒤편에 있는 작은 야산으로부터 내려온 차가운 바람이 들이닥친다. 안온한 습기 냄새를 밀어내고 잠들어 있던 사무실의 공기를 깨운다. 다른 세상에서 온 것 같은 청명한 새소리가 "삐유 삐유 삐유" 하고 울린다.

그 아래는 구치감이다. 검찰청과 법원 사이의 작은 마당에 견고한 콘크리트 건물로 지어진 구치감이 단호하게 앉아 있다. 아무런 장식적 요소가 가미되지 않은 흰 외벽의 오래된 외관이 남다른 포스를 뿜으며 압도적 뷰를 형성한다. 구치감 뷰를 가진 사무실, 공판부장실로서 꽤나 적합한 입지라는 생각이 든다. 9시가 조금 넘으면 교도소와 구치소에서 출발한 여러 대의 호송버스가 들어온다. 법원과 검찰청과 구치감 앞 좁은 마당 안에 테트리스 하듯 꽉 채우며 들어온 호송버스에서 그날의 조사나 그날의 재판을 받기 위해 수감인들이 내린다. 포승에 묶인 채로 버스에서 내리는 그들을 본다. '오늘은 재판이 많은 날인 모양이구나.' 내리는 수감인의 수로 우리 공판검사들이 오늘 진행할 재판의 양을 가늠해볼 수 있다.

 포승에 묶인 사람을 보는 것은 오랜 시간이 지나도 익숙해지지 않는다. 저기 묶인 사람들을 법정으로 데리고 가 판결을 받게 하고 마침내 형을 집행하는 것이 우리의 일이라는 사실을 아침의 호송 행렬을 보며 매우 실체적으로 깨닫는다. 우리는 주로 서류를 대면하고 있지만 결국 우리가 다루는 것은 구체적인 사람이라는 사실을 자각한다. 그런 자각 앞에, 어떤 표정을 짓는 것이 적절한지에 대해 자주 생각한다. 버스에서 내리는 그들에게도 내가 방금 사무실 창문을 열며 맡았던 산의 차가운 공기가 훅 끼쳤을 것이다. "삐유 삐유" 하고 우는 새소리는 "하나, 둘, 셋, 넷…" 인원을 점검하는 교도관의 외침에 묻혀 잘 들리지 않았을 것이다.

 책상 위로 결재판에 쌓인 재판결과통지부가 줄줄이 올라온다. 각 재판부의 재판 결과가 일목요연하게 전시된다. 이는 우리가 납품한 업무의 결과인 동시에 누군가에게는 운명적인 결정의 순간들이다. 그 차고도 뜨거운 결과물을 분석한 공판검사들의 서류가 공판부장의 책상을 가득 채우며 올라와 있다. 빠르게 결과들을 일별하고 그 결과를 수긍한다거나 수긍할 수 없다고 하는 공판검사들의 분석 보고서를 읽는다. 어떤 글에는 정연한 논리가, 어떤 글에는 뜨거운 분노가, 또 다른 글에는 차게 식은 체념이 들어 있다. 그 논리와 열정과 체념

사이의 굴곡을 부장검사는 빠르게 내달린다. 한 손에 연필을 쥐고서. 수없이 밀려오는 사건 속에서 젊은 검사들이 서 있었을 법정을 그려본다.

어린 시절 한때는 지질학자가 되는 것이 꿈이었다. 겹겹이 쌓인 지층 사이로 지구의 역사와 이야기를 알아내고 싶었다. 그러다 어느 순간 법률가를 꿈꾸게 되었는지는 모르겠다. 바람과 햇볕과 물의 흐름이 만들어내는 지구의 역사 대신 그 지구 위에 사는 인간들의 이야기를 탐구해보는 것도 괜찮겠다는 생각. 그 생각이 지금까지의 나를 여기로 밀고 왔다. "세상의 가장 가까운 곳에 서 있고 싶습니다." 검사로 일을 시작하면서 그런 포부를 밝혔었다.

그중에서도 진정 세상의 가장 가까운 곳이자 세상의 끝이라고 생각되는 곳은 법정이었다. 인간이라는 종이 법을 만들고 해가 되는 사람을 잡아다가 가두는 시스템을 발견했는데 그 시스템의 끝에 공판검사가 서 있는 것이다. 공판검사는 세상의 끝으로 밀려나지 않으려는 사람들의 맞은편에 서 있다. 거기에서 항변하는 사람들의 얼굴을 본다. 세상의 질서에 어긋나는 행위를 했다고 기소된 사람들의 자백하거나 후회하거나 항변하거나 회피하는 얼굴을 탐구하는 방식으로 세상을 인식한다. 층층의 지층 속에서 지구의 역사를 읽는 지질학자처럼 인간의 사랑과 욕망과 감정의 역사들을 읽는다. 그런 순간들에 내 얼굴은 어떤 표정이었을까를 생각해보지만 알 수 없다. 법정에는 거울이 없고, 다만 맞은편에서 나를 보는 이의 눈빛에 비추어서만 나의 표정을 가늠해볼 뿐이다.

파도처럼 밀려왔던 결재판들이 어느 정도 빠져나간, 시간 두 명의 초임검사들이 방으로 들어온다. 이들은 검사가 된 지 1년도 채 되지 않아 생애 처음으로 법정에 공판검사로 서 있다. 세상의 끝이자 세상의 중심인 법정의 한가운데에서 홀로 외로운 싸움을 벌이고 있을 초임검사들을 위해 우리는 일주일에 한 번씩 대화의 시간을 갖기로 했다. 그들은 법정에서 새로 본 것들에 대해 나에게 말해주고 궁금한 것들을 나에게 묻는다. 덕분에 나도 잠시 처음 법정에 서는 이들의 눈빛으로 법정의 풍경을 상상해본다. 그들의 궁금증은 두서가 없고 두려움과 초조함이 뒤섞여 있지만, 처음으로 세상의 끝에 제 발끝으로 서 있는 자의 설렘이 있다. 그의 경험들이 처음의 설렘을 단단하고 우아하게 숙성시켜주기를, 하여 한 사람의 공판검사로서 당당히 세상 앞에 서 있기를 가능한 한 힘을 다해 응원하는 것이 나의 역할이다. 이 바닥에서 우리는 몇 안 되는 동료이자 같은 두려움과 외로움의 순간들을 아는 동지니까. 그런데 마음과는 달리 조언이랍시고 나오는 말들이 어째 점점 꼰대 말씀이다. 잔소리가 아니라 진정한 응원의 말들은 어떤 형태로 전달해야 할까. 후배 검사들이 돌아간 뒤 책상 위에

식은 커피잔처럼 남은 고민을 물끄러미 본다.

"오늘도 이기고 돌아오겠습니다."

오늘 아침 복도에서 만난 공판검사가 법정으로 향하며 한 말이 떠오른다. 그의 발걸음을 따라 경쾌하게 펄럭이던 법복 자락도 생각이 난다. 이긴다는 말이 생경해서 알사탕 굴리듯 입속에서 굴려본다.

저 복도 너머의 법정에서 공판검사가 마주하게 되는 세계는 유죄와 무죄로 구성되어 있다. 어떤 행위가 유죄라는 사실을 입증할 책임은 검사에게 있고, 검사가 입증하지 못한 행위는 아무리 유죄여도 끝내 무죄다. 그러므로 공판검사는 늘 무죄가 두렵다.

그럼에도 불구하고 명확히 말할 수 있는 것은 무죄가 곧 공판검사의 패배는 아니라는 것이다. 우리가 싸우는 대상은 다만 피고인이 아니다. 이 싸움에 대해 그렇게 간단히 말할 수는 없다. 인간의 법정이 내어줄 수 있는 답은 유죄 아니면 무죄이지만, 그것으로는 다 담지 못하는 거대한 생이 있다는 사실 앞에 우리는 자주 좌절한다. 그런 방식으로 기껏 다가간 진실의 근처가 참 별것 아니라는 사실에 무력해진다. 최선을 다해 달려간 성취의 끝에서조차 결국 마주하게 되는 것은 누군가의 슬픈 얼굴이라는 사실을 어떻게 받아들여야 할지 몰라 애가 쓰인다. 이를테면 우리의 싸움은 그런 것들과 관련이 있다.

명확하지도 통쾌하지도 활짝 펴지지도 않는 비극, 좌절과 무력 앞에 끝내 애가 쓰이는 마음.

그러나 이기고 와라. 오늘의 선고에서 설사 무죄를 받는다 하더라도, 세상의 끝에 기꺼이 서 있고자 하는 공판검사의 역할에서는 물러서지 말아야지. 무너지지 않아야지. 부정의와 혼돈과 지독한 인생의 무기력 앞에 안간힘 쓰기를 포기하지 말아야지. 불끈 쥔 주먹이 민망해지려는 순간, 창밖에 대기하고 있던 호송 버스들에 부르르 시동을 거는 소리가 들린다.

오늘의 재판이 모두 끝난 모양이다. 수감인들도 교도관들도 판사도 공판검사도 오늘의 업무를 마무리할 시간, 공판부장 J검사도 퇴근 준비를 한다. 아침에 열어두었던 구치감 쪽으로 난 낡은 창문을 닫는다. 이제 조용히 검찰청의 오래된 습기가 내려앉을 시간이다.

나의 사무실 변천사

처음 검사가 되었을 때는 내 사무실이 따로 없었다. 지도검사라고 하는 선배 검사의 방에서 더부살이를 해야 했다. 셋방살이 같았던 시절을 끝내고 마침내 독립하여 내 사무실이라는 것을 가진 것은 6개월이 지난 후였다. 마침 광복절이어서 대한독립 만세를 부르며 해방을 맞았다. 너무 기쁜 나머지 떡을 해서 돌렸다. 지도검사는 식민지 잃은 제국의 인사처럼 시큰둥하게 떡을 씹으며 나의 안녕을 기원해줬다.

처음 갖게 된 사무실은 1층 민원실 옆에 있었다. 보통 검사실은 1층에 잘 두지 않는데, 청사 사정에 여유가 없어서 기존에 압수물 창고로 사용하던 공간을 개조해 나에게 준 것이다. 보통의 사무실보다 층고가 훨씬 높고 창문도 내 머리 위에 있어서 1층이라기보다는 어쩐지 반지하 같은 느낌이 강한 곳이었다. 어쨌든 좋았다. 처음으로 독립해서 내 직원과 내 방이 생겼다는 것이, 정말이지 '어엿한 검사가 되었구나' 싶어 신이 났다.

그런 기분도 잠시, 얼마 지나지 않아 왜 전국의 검찰청들이 좁아터지더라도 1층에는, 그것도 민원실 옆에는 검사실을 설치하지 않는지 알게 되었다. 보통 검사실은 엄격한 출입통제선 뒤에 있으면서 출입등록이 된 사람들만 드나드는 공간이었지만 민원실은 달랐다. 분기탱천한 민원인들이 민원실 옆 내 방문을 벌컥 열고 들어오는 일이 잦았다. 다행인 것은 당시의 내가 20대의 앳되고 미숙한 얼굴을 하고 있었다는 것인데, 다짜고짜 검사 어디 갔냐고 찾는 사람들에게 컴퓨터 뒤에 있다가 빼꼼히 얼굴을 내밀고 "지금 검사님 안 계세요" 하면 쉽게 수긍들을 했다.

반지하 스타일의 사무실에는 1년 열두 달 습기인지 한기인지가 돌았다. 그 음습한 곳에서 날것의 기록을 뒤지며 범죄의 조각들을 맞춰나가는 일은 약간 괴기스러우면서 흥미진진한 것이었다. 강간, 살인, 사기, 폭력… 이전에는 보지 못했던 갖가지 인간 군상들과 그들이 벌이는 범죄의 원형들을 그 공간에서 배웠다. 그런데 문제는 그 기록이 많아도 너무 많다는 것이었다. 많고 많은 기록 사이를 헤집다 보면 어느새 한밤중, 열정 충만한 민원인들도, 그들을 온몸으로 응대하던 직원들도 모두 퇴근하고 민원실 셔터가 무겁게 내려진 시간. 그 시간에 혼자 야근하다가 퇴근하려면 2층으로 다시 올라가 뒷문을 통해 나가는 방법밖에 없었다. 불 꺼진 캄캄한 복도를 오래 통과해야 하는 코스였다. 핸드백에 들어가는 사이즈의 손전등을 하나 샀다. 지금 같으면 휴대폰 손전등 기능을 사용했겠지만 그때는 그런 것도 없었던가? 손전등을 켜고 어두운 복도를 따라, 또각또각 구두 소리를 울리며 걷던 그 시간을 지금도 가끔 생각한다. 무서우면서, 최대한 무섭지 않은 척하며 애써 걸음을 늦추던 그 복도, 내 발걸음 소리에 오직 나만이 귀를 기울이던 시간은 어쩐지 이후에 펼쳐질 검사 생활의 은유 같았다.

손전등을 핸드백에 품고 다니던 꼬꼬마 검사 시절 이후로는 그래도 제법 번변한 사무실들에서 일했다. 그렇다고 해도 반지하가 아닐 뿐 전국의 어느 검찰청이나 검사실은 비좁았다. 보통 검사 한 명에 한두 명의 수사관, 한 명의 실무관으로 팀이 구성되어 한 사무실을 쓰는데 각자의 책상을 벽을 따라 배치하고 나면 중간에 조사받는 사람이 앉기에도 빠듯한 공간이 겨우 나왔다. 어떤 때는 그 간격이 너무 좁아서 누군가 사람을 불러 조사를 하고 있는 동안에 다른 사람들은 나갈 길이 없었다. 조사의 흐름을 끊지 않기 위해 그들의 휴식 시간이 오도록 화장실도 못 가고 참아야 했다.

여러 명의 사람과 그들 각자가 쓰는 컴퓨터가 내뿜는 열기로 검사실은 언제나 뜨거웠다. 나는 에너지 절약 정책이 엄격히 시행되던 해의 여름에 우리나라에서 가장 덥다는 도시의 검찰청에서 일하고 있었다. 오후가 되면 지장을 찍기 위해 비치해둔 인주가 질퍽하게 녹아내렸다. 한번은 저녁식사 배달을 온 인근 도시락집 아저씨가 후끈한 사무실 문을 열다 주춤 한발 물러서며 말했다. "와 여긴 우리 주방보다 더운데요." 그렇게 더운데도 사람들은 지치지도 않고 범죄를 부인했고, 나는 자주 공소장에 오탈자를 냈다.

대부분의 사무실에서 검사의 자리는 거의 창문 쪽에 있었다. 거기가 나름 상석이라는 이유로 구성된 자리 배치이겠지만 그런 이유로 나는 줄곧 창문을 등지고 앉아 일했다. 창을 등지고 앉아 하루 종일 기록을 파고 있으면 창밖 세상에서 어떤 일이 일어나는지 알 수 없었다. 내가 등진 창 너머로 해가 지고 바람이 불고 눈보라가 치는 것을 못 보고 내 앞에 쌓여 있는 인간 군상들의 범죄 기록에만 머리를 박고 일하는 것이 어쩐지 이율배반적이라고 생각되기도 했다.

내 책상 앞 컴퓨터 모니터 너머에는 조사받는 사람이 앉는 의자가 있었다. 내가 등지고 앉은 세상 어딘가에서 범죄를 저지른 사람들이 주로 그 자리에 앉아 나의 질문에 대답하고 갔다. 조사가 끝나고 그가 돌아간 다음 나는 가끔 그 의자에 앉아봤다. 미지근하게 열기가 남아 있는 의자에 등을 기대면 그의 각도로 내 자리가 보인다. 내가 쓰는 컴퓨터 모니터의 뒷면 너머로 내가 등지고 있던 창이 보인다. 피의자들이 이미 저질러버린 일에 대하여 검사와 답도 없는 대화를 주고받다가 왜 어느 순간 먼 곳으로 눈길을 던지는지 그 의자에 앉으면 조금 알 것도 같았다. 내 등 너머로 그들이 떠나온, 그리고 다시 살아갈 세상이 있었다.

그래서 나는 가끔 피조사자 자리에 앉아 공소장에 서명을 했다. 반대쪽에 앉아서 네임펜으로 사각사각 서명을 하다 보면 더러 그간 안 보이던 오류도 보이고, 창문 너머로 멀리, 세상의 계절이 흐르고 있는 것도 보였다.

시간이 훌쩍 흘렀고 지금의 내 사무실은 제법 넓다. 다양한 용도의 의자와 책상들이 있다. 더 이상 누구도 내 방문을 벌컥벌컥 열고 들어오지 않는다. 반지하 스타일의 압수물 창고에서 시작해 18년 만에 엄청난 변화다. 사무실이, 자리가 변한 만큼 조직 내의 위치도 해야 할 역할도 변한 것이다. 이 넓은 사무실에서는 혼자 있는 시간이 많은데, 결재판들이 썰물같이 물러나간 오후의 사무실에서 나는 자주 서성인다. 이 자리 저 자리에 앉아보고 이 창가 저 창가에 서본다. 앉는 위치에 따라 바라보는 창의 방향에 따라 다른 시선과 다른 마음이 되던 시간들을 생각한다. 아직 어느 한 자리 딱 내 자리다 싶은 곳을 찾지 못했지만, 지금은 서성이는 것이 내 자리인 듯, 좀 더 서성여본다.

어떤 검사를 움직이는 힘

　충북 진천에 있는 법무연수원에서 검사 교수로 발령받아 1년 정도 일했다. 법무연수원은 검찰뿐 아니라 교정, 출입국 등 법무부 소속 공무원들의 교육 기관인데, 그중 검사 교수는 검사에 대한 교육을 담당한다. 18년 정도 검사로 살아오는 동안 사건처리와 공판 일선을 떠나 다른 일을 해보는 것이 처음이었다. 매일같이 밀려오는 사건의 파도를 타고 넘느라, 때론 빠져 허우적거리느라 당시의 나는 매우 소진되어 있었다. 우선은 나 자신의 충전이 절실한 시기였다. 신임검사로 발을 뗀 뒤 줄곧 써버리기만 해서 비어버린 몸과 마음, 머릿속에 무엇을 채워야 할까. 검사들에게 필요한 보양식을 차린다는 기획으로 강의를 마련하고 나도 강의실 한쪽 구석에 앉아 강의를 들었다.

　각 분야의 전문가들이 강사로 초빙되었다. 검찰 업무에 대한 직무교육이 주를 이루었고, 양념처럼 다른 세상과 문화, 역사 등 교양 강의가 첨가되었다. 직무교육의 강사는 주로 검사 중 어떤 분야에 전문성을 가진 이들이 섭외되었는데, 보통 내

용도 딱딱하고 강의 스킬도 둔탁했으므로 전문 강사들이 하는 경우에 비해 어쩔 수 없이 집중도가 떨어졌다. 밤이나 낮이나 자갈밭에서 김을 매느라 지친 일꾼들을 데려다 앉혀놓고 '끝내주는 자갈밭 김매기 기술' 강의를 들으라는 격인데, 쏟아지는 졸음과 싸워 이기기가 힘든 것은 인지상정.

그런 와중에 특별히 기억에 남는 한 선배의 강의가 있다. 선배 검사가 하기로 한 강의는 매우 낯설고도 어려운 분야에 대한 것이었다. 제목만 봐도 '아 오늘도 거친 헤드뱅잉을 하다 끝내 쓰러지는 교육생이 많겠는걸' 싶은 그런 분야였는데, 강사로 섭외된 선배마저 매우 차분하고 학구적인 이미지로 정평이 나 있는 분이어서, 오늘의 전투가 매우 힘들 것이 예상되는 상황이었다. 책임교수씩이나 되어서 졸면 안 되는데 걱정을 하며 들어간 강의였는데, 걱정이 무색할 만큼 나는 완전히 강의에 빠져들었다. 강의가 끝나고 선배 강사가 수줍게 마이크를 내려놓는 순간 벌떡 일어나 기립 박수라도 치고 싶은 심정이 되었다. '와우 브라보!'

강의 내용을 거칠게 요약하자면, 한 사람의 성실하고도 평범한 검사가 예상치 않게 거대 '깡치사건'을 인계받은 후 의도치 않게 10년간 생고생한 스토리다. 사건 무용담이야 검사들 사이에서 흔하게 듣는 것이지만, 이건 무용담이 아니라 '쌩고생담'이라는 점에서 독보적이었다.

인사발령을 받고 이동해 간 검사실에서 처음 그 사건을 마주했던 순간을 선배는 차분한 목소리로 묘사했다. 어차피 전임 검사가 남겨놓고 간 수많은 사건이 캐비닛을 가득 채우고 있는 상황인데, 유독 캐비닛의 한구석에 외톨이처럼 앉아 있는 한 사건이 눈에 들어왔다고 한다. '저게 뭐지? 쟤는 왜 저기에 있는 거지?'

그런 것이 있다. 뭔가 오묘하게 신비롭고 매혹적이지만 끝내 어떤 불행으로 말려들고야 말 것 같은 암흑의 냄새를 풍기는 기록. 사건기록은 그것을 열어 읽어보기 전까지는 그저 다 같은 종이뭉치에 불과한데도, 어떤 기록은 그 외피만으로 특별한 기운을 풍긴다. 책장에 수없이 꽂힌 비슷비슷한 책들 사이에서 뭔가에 이끌린 듯 주인공이 뽑아 펼쳐보고 마는 비밀의 책처럼, 선배는 어떤 싸한 기운을 느끼면서도 그 기록을 집어 들었을 것이다. 모든 불행은 그런 식으로 온다. 운명적으로, 혹은 매혹적으로.

처음 대면한 사건은 얼핏 보기에 평범한 경제사건처럼 보였다. 사실관계가 좀 복잡하게 얽혀 있어서 그 부분만 좀 정리하면 되겠다 싶었는데, 실타래를 풀면 풀수록 점점 어딘가 가려지고 일그러진 부분이 자꾸만 새로운 페이지처럼 발견되었다. 마법 안개에 뿌옇게 가려진 비밀의 책은 개구리 뒷다리와 박쥐 겨드랑이 냄새를 넣고 끓인 특별한 물약이 있으면 읽어낼 수 있겠지만, 음험한 기운에 쌓인 수사기록은 검사가 특별히 튼튼한 고무 골무를 끼고 샅샅이 해체하고 분석하는 수밖에 없다. 검사는 수많은 낮과 밤을 기록과 씨름했다. 부인하는 사람의 눈빛을 들여다보고, 깨알 같은 계좌를 분석하고 이 진술과 저 진술의 퍼즐을 맞춰가다 보니 마침내 가려져 있던 장대한 진실이 모습을 드러냈다. 안개를 다 걷어내고 보니 간단한 사기 범죄 같았던 그 사건은 당시로서는 매우 생소하고 법리가 미처 정립되지 않은 거대한 규모의 역외탈세 사건이었다는 것이다. 두둥.

모른 척할까? 그럴 수 있었을 것이다. 아직은 그만이 알고 있는 진실이다. 아직 그 범죄는 이름이 없다. 이런 유의 범죄가 이전에 존재하지 않았던 것은 아니겠지만 그것이 그와 같은 형태로 구성되어 있음을 규명해낸 이는 공식적으로는 그가 처음이었다. 말하자면 이전에는 학계에 보고된 적 없는 희귀 바이러스 같은 것이랄까. 이 사건의 구도는 오직 그가 혼자서 발굴한 것이므로, 그쯤에서 모른 척 덮으려고 했다면 덮을 수도 있었을 것이다. 그저 적당히 우리가 익히 알고 있는 경제사건의 문법만을 적용하여 적당한 정의를 구현하는 방법을 선택한다고 해서 그것을 알아채고 그를 비난할 이도 없었을 것이라는 말이다.

그럼에도 불구하고 그는 봐버렸다. 마법 물약도 없이 튼튼

한 고무 골무와 함께 마법지도가 있는 페이지를 기어이 펼쳐버린 것이다. 진실을 좇는 자의 몸에 밴 습성으로 이미 보아버린 것을 덮을 수는 끝내 없었을 것이라고, 그의 생고생 스토리의 서막을 들으며 나는 조용히 수긍했다.

사건은 복잡했고 익숙히 아는 방식의 범죄를 조금씩 빗겨나 있었다. 그러므로 기존의 방식으로 쉬이 설명되지 않았다. 새로운 법리와 새로운 논증이 필요했다. 그러나 사법의 세계에 본질적으로 새로운 것은 없다. 이미 우리가 알고 있는 기초법리들과 흔히 사용하지는 않았지만 견고히 존재하는 논리의 법칙들을 모아 검사는 아직 판례로 확립된 바 없는 적용법리를 구성했다. 구성하고 보니 이 사건의 실질에 꼭 맞는 옷 같았다. 선배는 사건을 기소했다. 마침내 오랜 고심 끝에 공소장을 법원으로 넘기는 순간, 진짜 싸움은 이제부터 시작이라는 사실을 그도 알았겠지만, 그 싸움이 그로부터 10년간 이어지리라고는 끝내 생각도 못 했을 것이다. 아니 사건은 10년을 갈 수 있지만, 그 10년의 세월을 오롯이 그 자신이 함께하게 될 줄은 정말로 몰랐다는 쪽이 좀 더 정확하다고 할 수 있겠다.

경찰 수사에서부터 1심, 2심을 거쳐 대법원 파기 환송, 다시 환송심을 거쳐 대법원에 이르는 동안 사건은 드라마틱하게 엎치락뒤치락했다. 10여 년의 세월을 거쳐 결국 어떤 법리로 어떤 부분이 유죄가 되고 무죄가 되었는지는 잘 기억나지 않는다. 대신 기억에 남는 것은 그 모든 순간을 설명하는 그의 눈빛이다.

자신만만하게 써간 공소장을 피고인은 전면 부정했다. 증거들도 모두 동의하지 않는다고 했다. 이런 일이야 흔한 일. 맞은편에는 피고인이 선임한 거대 로펌의 변호사들이 하나, 둘, 셋, 넷, 다섯 명이나 앉아 있었다. 큰돈이 걸린 사건이라 그랬을 것이다. 이런저런 사건 모두를 처리하다 우연히 마법의 세계로 빨려 들어온 검사에 비해 변호인 군단은 과거부터 이 분야만 전문으로 해온 전문가들처럼 보였다. 그들은 날렵하게 로펌의 이름이 적힌 빳빳한 종이에 컬러 인쇄된 두툼한 의견서를 내밀었다. 검사석에 홀로 앉아 그 모든 것을 받아내며 검사는 어쨌든 어깨를 펴야 한다고 생각했다.

그로부터 10년, 사건은 1심과 2심을 거쳐 대법원에 갔다가 파기되어 다시 2심으로 돌아갔고, 다시 진행된 2심(이런 걸 파기환송심이라고 한다)에서 한참 더 엎치락뒤치락하다가 다시 대법원에 올라가 마침내 확정되기까지 긴 세월이 흘렀다. 쉽게 끝날 재판이 아니란 건 처음부터 예상되는 일이었지만 예측보다 훨씬 오랜 시간이 걸린 것이다. 우리나라는 3심제이니 대법원까지 3단계만 올라가면 끝날 줄 알았는데, 대법원에서 파기되어 다시 2심을 하게 될 줄은, 그렇게 돌아간 2심에서 새로 선임된 또 다른 변호사 군단이 지난 8년간 제기된 적 없는 새로운 논점을 또 들고나올 줄은 정말이지 예측할 수 없었던 것이다. 한 스테이지를 깨면 다음 괴물이 나오고 마침내 온 힘을 다해 모든 공격을 깨뜨렸다고 생각하는 순간 예상치 않게 최고 괴수가 나타나는 격이었다. 끝날 듯 끝나지 않는 재판의 한가운데서, '이 싸움은 결국 내가 끝까지 감당할 수밖에 없는 것이구나' 선배는 생각했다고 한다.

거대 로펌의 으리으리한 변호사 군단이 내어놓는 현란한 의견서를 받아들고 하나같이 옳은 말 같아 좌절했던 순간들, 냉방도 안 되는 한여름 사무실에서 야근해가며 더듬더듬 반박 의견서를 써내던 밤들, 낯설고도 확신할 수 없는 법리의 세계를 헤집어가며 사실과 주장을 구축해가던 순간들과 그것들이 받아들여지거나 받아들여지지 않았던 선고의 순간들까지, 한결같이 두려웠다고 그는 말했다. 그렇게 말하면서도 눈빛을 반짝였다. 그의 두려움에 대해 너무나 잘 알 것 같아 숨을 죽이고 그의 다음 말들을 따라갔다.

하나의 사건이 생겨나 마침내 종결되었다고 하기까지 사건의 길은 멀고 다양하다. 인지되고 수사되고 기소된 뒤에도 심급을 거듭한 재판 절차가 있다. 때로는 재판이 종결되고 확정된 이후에도 그 결과라는 것이 개인의 삶과 사회에 소화되고 흡수되기까지 상당한 과정을 필요로 한다. 그런 관점에서 보면 사건의 전체 여정에서 한 사람의 검사가 관여하는 부분은 극히 일부분에 불과하다. 자신이 맡은 업무가 끝나고도 사건은 계속 제 갈 길을 가겠지만 검사는 사건의 뒤를 오래 바라보지 못한다. 사건은 매일 밀려오고 한 사건의 뒤를 오래 좇을 만한 여유가 현실적으로 없다는 것이 공식적인 이유다.

그러나 조금 더 솔직한 이유 하나는 사건의 뒤를 오래 바라보는 일은 어떤 두려움을 동반하기 때문이다. 누군가의 삶에 어떤 영향을 끼치기 마련인 사건이라는 것이 오직 나의 행위와 판단에 의해 결정지어진다고 생각하면 숨이 막힌다. 내가 뭘 잘못하진 않았나, 사건이 행여 엎어지는 건 아닌가…. 그 애쓰임을 다 따라가며 감당하기란 두려운 일이다. 그래서 우리는 나에게 주어진 시간과 단계에서 최선을 다하고 나면 다음 단계는 아마도 나보다 유능할 누군가에게 맡기는 쪽을 선택하는 방식으로, 책임을 면하고 두려움을 분산한다.

그런데 가끔은 효율적인 '두려움 분산 시스템'을 거슬러 끝내 사건의 뒤를 따라가는 경우가 있다. 두려움을 외면하지 않고 사건이 가는 길을 따라갈 수 있는 한 따라간 다음, 그 두려움을 오롯이 기억해뒀다가 눈빛을 빛내며 후배들에게 전달하는 선배. 그런 선배 검사의 강의를 들으며 우리의 일이 사실은 정의감도 의협심도 아닌 두려움을 원동력으로 나아가는 일이라는 생각을 한다.

마법의 책장 사이에 숨겨진 진실의 한 페이지를 보아버린

이는, 어쩔 수 없이 희뿌연 안개에 쌓인 마법의 숲으로 한발 들여놓게 된다. 자신이 본 것이 사실인지, 진실의 빛이 끝내 존재하는지 확인하기 위해 두려워도 발걸음을 멈출 수가 없다. 나는 여기까지 했으니 이만 돌아가겠다고 말하고 다음 문지기에게 횃불을 넘겨도 됐을 일이지만, 끝을 보아야 하는 이는 기어이 나아간다. 두렵지 않아서가 아니라 두려우므로. 자신이 처음으로 본 빛을 끝내 확인해야 하므로.

두려워도 기어이 따라가 그 끝을 보고야 마는 사람에 의해 하나의 분야는 개척되고 마침내 그는 전문가가 된다. 매일 밀려오는 사건의 파도 속에 적당히 잊어가는 방식으로 업무의 효율성과 나름의 정신건강을 챙기며 일하는 검사들도 마음 한편, 어떤 사건을 만나 끝끝내 따라가 보기를 기대한다. 마땅히 두려워해야 할 지점을 기꺼이 두려워한 사람이 마주할 수 있는 한 단계 다른 도약의 지점을 꿈꾼다.

그 시절, 우리가 술잔에 담았던 것들 1

1.

어느 지방 검찰청의 형사부에서 맞이하는 12월 막바지였다. 검찰 형사부에서 맞이하는 12월에 대해서라면 길게 설명하고 싶지 않다. 검찰의 미제 관리 시스템을 조금이라도 아는 이들은 12월이라는 단어에서 느껴지는 어떤 숨막힘, 초조함, 압박감을 읽을 수 있을 것이다. 검사들은 매일 사건을 배당받고 매일 사건을 처리하지만 언제나 배당받은 사건 수는 검사 1인간이 처리할 수 있는 사건 수보다 많다. 결국 처리되지 않고 남는 사건, 이를 미제라고 하는데 연말이 되면 각 검사의 연말 미제 건수가 통계로 잡혀 보고된다. 네가 누구건, 얼마나 어려운 사건을 배당받았건, 하나하나의 사건 처리에 얼마나 정성을 다했건 간에 일단은 연말 미제 건수로 검사의 역량이 평가되는 문화는 매우 유구한 전통을 가진 것이어서 거듭되는 개선 노력에도 불구하고 좀처럼 개선되지 않았다. 그러므로 형사부의 연말, 모든 형사부 검사들은 어떻게든 사건 하나라도 더 줄이려고 전력 질주하게 된다.

연말이 가까워지는 11월부터 슬슬 긴장감이 고조되다가 12월에 이르면 검사들의 열기로 난방이 시원찮은 검찰청의 온도가 몇 도는 후끈 올라간다. 늦은 밤이고 새벽이고 불이 꺼지지 않는 검찰청에서, 무분별한 야근과 조근으로 흡사 좀비 같은 형상을 하고 복도를 휘청거리며 돌아다니는 검사들이 심심찮게 목격되는 시기이기도 하다. 그렇게 밤낮없이 일을 하는데도 좀처럼 사건 수는 줄어들지 않고, '연말 미제 일소'라는 우주적 과업을 달성할 수 없을 것만 같은 초조함에 잠식당하던 연말의 어느 날, 망년회가 잡혔다. 아무리 바빠도 연말이라고 하면 집단 구성원 모두가 빠짐없이 참여하는 망년회를 해야 하는 그런 시절이었으니까.

그런 이유로, '열 건 처리하고 한 번 허리 펴기 정신'으로 사건 처리에 매진하던 검사들은 총무과에서 마련한 미니버스에 실려 어딘지도 모르는 식당으로 갔다. 좌식으로 앉아 삼겹살을 구워 먹는 식당이었다.

다른 회사도 그런지 모르겠다. 검찰이라는 직장에 들어와서 처음 알게 된 사실이지만, 직장인의 회식에는 술을 마시는 데 지켜야 할 수많은 문화와 법도가 있었다. 먼저 첫술은 그 자리의 가장 윗사람이 아랫사람의 잔에 따른다. 밥 먹을 때는 보통 그 자리에서 가장 낮은 자가 물을 따르는데 술만은 이상하게 반대순서다. 일종의 하사주 개념인 듯하다. 폭탄주를 돌릴 때는 각인이 마시는 잔의 수가 평등해야 하고(술을 못 마시는 자는 물이라도 마셔 그 잔의 평등을 이루어야 한다), 결국 마시게 되는 잔의 수는 반드시 홀수여야 하며, 병권자(병을 들고 술을 따르는 권한을 가진 자를 말한다)가 자기 자신에게보다 더 많은 양의 술을 타인에게 돌리는 가혹함을 보여서는 안 된다. 나는 언젠가 왼손으로 술잔을 잡았다가 혼난 적이 있다.

그 밖에도 내가 알거나 미처 알지 못하는 수많은 법도와 절차들이 있지만, 그중에 내가 가장 싫어하는 의식은 아랫사람이 윗사람이 앉은 자리에 가서 술을 한잔 따르는 의식이다.

일반적으로 폭탄주를 줄줄이 마시는 절차가 끝난 시점에 하급자는 상급자 옆에 가서 어정쩡하게 반무릎 꿇기 자세를 한 뒤(그 당시 우리가 찾는 식당들은 한결같이 좌식이었다) "제가 한잔 올리겠습니다" 하며 자기가 가지고 온 술잔에 술을 따른다. 높은 자는 그 술잔을 받아 마시고, 술잔을 돌려준 뒤 술잔의 주인에게 다시 술을 따라준다. 그러고 나서 무슨 덕담 같은 것을 한다. 그럼 반무릎의 낮은 자는 고개를 끄덕이는 등의 리액션을 하고는 따라준 술잔을 반드시 그 자리에서 마시고 제자리로 돌아온다. 이때 "더 열심히 하겠습니다" 같은 충성의 말을 곁들이는 것이 자연스럽다.

그런데 이렇게 대규모 인원이 참여하는 술자리에서는 술한잔을 올리기 위해 적절한 타이밍 잡기 경쟁이 벌어지곤 한다. 회식 시간은 한정되어 있고, 술을 올려야 하는 자는 많으니 당연한 일이다.

대충 앞사람이 덕담을 다 듣고 "열심히 하겠습니다" 하는 즈음에 잽싸게 다음 자리를 꿰차야 하는데… 어설프게 자리를 잡았다가는 앞사람이 기나긴 덕담을 듣는 내내 반무릎도 아니고 서 있는 것도 아닌 어설픈 자세로 대기해야 하는 뻘쭘함을 감수해야 한다. 그러니까 일종의 눈치게임 같은 거다. 같은 번호에 두 명 일어서면 죽는다, 끝까지 못 일어서도 죽는다.

그날도 그런 날이었다. 12월 형사부 검사의 흔한 망년회. 좀 특이한 점이 있다면 그날은 이상하게 여느 때보다 분위기가 한층 뜨거웠다는 것이다. 연말 미제 일소의 우주적 위업을 달성하지 못할 것만 같은 불안감 때문인지 검사들은 다소 격앙되어 있었고, 부장들 역시 그러했다.

타이밍 잘 잡는 누군가가 1번을 외치며 높은 자 옆자리에 가서 재빨리 반무릎을 꿇자 2번이 다음 타이밍을 잡았고 3번도 역시…. 그러다 보니 아직 타이밍을 잡지 못한 8번, 12번, 17번 정도 등은 불안해지기 시작했고 미제도 많은 주제에 타이밍도 못 잡는 못난 부원을 둔 부장들이 안절부절못했다. 급기야 못난 부원을 위해 대신 노련하게 타이밍을 보다가 "지금이야~"를 외치며 옆구리를 찌르는 부장들도 있었다.

그러다 보니 그날, 그 산 아래 식당에서는 높은 자의 바로 옆에 반무릎 한 자와 그 옆에 무릎을 조금 덜 굽힌 자, 어정쩡하게 서 있는 자, 그 옆에 좀 더 직립한 자 등이 마치 인류의 진화 순서와도 같은 모습으로 길게 줄을 서 있는 모습이 연출되었다.

그랬거나 말거나, 그날 나는 사정이 좀 달랐다. 나는 일찌감치, 그 식당의 가장 구석진 곳에 자리를 잡고 한 번도 엉덩이를 떼지 않은 채 그 광경을 구경만 하고 있었다.

우리 조직에는 내가 이해할 수 없는 수많은 법도가 있었지만 나는 특히 이 술자리의 법도가 참 싫었다. 평소 그다지 소신이 있는 편은 아니지만, 그나마 소신으로 일관되게 삼는 것이 있다면 '술과 음식을 나누는 자리는 즐거워야 하고 평등해야 한다'는 것이다. 고로 '술과 음식에는 권위와 권력이 끼어들어서는 안 된다'는 것이다. 그래서 '내려주신 술 감사히 마시겠습니다' 하는 하사주 코스프레도 싫었고, '존경하는 마음과 충성을 담아 제가 한잔 올리겠습니다'는 더더욱 할 수도 없는 일이었다.

게다가 술을 잘 마시지 못하는 나로서는 나에게 곤욕인 술을 다른 사람에게 먹이고 싶지는 않다는 염치 같은 것이 있다. 높은 자의 입장에서도 줄줄이 권하는 술잔을 다 받아 마셔야 하니 그 얼마나 곤욕이겠는가. 그런 어려움에 처한 분에게 나라도 부담을 덜어드리고자 하는 마음을 그들이 알지 모르겠지만… 나는 아무튼 그러하다.

　그렇다고 해서 내가, '술의 권력화'에 대해 온몸으로 저항하겠다는 확고한 의식 같은 것을 가지고 투쟁해온 것은 아니었다. 그저 충성이나 존경 같은 것을 입에 올리지 않고도 대충 다른 말로 얼버무리며 조용히 있는 방법으로 그간의 수많은 회식에 임해왔다. 회식 자리는 언제나 나 아니라도 뜨거운 곳이었으므로 나 하나쯤 입을 닫고 있다고 해서 그다지 티가 나지도 않았다. 게다가 그날은 심한 감기에 걸려 있었다. 구석자리를 꿰차기에 충분한 조건이었다.

2.

　그러나 그런 나로서도 어쩔 수 없이 엉덩이를 일으켜야 하는 시간이 있었으니, 바로 '부별 폭탄주' 시간이었다. 보통은 부별 폭탄주부터 하고 나서 술올림 개인전에 돌입하는데, 요사이 단체 폭탄주에 대한 인식이 안 좋다는 말이 있다고 하니 마치 안 할 것처럼 하다가 "그래도… 폭탄주 안 돌리면 섭섭하지 않습니까, 검사들 고생하는데 맛있게 한 잔씩 말아주시죠"라고 누군가 바람을 잡는 바람에 뒤늦게 판이 벌어진 것이었다.

　헤드 테이블에 부별 인원수에 맞게 술잔이 마련되면 부별로 검사들이 나가 무언가 소회를 말한 다음 구호 같은 것을 외치고는 일제히 잔을 비웠다. 어쩔 수 없이 무거운 엉덩이를 일으키고 우리 부 차례에 나가 그다지 임팩트 없는 폭탄사를 하고는 술잔을 털어 넣고 복귀하려는 순간이었다.

"정 검사, 여기 좀 앉아봐."

들어가려는 나를 그가 불러 앉혔다. 서열로 보자면 그 자리의 2인자였다. 2인자는 다가오는 인사에서 검사장 승진을 노리는 마지막 기수에 해당했다. 이번에 승진하지 못하면 아마 옷을 벗게 될 것이라서 검사들의 연말 미제 수 지표에 한껏 예민하다는 소문이 전해지고 있었다. 영문을 모르고 2인자 옆에 어정쩡 앉았다. 이미 술에 취해 혀가 꼬이기 시작한 2인자가 나에게 말했다.

"정 검사만 나한테 술을 안 줬어."

"네?"

뭐라는 거지? 언뜻 이해가 되지 않는 말이었다.

"내가 아까부터 쭉~~ 지켜봤는데… 여기 있는 사람들 중에 정 검사만 나한테 술을 안 줬다고…."

무언가 한방 얻어맞은 듯 머리가 띵했다. 도저히 예상치 못한 타이밍에 훅 들어온 공격이었다. 내가 지금 들은 말이 실제로 존재하는 말인지, 이 양반이 실제로 나한테 그런 말을 하는 것이 맞는지조차 의심스러웠다. 그러나 언제까지 멍하니 있을 수는 없었다. 순간적으로 나는 결단해야 했다. 싸울 것인가, 물러설 것인가.

'저는 원래 충성을 술잔에 담지 않는다는 소신을 지니고 사는 사람으로서, 소신을 지키는 중이기도 하거니와 당신에게 바칠 충성 따위를 가지고 있지 않습니다' 하는 말이 빠르게 머릿속에 정리되었으나, 술에 취해 꼬인 발음으로 아무 말이나 흘리고 있는 자에게 갑작스레 나의 소신을 커밍아웃해봐야 뭐 하겠냐 싶은 생각이 들었고, 무엇보다 나는 술 취한 사람을 무서워하는 경향이 있으므로 조용히 물러서는 쪽을 택했다.

"차장님, 제가 실은 심한 감기에 걸려 있어서 술잔을 드리지 못했습니다."

"아 그래, 정 검사 감기 걸렸다는 말은 내가 들었지. 그런데 말이야, 내가 아무리 술에 취해도 누가 술 줬는지 다 알고 있어…. 정 검사만 안 줬어. 내가 이런 건 참 기가 막히게 기억한단 말이지…."

참으로 기가 막힌 노릇이었다. 지금 이 술 취한 사람이 나를 불러 앉혀놓고 자신의 기억력 자랑을 하는 건가 기가 막혔고, 누가 자기한테 술 주는지 안 주는지 세고 있었다는 사실에 코가 막혔지만, 그 와중에 나를 제외한 모든 이들이 빠짐없이 그에게 술을 따라주고 갔다는 사실이 별도로 놀라웠다.

결국, 그날의 눈치게임에서 가장 늦게까지 일어나지 않아

죽은 자는 나였다. 애초에 게임에 참여하려는 의사가 없었다는 것과는 상관없이 내가 패배자라고, 술은 취했으되 기억력이 끝내주는 그가 알려주었다. 다음 폭탄주를 받을 조가 대기하고 있었으므로 나는 그쯤에서 풀려나 나의 구석자리로 돌아올 수 있었다. 비굴하게 감기 운운하고 돌아와 앉았으나 그때부터 깊은 모멸감과 자괴감에 정신이 혼미해졌다.

'장렬히 들이받았어야 하나? 좀 더 위트 있는 고도의 패러디 같은 걸로 웃으면서 엿 먹이는 방법을 찾았어야 하나?' 뒤늦은 후회가 가슴을 치는 와중에도, 술에 취해도 비상한 기억력을 잃지 않는다고 자랑하던 그가 나만 개인전에 참전하지 않았다는 사실을 용케 기억하고 있다가 모종의 불이익 같은 것을 주는 것은 아닐까 마음 한구석으로 두려웠다. 그런 두려움을 간직하고 있는 내가 정말이지 싫었다.

어떻게 하여 돌아왔는지 기억이 잘 나지 않는다. 정신을 차려 보니 검찰청의 어두운 마당에 몇몇 후배들과 함께 서 있었다. 폴더 인사로, 각자 집으로 향하는 간부들을 배웅한 후에 차고 어두운 검찰청의 마당에 서서 빈 하늘에다 대고, "아이 씨발~~" 소리를 지른 기억이 난다. 놀란 후배가 와락 끌어안으며 말렸던 기억이 난다. 눈물이 좀 났던 것도 같고, 아니었던 것도 같다. 형사부 10년 차 검사의 흔한 망년회 밤이었다.

3.

여기까지의 이야기를 들은 당신은 어쩌면 이제 쓸쓸하고 애잔한 눈빛으로 나에게 위로를 건네고 싶어졌을지 모른다. 사는 게 다 그런 것 아니겠냐고, 소주나 한잔하고 잊으라고 할지도 모르겠다. 그러나 아직 아니다. 진짜 내가 당신에게 들려주고 싶은 이야기는 지금부터다. 좀 긴 이야기가 될 것이다.

그 시절, 우리가 술잔에 담았던 것들 2

4.

다음 날 눈을 떴을 때도, 다 식지 않은 혐오감과 분노감이 어금니 아래 씹히는 것을 느낄 수 있었다. 기분이 더러웠다. 나의 더러운 기분과 별개로 그날 밤 내가 당한 치욕에 대한 서술을 들은 동료들의 반응은 다소 시큰둥했다.

선배는 말했다.

"춘향이냐? 지아비가 아니면 술을 따를 수 없다 뭐 그런 거냐?"

"아~ 진짜! 그런 문제가 아니라니까요."

후배가 물었다.

"그게 그렇게 중요한 문제예요?"

"술을 따르느냐, 안 따르느냐… 그건 원래 그렇게 중요한 문제는 아니었지. 하지만 그가 나에게 '넌 왜 술을 따르지 않느냐'라고 하는 순간, 그건 중요한 문제가 되어버린 거지."

뭐 썩 와 닿지는 않지만, 어쨌든 '너의 분노에 박수를 보낸다' 정도의 공감대로 동료들은 나를 위로해주었다. 사실 무엇이 그렇게 치욕스럽고 분노스러웠는가를 묻는다면, 그건 좀 깊이 생각해보아야 할 문제일 것 같다. '충성은 술잔에 담지 않는다' 식의 나의 소신을 그가 알았을 리도 만무하고, 권력으로 나의 소신과 손모가지를 꺾어 술을 따르게 한 것도 아닌데 나는 무엇에 그토록 분기탱천했는가. 그러나 분명, 어두운 하늘에다 대고 욕지거리라도 뱉어내야 했던 나의 분노는 실체가 명확한 것이었다.

'너만 나에게 술을 주지 않았어'라고 그가 내게 말하던 순간, 존재하였으되 애써 무시했던 것들, 그와 나 사이에 엄연하게 존재하는 권력, 그 간극을 채워보기라도 하겠다는 양 그 자리에 넘치던 과장된 충성의 잔들, 거기에 담긴 욕망과 그들로부터 애써 초연하고 싶었던 나의 욕망, 그러면서도 나의 초연함이 들킬지 모른다는 불안감, 실은 절대 초연하지 않았던 나의 두려움 같은 것들이 한꺼번에 민낯을 드러내버려 어찌할 바 모른 채 치를 떨고 있었던 것이 아닐까. 지금은 조금 냉정한 마음으로 정리해보지만, 그때는 나로서도 그 분노의 실체를 명확히 읽어내지 못하는 상태였다.

5.

그러나 문제는 끝나지 않았다. 분노의 실체를 분석할 여유도 없이 나는 새로운 문제 상황에 직면해 있었다. 그로부터 바로 며칠 뒤 문제의 2인자가 주최하는, 보다 작은 규모의 술자리에 참여하기로 되어 있었던 것이다. 2인자가 주최하고 5명 정도가 참여하는 그야말로 조촐한 술자리였다. 구석에 짱박혀서 눈에 띄지 않기를 기대해볼 수 없는 규모였고, 게다가 술에 취해도 비상한 기억력을 유지하고 있던 그가, 혹여 술에서 깨고 난 뒤에도 그 기억을 유지하는 능력자라면? 지난 전투에서 유일하게 참전하지 않은 나를 유심히 보고 있지 않겠는가. 감기도 그새 다 나아버렸다. 더 이상 술잔을 주지 않을 이유를 대기 어려워진 것이다.

이제 술을 따를 것인가, 말 것인가. 어이없지만… 나는 심각했다.

6.

"두괄식으로 말해줄까? 따라라."

고민을 들은 선배의 대답은 명쾌했다. 마침 〈보고 잘하는 사람들의 습관, 두괄식으로 말하라〉와 같은 강의를 듣고 온 직후였다. 이 선배로 말할 것 같으면, 내가 검사 2년 차때 만나고 약 8년이 지나 다시 만난 선배였다. 과거 뭘 달리 반항하는 것은 없는데도 왠지 눈빛만으로도 반골 기질을 느끼게 해서 간부들의 견제를 한 몸에 받았던 사람인데, 몇 년이 지나 다시 만났을 때는 부장 승진을 앞두고 있어서인지 한없이 친화적이고 부드러운 눈빛을 탑재하고 나타나 나를 놀라게 했다.

드라마틱한 변화에 놀라움을 금치 못하는 나에게 자신의 변화된 눈빛은 결코 위장술이 아니고 살다 보니 이제 간부들의 마음 같은 것도 이해되기도 한다고 수줍게 고백하기도 했다. 어쨌거나 나에게 그는 진솔하게 고민을 들어주고 실용적인 조언을 해주어 내가 늘 믿고 따르는 선배였다. 그런 그가 나에게 건네준 실용적인 조언은 '술을 따르라'는 것이었다.

"너는 문어가 바닥 색깔에 따라 몸 색깔을 바꾼다는 사실을 알고 있냐, 하물며 미물인 문어도 살기 위해 몸 색깔을 바꾸는데 어찌 인간인 네가… 얼굴색 바꾸고 술 한 잔 못 따른단 말이냐…"

"하지만 저는 문어가 아니잖아요~"

문어론이 뜻밖의 존재론적 반론에 부딪치자 선배는 다시 목소리를 가다듬고 말했다.

"2인자랑 너랑 둘이 칼을 잡고 싸우는데, 네 칼이 현저하게 짧아. 정면으로 돌진한다면 너는 물론 너의 짧은 칼끝을 그의 몸에 갖다 댈 수 있지. 그러나 그때 이미 상대의 칼은 너의 몸을 관통한 뒤 일 것이다. 즉, 정리하자면 너는 그를 상처 입힐 수 있지만, 그러려면 너는 죽음을 불사해야 한다는 것이다."

뭔가 대단한 말인 것 같지만 무슨 말인지 잘 모르겠다고 하자 그는 결국 지친 듯 말했다.

"아, 그냥 따라줘~ 먹고 싶다잖아. 그냥 맘속으로 '몸에 안 좋은 술, 너 다 먹어라' 하면서 따라줘. 그러고 나서 잊어. 이게 그렇게 네가 몇 날 며칠 고민할 문제냐? 그냥, 따르고 잊어, 잊어버려."

마침내 나는 설득되었다. 그래 까짓것 따르고, 이 문제로부터 자유로워지자. 설득된 철부지를 보며 선배는 안도했다.

"그래, 잘 생각했다…. 술자리에 가면, 가자마자 따라, 앉자마자 따라. 그리고 잊어!"

그러겠다고 했다. 함께 있던 후배도 그러는 게 좋겠다며 고개를 끄덕였다. 모두가 해피한 결말이었다.

마침내 그날이 내일로 다가왔다. 마음은 정해졌다. 그래도 불안했던지 선배는 메신저로 '따라'라고 다시 한 번 지침을 보내왔다. 같이 자리에 참석하기로 한 동료에게도 연락해 내가 가장 처음에 술을 따를 것이니 협조해달라고 미리 알려두기도 했다. 모든 준비가 끝났다. 마음을 정하고 생각해보니, 별일도 아닌데… 뭘 그리 고민했나 싶었다.

D-1. 마음 편히 잠자리에 들었다. 꿈도 없이 단잠을 잤다.

7.

"싫어!" 비명 같은 소리를 지르며 잠에서 깨어났다. 실제로 소리를 질렀는지, 꿈속에서 지르는 마음의 소리였는지 알 수 없으나 그것은 분명 내가 지른 소리였다. 돌연하고 명확한 소리에 나는 놀라 잠에서 깨어났다. 심장이 미친 듯이 뛰었다. 싫었다. 싫은 것이었다.

아침 출근길에 남편에게 그간의 고민에 대해 이야기했다.

"안 되는 거였어, 안 할 거야. 내가 만약 이 일로 불이익을 받게 된다면 나는 아마 사직서를 쓰게 될지도 몰라. 그러면 술 따르기 싫어서 장렬히 옷을 벗는다고 사직글 올리고 나올 거야."

"그것도 괜찮네, 사직 사유 치고 참신하니~"

남편과 함께 웃었지만, 나는 어금니를 앙다물고 출근했다.

8.

그래서 어찌 되었냐고? 이 글을 검사실 책상에 앉아 쓰고 있는 것을 보니 조직의 술 문화에 저항하여 장렬히 옷을 벗는 사태는 일어나지 않은 것이 분명하겠지.

결연한 마음으로 술자리에 갔다. 선배에게 말하면 두괄식 언변에 또 설득될 것 같아서 변심을 말하지 않고 갔다. 결연하게 자리를 잡고 앉았다. 미리 언질을 받았던 동료가 눈짓으로 '술 따를 거야?'라고 물었고, 나는 눈짓으로 '아니'라고 답했다.

동료가 '왜?'라고 묻는 듯했으나 그때 마침 그가 들어왔으므로 우리의 눈짓 대화는 그 정도에서 끝났다. 그가 자리에 앉으며 말했다.

"오늘은 불미스러운 일도 있고 하니… 서로 술 따르지 말고 알아서들 마시는 걸로 합시다."

마침, 그날 어느 검찰청에서 폭탄주를 돌리다가 부적절한 행위가 있었다는 내용의 언론 보도가 있어 다소 시끄러워진 것이다. 그 언론 보도의 주인공이 되어 곤란을 겪게 된 간부는 그의 동기였다. 그런 이유로 그날은 아무도 그에게 술을 따르지 않았지만 그렇거나 말거나 그의 기분은 시종 좋아 보였다.

그는 초임시절의 이야기며, 풍경이 너무 좋아 검사 그만두고 눌러앉을까 생각하기도 했다는 어느 지방의 이야기 같은 것을 유쾌하게 풀어냈다. 그리하여 나는 나의 양심의 자유를 수호하고 장렬히 전사할 기회를 갖지 못하게 되었지만…. 그런 것 따위, 그가 알 리도 없었다.

9.

대법원은 양심적 병역거부에 대한 판결에서 다음과 같이 말했다.

국가가 개인에게 양심에 반하는 작위의무를 부과하고 그 불이행에 대하여 형사처벌 등 제재를 함으로써 의무의 이행을 강제하는 것은 결국 내면적 양심을 포기하고 국가가 부과하는 의무를 이행하거나, 아니면 내면적 양심을 유지한 채 의무를 이행함으로써 자신의 인격적 존재가치를 스스로 파멸시키는 선택을 강요하는 것과 다르지 않다.

(대법원 2018. 11. 29. 선고 2016도11841 판결 [병역법위반])

술잔을 올려 충성과 존경을 표하지 않는다고 해서 나에게 형사처벌의 제재가 가해질 리는 없다. 그럼에도 불구하고 '너만 술을 따르지 않았어'라는 말은 충분히 두려웠다. 나만 주류 질서에서 벗어나 있다는 것이 두려웠고 그가 그것을 기억하고 있다는 사실이 두려웠다. 그것을 나에게 대놓고 지적하는 그의 노골적임이 두려웠고, 그것을 두려워하는 내가 두려웠다.

결국 그 두려움의 실체는 어떠한 형태의 불이익도 감수하고 싶지 않은 나의 욕망이 싫다고 외치는 내 마음의 소리를 꺾어버리게 되리라는 것, 대법원식으로 말하면 '자신의 인격적 존재가치를 스스로 파멸시키는 선택을 하게 되리라는 것'.

그리하여 나는 그 파멸의 책임을 결국 나 스스로에게 물어야 했을 것이라는 두려움, 그 끝도 없는 두려움의 연결 고리에 있었다는 생각이 지금에 와서는 들기도 한다. 내 속에 들어 있는 욕망과 두려움과 인격에 대해, 양심과 반감에 대해, 자주 걸음을 멈추고 생각해보는 그해 겨울이었다.

나는 이제까지 이 에피소드를 내가 양심의 자유에 대해 실존적으로 자각하는 순간이었다는 측면에서만 이해하고 접근해왔다. 그러다가 관점을 좀 달리하여 '그'의 입장 같은 것을 생각해본다. 기껏해야 똘끼 같은 반감을 품고 구석자리에 아웃사이더를 자청하며 앉아 있던 나에게 '너만 술을 따르지 않았어'라고 말하며 그가 확인하고 싶었던 것은 무엇이었을까? 설마 나의 충성과 존경? 모든 아랫것들로부터 충성과 존경의 잔을 받을 수 있게 된 그 자신의 지위? 그러나 어쩌면, 그도 실은 두려웠는지도 모른다. 진심이 담기지 않았다는 사실을 뻔히 알면서도 그렇게 주고받는 술잔에서야 겨우 확인되는 자신의 입지 같은 것, 그 위태로움 같은 것 말이다. 그래서 서로 다 알고 벌이는 이 진실 없는 게임에 이유를 알 수 없이 참여하지 않는 자가 영 거슬렸는지도 모른다. 이유를 알 수 없으므로 두려웠는지도 모른다. 어쩌면… 진짜, 전적으로 어쩌면 말이다.

길 가다가도 밥 먹다가도 문득 걸음과 숟가락질을 멈추곤

하던 겨울날이 다 가기 전에 나는 그의 퇴임식에 쓸 '송별사'를 썼다. 그 말인즉, 형사부 검사를 쥐어짜 '연말 미제 일소'의 위업을 달성하고 그것을 바탕으로 승진을 꿈꾸던 그가 결국 목표에 도달하지는 못하였다는 말이다. 퇴임식에서 송별사를 하기로 되어 있던 후배가 부담감에 몸부림치고 있는 것을 보고 선뜻 내가 써주겠다고 했다. 어차피 내가 읽을 것이 아니므로 쓰는 나는 부담이 없고, 어차피 자신이 쓴 것이 아니므로 읽는 후배도 부담이 없을 것이었다. 후배를 위한 제안이었지만 쓰다 보니, 일말… 떠나는 그에게 술잔에 담아서는 전하지 못한 진심 같은 것을 한마디 전하고 싶다는 마음도 들었다.

당신의 초임시절의 꿈과 오늘날 20년 넘은 검사인 당신의 꿈을 생각해봅니다. 그 꿈의 연장선 어딘가에 우리 역시 서 있다는 점을 알고 있습니다. (…) 그리하여 당신의 행운과 건승을 빕니다.

나를 잘 아는 선배는 훗날, 그 송별사를 사실은 내가 썼다는 말을 듣고 다음과 같이 일갈했다.

"어쩐지 송별사가 이례적으로 진심을 담고 있다 했다…ㅋ"

10.

어쩌면, 너도나도 술잔을 올려 충성을 표하는 문화 같은 것이 없었다면 그런 것에 별스럽게 반감을 품는 뒤틀린 마음 같은 것이 없었다면 그와 나는 진즉에 좀 더 진솔한 마음을 나눌 수 있었을까. 나도 한 번쯤 용기 내 그에게 다가가 검사직 같은 것 집어치우고 눌러앉고 싶을 만큼 좋았다는 어느 지방의 풍경과 분위기에 대해, 초임시절로부터 오늘에 이르기까지 그의 꿈에 대해 이야기를 청해볼 수도 있지 않았을까.

이것은 아주 오랜 시절의 이야기다. 이제는 충성의 잔을 올리기 위해 긴 줄을 늘어선 술자리 같은 것을 볼 수 없다. 술을 권하고 술을 따르고 어깨를 걸고 충성을 다지는 문화는 지난 시대의 유물이 되어버렸다. 아마도 시대가 변하긴 변한 것이다. 당연히 '너는 왜 술을 따르지 않냐?' 대놓고 핀잔 줄 민낯의 욕망도 이제는 없다.

그런데, 우리는 정말로 변했을까? 여전히 우리의 욕망과 두려움을 충성이라는 이름으로 부르고 있지 않은가. 그 충성이란 걸 술잔에라도 담아 올릴 수 있었을 때가 좋았는데 이제 이 웅성거림을 어찌해야 할지 몰라 때로 당황하고 있지는 않은가.

기존에 존재한다고 믿었던 모든 가치가 다시금 낯선 얼굴로 찾아와 과연 그러하냐고 묻는 듯한 시대, 차갑고 뜨거웠던 과거의 이야기를 떠올리며, 나는 아직 막막한 얼굴로 욕지거리라도 뱉어내야 했던 까만 밤하늘 아래 서 있다.

쪽박산을 위하여 건배!

산을 오르던 시절이 있었다. 아침 5시 50분 알람이 울리면 눈도 다 못 뜬 상태로 바지를 꿰입고 밖으로 나갔다. 그 와중에 장갑과 등산스틱은 야무지게 챙겼다. 1층 주차장에 도착하면 비슷한 몰골의 일행들이 안개가 피어오르는 연못 옆에 희뿌옇게 서 있었다. 잘 잤냐는 등의 인사를 나누고 차를 타고 5분 거리의 등산로 입구에 도착하면 우리는 말 없이 산을 올랐다. 해발 390미터의 함박산. 진천 법무연수원 옆에 있다.

산을 함께 오르는 일행은 모두 네 명이었는데, 각기 다른 궤적으로 살던 검사들이다. 나이도, 경력도 법무연수원에 들어오게 된 경위나 이유도 모두 다른 이들이었는데 어쩌다 보니 매일 아침에 모여 산을 오르는 일행이 되었다.

하나의 등산단이 되어 산을 올랐지만 산을 오르는 이유도, 산을 타는 능력치도 모두 제각기 달랐다. 일행 중 가장 나이가 많은 대장님은 이 어설픈 등산단이 구성되기 전부터 혼자서 매일 그 산을 올랐다고 했다. 예상치 않게 한직이라고 불리는 법무연수원에 발령받고 조직으로부터 내쳐졌다는 좌절감을 곱씹으며 해가 뜨지 않는 영하의 겨울 아침에도 매일 산을 올랐다는 그에게 고작 해발 390미터인 함박산은 무엇이었을까. 끝없이 차오르는 뜨거운 마음을 비워내는 과정이었을지 꺾이지 않는 재기의 의지였을지 모르지만, 그는 다음 인사에서 멋지게 부활해 중책을 담당하는 자리로 옮겼다. 그 뒤로 나이로 보면 우리 중 가장 언니지만 가장 젊고 탄력 있는 삶의 태도를 유지하던, 이참에 100대 명산 등반에 도전하겠다는 꿈을 가진 젊은 언니와, 일선에서 죽기 직전까지 일하다 기적의 탈출 기회를 만나 가까스로 법무연수원으로 올 수 있었다는 또 다른 언니와, 산을 더럽게 못 타는데도 산에 대한 로망을 간직한 내가 줄줄이 따라 산을 올랐다.

최종 목적지인 함박산 정상에 이르기까지는 몇 개의 작은 봉우리들을 타고 넘어야 했다. 오르막이 힘에 부칠 때쯤 내리막이 나오지만, 숨 돌릴 틈 없이 다시 오르막이 등장해서 등산하기에 마냥 편하다고 할 수는 없는 산이었다(전적으로 내 기준). 그렇다고 하더라도 대단히 높은 산은 아니어서, 우리 일행뿐 아니라 근처 주민들이 아침 운동 삼아 가볍게 오르는 산이었다. 산에 대한 로망을 간직하고 있지만 산을 더럽게 못 타는 나만 빼고 말이다.

입구에서 시작해 얼마 오르지 않았는데도 언제나 숨은 턱까지 차올랐다. 남들 아침 운동 하는 산에 등산스틱까지 중무장을 하고서도 나로서는 힘든 산이었다. 일행들은 나를 배려해 발걸음을 한껏 늦춰주었지만, 그건 또 그것대로 신경이 쓰여 더욱 힘든 산행이었다. 겨우겨우 올라가 도착지 기준 7부 정도의 등산 지점, 마지막 깔딱고개 코스가 시작되는 지점에서 나는 번번이 주저앉았다. 함박산 정상까지 마지막 봉우리 하나를 남겨둔 지점이었다. 딱 그 자리의 이름은 공교롭게도 '쪽박산'이었다. "에이 설마 진짜 이름이 쪽박산이에요?" 믿지 않는 이들이 많아 사진도 찍어놨다. 진천시는 친절하게도 그 소박한 봉우리에 '쪽박산'이라는 표지판을 세워두었다. 산 모양이 표주박을 엎어놓은 듯하다고 해서 붙인 이름이라는데, 거참, 무언가 절묘하지 않은가?

일행들을 함박산 정상을 향해 떠나보내고 쪽박산 나무 의자에 앉아 숨을 몰아쉬며 나는 생각했다. 쪽박산이라니 어쩜 나의 처지를 완벽히 반영한 듯한 산봉우리가 아닌가. 검사로서의 나의 입지에 대해 좋은 말로 '외곽주의자'라고 그럴 듯하게 스스로 이름 붙이기도 해봤지만 다른 사람들이 보기에 나는 그저 정상에 오르지 못하고 7부 능선쯤에 낙오한 자일 뿐이다. 그런 자에게 부여하기에 쪽박이란, 실로 적합한 이름이 아닐 수 없다. 가지고 온 물을 벌컥 들이켜고 턱까지 차오른 숨을 겨우 진정시키고 나면 검찰 내에서의 나의 처지 같은 것이 불현듯 오버랩되어 떠올랐다.

법무연수원 교수로 발령받기 직전, 나는 부부장 2년 차 깔딱고개를 넘고 있었다. 부부장은 부장이 아직 안 된 고검 검사급 검사를 뜻하는 말인데, 평검사를 지나 부장 승진 직전에 있는 단계라고 할 수 있다. 급은 부장검사급이라고 해서 일종의 진급을 한 것인데, 하는 일은 관리직이 아니라 평검사와 마찬가지로 일선 업무를 처리하는 이상한 직급이다. 곧 부장이 된다는(아마도 그러리라는) 희망으로 마지막 남은 힘을 쥐어 짜내어 검찰청의 온갖 어려운 사건을 도맡아 처리하는 상일꾼, 상노예 같은 존재가 부부장이었다. 보통 부부장으로 1년 정도 혹사를 당하고 살아남으면 부장이 될 기회가 주어지는데, 나는 1년 차 기회에 부장이 되지 못하고 2년 차 부부장 뺑뺑이를 다시 돌고 있는 중이었다. 그야말로 환장하기 직전이라고 할 수 있었다.

　우수한 동기들은 이미 부장이 되어 직접 노동 일선에서 한 발 물러나 있는 시점에 특급 노예로 온갖 깡치사건을 도맡고 있는 것만으로도 서러운 처지인데, 그 무렵 검찰 생활 18년에 최고로 꼽을 만한 빌런을 상사로 만났다. 아… 그에 관해 이야기하려면 어디부터 시작해야 할지 모르겠다. 이건 마음의 준비를 좀 해야 하는 얘기라 언제 따로 논할 일이 있을지 모르겠지만, 다만 여기엔 이 정도 말할 수 있겠다. 그와 대면한 어떤 날 나는 업무일지에 '암흑을 보았다'라고 썼다. 나로서는 처음 보는 형태의 암흑이었다. 직업의 세계에서 온갖 희한한 인간군상들을 두루 겪어보았다고 자신할 즈음이었는데도 그에게 보고를 다녀오면 늘 새롭게 인간의 악의에 대해 생각해야 했다. 거기에 개인적인 일도 겹치면서 나는 점점 가라앉고 있었다. 오랜 관성과 습관에 따라 눈을 뜨면 출근을 하고 일을 하고 동료들과 웃고 또 퇴근해 아이들을 돌보는 모든 일상은 그대로 굴러가고 있었지만, 무언가 깊은 곳으로부터 무너져 내리고 있었다.

스스로도 상태가 심각하다고 자각하게 된 것은 어느 순간 내가 발밑을 확인하지 않고 함부로 계단을 내려오거나 좌우를 살피지 않고 함부로 도로를 건너고 있다는 사실을 깨닫고 나서다. 더는 안 되겠다 싶은 지경에 이르렀을 때 평소 믿고 따르던 선배에게 말했다.

"자궁이든 난소든 떼야겠어요. 그럼 얼마간이라도 병가를 낼 수 있겠죠?"

스트레스를 받을 때마다 재발하는 만성 복통에 대한 해결책으로 의사는 난소와 자궁을 적출하자고 했었다. 그래도 신체의 일부를 떼어낸다는 것이 내키지 않아서 매번 미뤄두고 있었는데, 이참에 쉴 수 있는 적당한 핑계가 될 것 같았다.

선배는 한숨을 크게 한 번 쉬고는 침착하게 말했다.

"그런 이유 때문이라면 네 몸에서 그 무엇도 손상시키지

마. 절대. 털끝 하나도 안 돼."

선배는 그 대신 이번에 공모 공고가 나온 법무연수원 교수직에 지원해보라고 했다. 비슷한 공모직에 몇 번 도전했다가 떨어진 이후라 이번엔 마음을 아예 접고 있다고 했더니, 선배는 닥치고 원서부터 쓰라고 했다. 난소도 뗄 작정인데 뭘 못하겠느냐고. 선배의 채근에 원서 마감 시한에 임박해서야 겨우 지원서를 써서 보냈다. 그렇게 해서 온 법무연수원이었다.

처음 함박산을 오르던 날의 충격은 잊을 수가 없다. 입구 주차장에서 야무지게 준비운동까지 하고 한 200미터쯤 올랐을까? 숨이 턱 막히더니 눈앞이 핑 돌았다. 원래 그다지 체력이 좋지 않다는 건 알고 있었지만 이건 너무 어이가 없었다. 민망하고 당혹스러워 어쩔 줄 몰라 하는 나에게 선배는 말했다.

"일선에서 일하고 애 키우고 하느라 제 몸 돌아볼 일이 없었지? 괜찮아. 그럴 수 있어. 점점 나아질 거야."

첫날의 충격 이후 고작 해발 390미터의 낮은 산은 나에게 두려움의 대상이 되었다. 아니 산이 아니라 남들은 거뜬히 오르는 그 낮은 산을 중턱까지도 오르지 못하는 나 자신을 대면하는 일이 두려운 일이었다고 하는 것이 맞겠다. 아무리 그래도 이건 너무하지 않느냐는 생각이, 결국 처음부터 나에게는 버거운 일이었다는 회의가 발목에 감겨왔다.

그렇지만 어쨌든 매일 아침 눈을 뜨고 등산단에 합류했다. 그것 외에 딱히 할 수 있는 일이 없었고, 그것마저 그만둘 수는 없다는 어떤 절박함이 있었다.

그런 절박함으로 조금씩 조금씩 나아지기를 거듭한 결과, 포기하고 싶은 마음을 애써 추슬러가며 한 발짝 한 오르막 더 올라온 결과 나는 가까스로 정상의 7부 능선까지는 남들과 함께 오를 수 있는 사람이 되었다. 처음에는 낯설기만 하던 산길이 조금씩 눈에 익고, 어느 지점은 어느 쪽 돌을 밟는 쪽이 좀 낫다는 등의 정보를 익히며 체력과 근력과 숨을 조절한 결과였다. 커다란 떡갈나무가 표지처럼 서 있는 그 봉우리에까지 오르는 것은 나로서는 엄청난 성취였지만, 그러나 어쩔 수 없이, '그래봤자 쪽박산'이었다. 그 산을 오르는 사람 중에 쪽박산이 도착지인 사람은 나밖에 없는 듯했다. 다른 사람들은 쪽박산 나무 의자에 앉아 거친 숨을 헐떡이고 있는 나를 한번쓱 보고는 거침없이 함박산 정상을 향해 발길을 옮겼다.

일행들이 함박산 정상을 찍고 돌아오기 전까지 쪽박산에 앉아 '쪽박산을 겨우 오르는 사람'이 되었다는 것은 어떤 의미일까 생각했다. 세상을 삼킬 듯 거친 나의 호흡이 잦아들고 나면 떡갈나무 잎사귀가 바람에 흔들리는 소리가 들렸다. 어디서 고라니가 뛰는 것인지 마른 가지가 타닥타닥 부러지는 소리도 들렸다. "삐유 삐유" 우는 새소리, 긴 휘파람 같은 울음을 우는 다른 새소리, 빠르게 나무 사이를 옮겨 다니는 청설모의 다급한 발놀림. 사람이 있는 줄 모르고 나왔다가 호다닥 숲으로 숨으며 그리는 어린 뱀의 길고 가녀린 궤적. 그런 것들을 듣고 보았다. 고요하고 스산하고 아득한 시간이었다. 쪽박산에 오래 앉아 있지 않으면 알 수 없는 세상이었을 것이다. 그러고 보면 나는 쪽박산이 그 자체로 썩 마음에 들었다.

조금만 더 힘을 내어 올라가보자고, 정상에 가면 전혀 다른 경치를 볼 수 있다고 동료들은 나를 독려했다. 물론 그럴 것이었다. 실은 컨디션이 좋은 어느 날엔가는 정상에 올라가 본 적도 있다. 과히 쪽박산에서 보던 풍경과는 다른 멋진 풍광이 발아래로 펼쳐졌다. 그러나 그 이후로도 나는 쪽박산에 머무르는 쪽을 택했다. 쪽박산에서, 혼자만 아는 고즈넉한 시간을 즐기는 것이 좋았다. 그저 정상을 향해 지나치는 통과 지점쯤으로 쪽박산을 대하는 이들은 모르는 나만의 기쁨을 조심조심 접어 등산복 안쪽 주머니에 넣는 시간.

시간이 흘러 법무연수원을 떠났고 나도 부장이 되었다. 여러 부서가 연합해서 하는 떠들썩한 회식날, 나는 구석자리에 마련된 '술을 마시지 않는 테이블'에 앉아 있었다. 평소 일도 잘하고 태도도 좋아서 여러 부서에서 영입하려고 공을 들이고 있다는 후배가 내 앞에 다가와 앉더니 물었다.

"부장님은 어떤 이유로 비주류가 되셨어요?"

아니, 뭐야. 얘도 내가 비주류인 걸 알고 있었단 말인가? 그게 그렇게까지 공공연한 사실인가? 내심 놀랐지만, 후배가 진지한 표정으로 묻고 있었기에 진실된 대답을 해주기로 했다. 검사라면 누구라도 가고 싶어 하는 빛나는 부서를 나 역시 추구했던 날들, 남들보다 부족한 능력에 좌절하기도 했던 시간, 이 길이 내 길이 아닌가 회의하던 시절, 그런데 정말 내가 검사가 되어 하고 싶었던 일은 무엇인가 비로소 떠올려보게 되었던 순간과 무엇보다 쪽박산에서의 시간에 대해, 나는 길고 긴 이야기를 풀었다.

맞은편에 예의 바른 자세로 앉아 고개를 끄덕이며 나의 긴 이야기를 다 듣고 난 후배가, 그러나 조금 민망한 표정으로 말했다.

"부장님, 정말 잘 들었습니다… 그런데 제가 물은 것은 그 비주류 아니고, 술 왜 안 드시냐고…."

아. 이런! 제 발이 저려 그만! 쪽박산 다람쥐 구멍에라도 숨고 싶은 순간, 황급히 물잔을 들고 건배라도 해본다. 흠흠.

쪽박산을 위하여, 건배!

검사 엄마 2✦

검사 3년 차에 첫 아이를 가졌다. 집안의 맏이인 데다 여자 형제가 없어서 임신한 여성을 가까이에서 지켜본 적이 없었던지라 당시의 나는 모든 면에서 무지했다. 옆방에 있던 여성 선배에게 가서 임신 소식을 알리자 선배는 아주 잠깐이지만 말이 없었다. 앞으로 어떤 일이 시작되는지 알지 못한 채 마냥 해맑은 이 후배에게 어디부터 어떻게 조언을 해줘야 할지 잠시 말을 고르는 듯하더니, 잠시만에 "축하한다" 환하게 웃으며 말했다. 선배의 환한 웃음 뒤로 어쩐지 근심이 서리는 듯했다.

아이는 내 뱃속에 있었으므로 어쩔 수 없이 나와 함께 매일 검찰청으로 출근해야 했다. '누가 누구를 속였대. 그가 그녀의 집에 침입했대. 어떤 이는 평생 모은 전 재산을 잃었대. 다른 사람의 신체를 몰래 사진 찍었대. 음주운전을 하다 사람을 쳤대. 사라졌던 그가 변사체로 발견되었대. 그녀가 그를 죽였대….' 세상의 온갖 끔찍한 이야기들을 아이는 엄마 뱃속에

✦   〈검사 엄마 1〉은 전작 《친애하는 나의 민원인》에 실려 있다.

서 보고 들었다.

'이때는 바르고 이쁜 것만 보아라.'

집안 어른들은 말했지만 공허하게 들릴 뿐이었다. 하루 종일 인간의 온갖 아픔과 슬픔과 거짓말을 헤집다가 퇴근해서 듣는 클래식 같은 것이 무슨 소용이 있을까. 대신 이제 귀도 눈도 심장도 생겨 인간의 모습을 오롯이 갖추게 된 뱃속 아이에게 검사 엄마는 조용히 속삭였다.

'아가야. 엄마는 네가 나올 좋은 세상을 위해서 기꺼이 나쁜 것을 보고 있는 거란다.'

엄마의 말을 이해했는지 아이는 뱃속에서 별 탈 없이 무럭무럭 자랐다.

뱃속에 아이를 품은 여성 검사의 처우에 대해 여러 가지로 무지하거나 무심했던 시절이었지만 그 와중에 약간의 혜택이라고 한다면 변사체 검시를 면해준다는 것이었다. 원인이 분명하게 밝혀지지 않은 변사사건이 발생하면 검사가 사체를 직접 확인하는 일이 변사체 검시인데, 돌아가면서 하던 변사체 검시 순번에서 임신한 검사는 빼주었다. 아무리 모성보호 개념이 없던 시절이라 하더라도 그 정도 인류애는 있었던 것이다.

그러나 현장에 나가서 직접 사체를 확인하는 직접 검시만

면제되었을 뿐 서류를 보고 변사체에 대한 다음 절차를 지휘하는 일까지 면해지는 것은 아니었다. 변사사건 서류에는 사체의 상태를 확인할 수 있도록 다각도에서 찍은 상세한 사진이 첨부되는데, 뱃속에 아이를 품고 있는 입장에서 그 사진들을 보는 것이 아무래도 기꺼운 일은 아니었다. 당시 나와 검사실에서 함께 일하던 실무관이 나를 위해 사진이 있는 부분에 미리 클립을 꽂아 마음의 준비를 할 수 있도록 도와주었다. 그럼에도 불구하고 무심결에 기록을 휙 넘기면 꼭 사체 사진이 있는 부분이 덜컥 펼쳐지곤 했다. 사진이 붙어 있는 페이지가 두꺼워 무게감이 있기 때문이었다. 그럴 때면 어쩔 수 없이 다시 배를 쓰다듬으며 주절거리는 수밖에 없었다.

'아가야, 엄마는 지금 좋은 세상을 위해 기꺼이 무서운 것을 보고 있는…'

태교로 범죄에 대한 조기교육을 한 탓인지, 지금 고등학생이 된 딸아이는 범죄물을 즐긴다. 또래들에게 인기 있다는 로맨스물 대신 각종 형사물과 추리물, 범죄 추적 탐사물을 좋아한다. "그런 게 재밌냐?" 물어보면 "흥미롭잖아"라고 대답하는 딸아이를 보며 한없이 거칠었던 태교의 영향인가 생각해보게 된다.

딸아이는 덧붙여 "나는 강력범죄보다는 사기범죄 같은 쪽이 좀 더 재밌는 것 같아"라고 말했다. 아이를 임신했을 당시

나의 전담은 금융 경제 범죄였다. 조사를 받던 피의자가 거짓말을 한다 싶으면 그때까지 잠잠하던 뱃속의 아이가 꿈틀꿈틀 태동을 했다. 살아 있는 거짓말탐지기가 따로 없었다.

여성아동범죄조사부에 가깝게 지내는 임신한 여성 검사가 있었다. 여성아동범죄조사부는 그 이름에서 알 수 있듯이 주로 강간, 강제추행 등 성범죄와 아동학대 등 아동에 대한 범죄를 다루는 부서다. 불러오는 배를 내밀고 하루 종일 강간범을 조사했다는 후배는 조사를 마치고 나면 배가 땡땡하게 굳는다고 했다. 조사하느라 저녁도 못 먹었다며 불뚝 나온 배를 덮고 있는 원피스의 양쪽 주머니에서 삼각김밥을 네 개나 꺼냈다. 여성아동범죄조사부는 인간의 추악하고 더러운 욕망들을 가장 내밀하게 들여다보아야 한다는 측면에서 정신적인 고충이 많은 부서다. 이런 부서에다 임신부를 넣어놓는 게 말이 되느냐고 후배는 투덜거리다가, 하긴 해도 괜찮은 전담이 우리 일 중에 뭐가 있겠냐며 그 자리에서 삼각김밥 네 개를 다 먹고 또다시 야근을 하러 갔다. 그 와중에 대검에서 임신 축하선물로 전자파 차단 앞치마를 보내줬다고 자랑했다. 우리에게 해롭기로는 전자파가 문제가 아닐 테지만, 그거라도 어디냐고 하면서….

당시 후배는 어떤 성폭력 사건의 수사를 엄청 어렵게 이어가고 있었는데, 출산을 위해 들어가기 전에 그 사건만은 처리하고 가겠다고 애를 태우고 있었다. 그 사건을 처리하지 못해서 애 낳으러 못 가는 꿈을 꾼다고도 했다. 나를 만날 때마다 몇 달을 그 사건 얘기만 하더니 출산 들어가기 며칠 전에야 가까스로 사건을 재판에 넘겼다. 그마저도 결재 과정에서 시간이 걸려 원래 들어가려던 날짜보다 며칠 늦춰서야 출산휴가에 들어갈 수 있었다. 후배가 아이를 낳고 한참 지난 뒤 그 사건에 유죄가 선고되었다는 신문기사를 봤다. 후배에게 연락해보니, 그때 엄마 뱃속에서 기소냐 불기소냐 세기의 고민을 함께했던 아기는 이제 세상에 첫걸음마를 내딛고 있다고 했다. 그 아이가 발 딛는 세상이 아주 조금은 안전해진 것이리라 생각해보면, 딴딴한 배를 안고 애태우던 지난날들이 조금은 뿌듯하다고 후배는 웃었다.

출산의 진통이 극에 달했을 때, 중간에 힘 빼지 말라는 간호사의 거친 고함을 들으며 머릿속으로 하나의 명제만 생각했다.

'이건 낳아야 끝나는 일이다.'

당장 아무리 고통스럽다 하더라도 중단할 수도 포기할 수도 없는 일. 마침내 끝을 봐야 끝나는 일이라는 사실이 그 순간 힘이 되었다. 그런 식의 문제인식과 해결은 나에게 무척이나 익숙한 방식이니까. 마침내 와락, 미끄덩하고 뜨거운 것이 세상으로 쏟아져 나오는 순간, 드디어 끝났다고 생각했다. 내가 성공적으로 하나의 과업을 완수했다는 만족감이 차오르는 것도 잠시, 통통 붇은 얼굴에 머리숱이 유난히 새까만 작은 생명체를 받아 안은 순간 본능적으로 느꼈다. 그것은 끝이 아니라 명백한 시작이었다.

다음 스테이지에 어떤 괴수가 숨어 있는지 전혀 알지 못한 채 눈앞에 있는 스테이지 하나를 깼다고 의기양양한 초보 게이머처럼 무방비한 채로 다음 단계가 시작되었다. 출산이라는 단계를 비로소 완결하고 다음 단계를 마주하자마자, 이건 전혀 다른 차원의 장이라는 것을 알 수 있었다. 스테이지도 문제지만 무엇보다 몸이, 내 몸이 아니었다. 분명히 내 몸인데, 이전과는 다른 몸으로 물성변화한 것 같았다.

첫 아이를 낳고는 출산휴가가 끝나자마자 바로 복직했다. 왜 육아휴직을 하지 않고 바로 나왔냐고 훗날의 후배는 눈을 똥그랗게 뜨고 물었는데, 그때는 그런 시대였다. 그나마 출산휴가 90일을 오롯이 쓸 수 있다는 것에 안도할 뿐 육아휴직은 고려 대상조차 아니었다. 얼굴에 붓기가 빠지지 않은 채로 업무에 복귀했다.

문제는 젖이었다. 출산 직후부터 집에 있는 동안 오롯이 모유를 먹였다. 그전에는 몰랐던 사실이지만 나는 의외로 모유수유에 재능이 있었다. 산후조리원에서 젖몸살을 앓거나 젖이 안 나온다고 우는 엄마들 사이에서 거뜬히 완모를 해내며 부러움의 대상이 되기도 했다. 한 인간의 몸에서 다른 인간을 먹여 살릴 것을 만들어낼 수 있다는 사실은 실로 경이로웠다. 내가 만들어낸 것을 빨아 먹고 이 작은 인간의 팔목이 오동통해졌다. 작은 입을 오물거리며 그가 가진 모든 힘을 짜내어 쪽쪽 젖을 빨다가 어느 순간 픽 잠들어버리는 작은 생명체를 안고 있는 동안에는, 이 막막한 우주에서도 아기와 나만은 연결되어 있다는 유대감이 벅차게 차올랐다. 그런 이유로 업무에 복귀할 때까지 아기도 나도 젖을 떼지 못했다.

처음에는 유축을 했다. 당시 근무하던 검찰청에는 사무실에 조그마한 개인 집무실이 있어서, 그곳에다 유축기를 설치해놓고 유축을 했다. 검사 일도 해야 하고 엄마 노릇도 해야 하는 이중적 과업을 가진 자의 어쩔 수 없는 선택이었다. 집무실 작은 테이블에 앉아 한 손으로는 유축기를 가슴에 가져다 대고 나머지 한 손은 골무를 끼고 사건 기록을 읽으며 젖을 짰다. 물론 그러는 동안에도 귀는 얇은 칸막이 옆 사무실에서 벌어지고 있는 상황을 향해 열려 있어야 했다. 무슨 일이 생기면 언제라도 유축기를 끄고 뛰어나가야 했기 때문이다. 푸쉬푸쉬 반복적인 유축기 소리에 맞춰 사기 사건이나 살인 사건 기록을 넘기다 보면 우리 아기의 뺨을 살찌울 뽀오얀 맘마가 보관팩에 모였다. 어떤 농장에서는 좋은 우유를 생산하기 위해 젖을 짜는 동안 소에게 아름다운 음악을 들려주기도 한다는데, 범죄 기록을 읽으며 짜는 젖이라니… 이것 참, 싫었지만.

그래도 이게 어디냐 하고 계속하던 유축을 그만두기로 한 것은 어느 선배의 경험담을 듣고 나서다. 선배도 몇 년 전에 나처럼 출산 직후 사무실에서 유축을 했다고 한다. 그날은 당직 날이었다. 당직인 날에 보통 검사들은 자기 사무실에서 밀린 일들을 하고 있으면 당직실에 접수된 서류를 당직실 담당자가 가져다준다. 선배가 집무실 안에서 유축을 하고 있는데, 직원이 서류를 들고 왔다. 당직에 접수되는 서류는 보통 시급을 다투는 경우가 많으므로 빠르게 검토하고 결재해주어야 한다. 선배는 유축을 중단하고 서둘러 집무실에서 나와 사건을 검토하고 결재한 서류를 직원에게 건네주었는데, 그러는 동안 어쩐지 직원은 눈을 못 들고 몸을 옆으로 꼬며 있다가 황급히 서류를 받아 떠나더라는 것이다. 직원이 가고 나서 자신의 모습을 확인한 선배는 기겁할 수밖에 없었는데, 급히 나오느라 미처 풀어헤친 옷섶을 여미지 않은 채 그냥 나온 것이었다. 그 와중에 아기 먹일 모유 보관팩은 잘 여며놨더라며 선배는 웃었지만 나는 너무 놀란 나머지 웃을 수가 없었다. 그 일은 필시 머지않아 나에게도 닥칠 일이었다. 어쩔 수 없이 유축을 중단했다.

유축을 중단하고 나니 불어나는 젖이 문제였다. 흡수포를 대봐도 잠시 방심하면 셔츠 앞섶이 젖어 있기 마련이었다. 무엇보다 땡땡하게 부어오른 가슴이 너무 아팠다. 이 고통은 경험해본 사람만이 알 수 있을 것이다. 그런데 놀라운 것은 이 문제도 점점 적응이 되기 시작했다는 것이다. 젖이 차오르는 시간이 점점 늦춰지더니, 언제부턴가는 저녁 6시가 되어야 젖이 차올랐다. 일과 중에는 따로 신경을 쓰지 않아도 될 만큼 괜찮다가 6시가 되면 급격히 가슴이 땡땡해졌다. 공무원의 퇴근 시간에 맞춰 정확히 차오르는 젖이라니…. 나는 젖조차 공무수행에 적합한 인간이구나.

6시 퇴근 종이 울리는 것을 신호로 맹렬히 차오르기 시작하는 가슴을 안고 정신없이 퇴근해 아기를 안으면 아기도 허겁지겁 젖가슴을 파고들었다. 아기의 조그마한 입이 오물거려 터질 듯한 압박감이 마침내 풀리는 순간, 그 시원함과 안도감은… 역시 경험해본 사람만이 알 수 있는 것이리라. 그런 걸 알 리 없는 남자 상사들이 종종 회식을 잡았다. 친목이고 뭐고 해결되지 않는 압박감으로 정신이 혼미해지기 일쑤였다. 이성을 잃은 내가 상을 뒤엎거나 부장을 향해 주먹을 날리게 되는 미래가 자꾸 그려졌다. 지금이라면 부장이건 누구한테건 사정을 설명하고 회식에 빠지겠다고 했을 텐데, 그때만 해도 햇병아리였던 나는 그 말을 차마 하지 못했다. 어느 날 맞은편에 앉아 간신히 버티고 있던 나에게 상사가 말했다.

"아니 정 검사, 왜 그렇게 입술을 꽉 깨물고 있어?"

도저히 참지 못한 어떤 날은 회식 중간에 몰래 나와 택시를 타고 집에 가서 젖을 물리고 다시 나오기도 했다. 지금 생각하면 미친 짓이지만, 그때는 그게 최선이었다. 옛날 엄마들은 김매다가 집에 와서 애 젖 물리고 다시 김매고 했다던데, 회식하다 젖 물리고 뛰어나와 다시 회식하는 삶.

그렇게 힘들게 젖 먹고 자란 첫째는 어려서부터 어딘가 쿨한 구석이 있는 아이였다. 엄마가 출근한다고 가방을 들고 나서도 울지 않고 선뜻 손을 흔들어주었다. 엄마가 직장에서 험한 꼴 보이지 않기 위해 유축을 중단한 이후 별 저항 없이 분유를 받아들였다. 엄마가 공무를 수행 중인 9시부터 6시까지는 분유를 군말 없이 먹다가 6시 땡 퇴근에 맞춰 가방을 집어 던지며 달려드는 엄마를 만나면 언제 그랬냐는 듯 엄마 젖을 꿀꺽꿀꺽 삼켰다. 진정, 검사의 딸로 타고난 것이 아닌가 대견하면서도 뱃속에서부터 탑재했을 그 쿨함이 한편으로는 짠하기도 했다.

초등학생 둘째는 자기 방이 있는데도 아직 엄마와 한 침대에서 자는데, 이제 슬슬 잠자리 독립을 해야 하지 않을까 고민하는 둘째에게 쿨한 누나가 슬쩍 조언한다.

"야, 즐길 수 있을 때 엄마를 충분히 즐겨. 흔히 있는 엄마가 아니잖아."

세상에는 다양한 형태의 가족이 있고, 또 수없이 다른 엄마들이 있다. 엄마는 한 가지 종류가 아니다.

어느 날엔가 아이가 엄마는 왜 다른 엄마들처럼 같이 있어주지 않느냐고 묻는다면 해줄 대답으로 미리 만들어둔 것이다. 그러나 아이들은 한 번도 그렇게 묻지 않았다. 아이들은 '우리 엄마는 왜 그래?' 묻는 대신 흔치 않은 형태로 출몰하는 엄마를 꽉 차게 즐길 방법을 고민하고 있었던 것이다. 아이들이 묻지 않아서 쓸 기회가 없었던 대답을 나는 가끔 스스로에게 들려준다. 잠든 아이의 발을 한 번 꼭 쥐었다가 놓고는 새벽 출근길이나 저녁식사 배달 주문을 해주겠다고 하고 까맣게 잊은 어느 날의 늦은 퇴근길에. 그리고 고민한다. 나는 우리 아이들에게 어떤 종류의 엄마가 되어줄 수 있을까.

우리 집에는 '엄마표 소금 씹히는 볶음밥'이라는 요리가 있다. 말 그대로 엄마가 만드는 볶음밥인데 급하게 만들다 보니 소금 입자가 채 녹지 않아 바스락 씹히는 볶음밥이다. 주말을 집에서 보내고 다른 지역에 있는 근무지로 출근하기 위해 새벽길을 나서기 전에, 월요일 아침 다급히 만들던 볶음밥을 아들은 그렇게 불렀다. 이름을 붙였을 뿐만 아니라 심지어 그 요리를 좋아하기까지 해서 다급하지 않은 날에도 그 스타일로 볶음밥을 해달라고 청하기도 한다. 무심코 먹다 보면 예상치 못한 지점에서 바스락 소금 입자가 씹히면서 짠맛이 확 퍼지는 엄마표 볶음밥. 그런 게 왜 좋으냐고 물었더니 아들은 빙긋 웃으며 답했다.

"팍 터지는 게 재밌잖아. 골라 먹는 아이스크림에 있는 슈팅스타 같은 거야."

아… 그러니까 나는 볶음밥을 슈팅스타로 만드는 엄마였군. 소금이 오도독 씹히는 볶음밥 한 그릇을 뚝딱 비우고 엄지척을 해주는 아들은 이런 종류의 엄마라도 괜찮다고 말해주는 듯하다. 결국 엄마란 엄마 혼자서 되는 것이 아니라 함께 살아가는 아이들의 삶과 반응하면서 규정된다는 걸 깨닫는다. 굳은살처럼 달라붙은 엄마의 미안함과 망설임 앞에 언제나 한발 앞서 현명한 답을 찾아내는 아이들이 있어 검사 엄마는 오늘도 조금 어깨를 편다.

민원인의 송곳 끝이 나를 향하던 순간

　지금은 고등학생이 된 첫아이를 출산하고 업무에 복귀한 뒤 얼마 지나지 않았을 때이니 꽤나 오래전의 일이다. 전국의 어느 검찰청이나 마찬가지지만 당시 내가 근무하던 검찰청에도 단골 민원인이 있었다. 언제나 커다란 서류가방을 들고 낡은 양복을 입고 출근하듯 검찰청에 찾아와 매번 내용을 알아보기 힘든 진정서를 제출하는 사람이었다. 검찰청에서 들어줄 수 없는 내용을 요구하는 그의 반복된 진정은 당연히도 반복적으로 종결되었고, 그가 하는 검사 면담 신청 역시 번번이 거절되고 있었다. 진정서를 내고 종결되고 다시 진정서를 내는 일들이 반복되다 보니 그의 진정서는 이제 진정을 종결한 검사들을 처벌해달라는 내용으로 바뀌어 있었고 원래 그가 검찰청에서 해결하고자 했던 민원의 원형은 더 이상 알 수도 없는 지경에 이르렀다.

　그런가 하면, 그즈음의 나는 한 사람의 인간을 만들어 세상에 내어놓은 직후라 그 어느 때보다 인류애와 사회에 대한 책임감이 충만한 상태였다. 그 때문인지 햇살이 유난히 따뜻하던 어느 오후, 나는 번번이 거절되던 그의 면담신청을 받아들이기로 한다. 어떤 사람이 인생의 한 시절을 오롯이 진정을 하는 데 쓰고 있다면 그의 이야기를 누군가는 들어봐야 하지 않나 하는 생각이 들었던 것이다. 반복 진정의 루틴 속에 그조차 지금은 잊고 있는 민원의 원형을 어쩌면 내가 찾을 수 있을지도 모른다는 이상한 자신감이 문득 차올랐다.

그가 검사실로 들어섰다. 낡은 양복을 입고 조금은 굽은 등으로 커다란 서류가방을 들고 있었다. 조심스레 검사실 문을 열고 들어와 검사의 책상 맞은편 자리에 앉는 그의 모습이 점잖아 보여 마음이 놓였다. 그러나 대화는 어려웠다. 그의 이야기는 멀고 먼 시절로부터 발원하여서는 맥락을 알 수 없는 골짜기들로 휘돌았다. 이제 본론이 나올 건가 하면 다시 뜬금없는 인물이 등장했고, 그가 주먹을 쥐고 분노를 표하는 대상이 누구인지도 모호했다. 원형을 복원하기 힘든 그의 긴 이야기가 이어졌고, 나는 어쨌든 듣는 쪽을 택했다.

길게 면담이 이어진 탓에 같은 사무실에 있는 직원들이 잠시 자리를 비우고 나와 민원인 둘만 남게 된 순간이 있었다. 민원인이 이야기를 멈추고 잠시 가방을 뒤적거리더니 이제까지와는 조금 다른 톤으로 '검사님' 하고 나를 불렀다. 그의 손에 송곳이 들려 있었다.

그는 송곳의 날카로운 끝이 나를 향하게 들고 내 눈을 똑

바로 보며 말했다.

"저는 민원을 제기할 일이 많아 서류를 엮으려고 항상 송곳을 넣고 다닙니다."

말은 그렇게 했으나 분명한 위협이었다. 맥락 없는 이야기들을 풀어놓을 때와는 다른 방식으로 그의 눈빛은 명료히 위협의 대상으로서 나를 보고 있었다.

"그러시군요. 알겠으니 이제 그건 그만 넣으세요."

최대한 아무렇지 않은 듯 말했다. 때마침 직원들이 돌아왔고 그는 송곳을 가방에 넣었다. 그러고는 처음 들어왔던 때와 마찬가지로 점잖게 인사를 하고 떠났다. 나는 면담해보았으나 진정 취지를 알 수 없다는 내용의 면담보고서를 쓰고 그의 진정사건을 종결했다. 그러면서 아무에게도 그가 나를 위협했던 일에 대해 말하지 않았다. 억울함이랄까 섭섭함이랄까 아니 차라리 어떤 면구함이라 할 만한 감정이 목구멍을 메우고 입을 막았다. 그리고 나는 더 이상 선뜻 민원인을 면담하겠다고 나서지 않는 검사가 되었다.

아주 오랜 세월 검찰청에 민원인으로 드나드는 그를 검찰청 직원들은 대부분 알고 있었다. 그저 커다란 가방에 서류를 잔뜩 들고 와 반복적으로 같은 주장을 할 뿐 위협적이거나 폭력적인 성향을 보인 적은 없다고 했다. 그런 그가 돌연 나를 위협한 것은 자신 앞에 앉은 사람이 만만하다고 판단했기 때문일 것이다. 인생의 한 시절을 해결되지 않는 진정에 매달려 지내는 동안 일상의 명석함을 잃은 그의 흐릿한 눈빛이 약한 자를 용케 알아보고, 위협해 오직 자신의 뜻을 관철하겠다는 욕망으로 명확히 번뜩이던 순간. 그 순간이 소화되지 않고 오래도록 명치 끝에 걸려 있었다.

그로부터 10년쯤 지나 여전히 검사로 일하며 나는 《친애하는 나의 민원인》이라는 제목의 책을 냈다. 제목 때문에 남달리 민원인에게 친절한 사람으로 오해받기도 하고 '정말로 민원인을 친애하느냐' 질문을 받기도 한다. 그때마다 검사의 일이란 검찰청에 민원을 접수하는 사람뿐만 아니라 민원으로 통칭될 수 있는 국민 일반의 거대한 질문에 최선을 다해 답을 찾아가는 일이라고 준비된 모범답안을 내어놓곤 하지만, 마음속 깊은 곳에는 나를 향한 송곳의 끝을 마주하던 순간의 두려움이 있었다. 어쩌면 내 목을 뚫고 들어왔을지도 모를 송곳보다 두려운 것은 오직 자신의 이해를 관철하고자 명백히 살아 번뜩이던 모종의 악의였다. 사건 너머로 인간을 보고자 하는 순간들에도 결국 마주하는 것이 그런 종류의 악의일까 봐 주저하게 되었다.

이제는 제법 굳은살이 박힌 마음 한편에 남모르는 멍울처럼 안고 살던 그날의 기억을 떠올린 것은 민원실에서 오래 근무한 직원 K와의 만남에서였다. 이제는 직접 민원인을 대면할 일이 거의 없는 나와는 달리 K는 방호선 밖의 민원실에서 직접 하루 종일 온갖 민원인을 마주하는 일을 한다. 악성 민원인은 민원실에 걸어 들어올 때의 자세만 봐도 알아볼 수 있다고 너스레를 떨며 온갖 진상 민원인 사례를 들려주던 그가 돌연 자세를 바꾸며 말했다.

"그런데요 검사님, 요즘 매일 찾아오시는 할머니가 한 분 계시거든요, 할머니가 혼자 키우던 손자가 있었는데 걔가 뭔가 사건이 있어서 구속되고 그랬나봐요. 할머니 말로는 뭔가 잘못되었고 바로 잡아야 한다는 건데 확인해보니 재판은 확정이 되었고요. 뭔가 방법이 없겠죠?"

재판이 이미 확정되었다면 별다른 방법이 없다는 걸, 아니 그 이전에 뭔가 잘못되었다는 것 자체가 할머니의 일방적인 주장일 뿐이라는 걸 그도 이미 잘 알고 있을 것이다. 그런데도 그는 정말 답을 구하는 사람처럼 나에게 물었다. 답을 구하는 눈빛이 진지했다. 하루에도 수없이 들이닥치는 무도한 민원 앞에 진절머리가 날 법도 한데, 오히려 최일선에서 민원인을 마주하는 그가 민원인에 대해 애틋한 태도를 유지하고 있다는 것이 신기해 그를 물끄러미 봤다. 실타래같이 엉킨 민원 너머로 두려움 없이 사람을 보고자 하는 이의 눈빛이 거기에 있었다.

"그 할머니가 젊었을 때는 어디 회사 경리로도 일했다고 하고 되게 똑똑한 분인 것 같아요. 아들이 일찍 죽고 손자 하나를 키운 건데…."

매일 만나다 보니 이런저런 인생 이야기까지 다 듣게 되었다고 말하는 K를 바라보다, 명치 끝에 걸려 있던 두려움의 한 귀퉁이가 쿨럭, 소화되어 내려가는 느낌이 들었다.

내가 속한 공판부의 후배 검사에게 편지 한 통이 왔다. 편지를 쓴 이는 어떤 사건의 피해자인데, 1심에서 원하는 선고를 받지 못한 채 사건은 항소심에 와 있는 모양이었다. 믿었던 어떤 순간이 범죄 피해로 바뀌고 발밑이 오직 진창 어둠처럼 느껴지는데, 도통 알아듣기 힘든 법률가들의 언어를 하나씩 짚어가며 사법 시스템의 지루한 터널을 통과하는 이의 고단함이 그의 손편지에 고스란히 들어 있었다.

'저는 이 세상에서 어려운, 그러나 포기할 수 없는 싸움을 혼자 하고 있다고 생각했습니다. 그렇지만 검사님이 재판 마지막 날에 피고인이 나쁘다고, 피해자가 입은 고통이 정말로 크다고 말씀해주시는 것을 듣고 저는 어떤 위로를 받았습니다. 이제 곧 있을 항소심 선고에서 어떤 결과가 나오더라도, 전처럼 하늘이 무너지는 느낌은 아닐 것 같습니다. 검사님 감사합니다.'

어떤 이의 하늘이 무너진 적이 있다는 사실을 그의 편지를 보고서야 안다. 공판검사가 하루에도 수십 건씩 받아 드는 선고 결과가 누군가의 하늘일 수도 있다는 사실을 그제야 안다. 공문서의 딱딱한 표지를 씌워 제출하는 추가 자료가 누군가에게는 애틋한 희망일 수도, 법정에서 공판검사의 말 한마디가 그 하늘이 무너지지 않게 하는 버팀목이 될 수 있다는 사실을 그가 말해주어 겨우 안다.

실은 인간의 선의를 오롯이 믿지 않는다. 자신의 이해득실과 상관없이 존재하는 숭고한 친애를 확신하지 않는다. 언제고 돌아서서 송곳을 겨눌 수 있는 것이 이 바닥의 신뢰라는 사실을 가슴 가장 깊숙한 곳에 묻어놓고 잊지 않으려고 한 번씩 꺼내어 만져보는 못난이가 바로 나다. 그럼에도 불구하고 우리의 연약한 말과 글이, 어떤 절박한 이의 이야기를 듣는 짧은 시간이 누군가의 하늘이 무너지는 일을 잠시나마 막을 수 있다면, 무너지는 하늘 아래 속수무책 서 있는 누군가의 곁에 같이 서 있는 일은 해볼 만하지 않은가. 어쩌면 꽤 괜찮은 일 아닌가. 회의주의적 친애주의자의 손끝에 희미하지만 조금 온기가 인다.

검찰청 생활체조동호회

검찰청 안에는 동호회가 여러 개 있다. 영화, 등산, 탁구, 테니스 등은 거의 대부분의 검찰청에 공통적으로 있고, 개별 검찰청의 특성에 따라 특이한 동호회가 개설되는 경우도 있다. 인천에는 야구동호회가 있었고 자전거의 도시 상주에는 자전거동호회가 있었다. 문화유산답사동호회, 다도동호회, 재테크동호회도 보았고, 요즘은 헬스 열풍을 타고 청마다 헬스동호회가 설치되는 듯하다. 동호회라고 하면 회원들이 자발적인 의사로 모임을 구성하는 것이지만, 공무원 조직답게도 조직문화활성화라는 이름으로 모든 구성원에게 최소 하나씩의 동호회 가입을 강제하고 있다. 그러다 보니 특별히 어떤 동호회에도 뜻이 없는 사람들은 실질적인 활동은 안 하고 가장 회비가 싼 동호회를 선택한다.

새로운 검찰청에 발령받으면 새로 가입할 동호회를 골라야 한다. 그 검찰청에 있다는 다양한 동호회 목록을 쭉 살펴보다가 목록 마지막에 좀 특이한 이름의 동호회를 발견한다.

'생활체조동호회.'

뭐지? 어쩐지 국민체조를 연상시키는 순박한 이름이다. 더 놀라운 것은 회비가 1000원이라는 것이었다. 보통 다른 동호회의 회비는 1만 원에서 2만 원 정도 한다. 요가동호회처럼 외부 강사를 초빙해야 하는 동호회는 4만 원, 5만 원 하기도 한다. 그런데 1000원이라. 요즘 물가에 뭘 해도 회비가 1000원인 곳은 없지 않은가? 가장 싼 회비만 내고 1인 1동호회 강제가입 의무를 면하려는 이들을 위한 위장 조직인가? 도무지 해석이 잘 되지 않아 이전부터 오래 근무해온 실무관에게 물어봤다.

"실무관님, 생활체조동호회라는 곳은 뭐 하는 곳이에요? 활동을 하기는 하는 거예요?"

별 기대 없이 물었는데, 실무관의 표정이 갑자기 환하게 밝아지더니, 가판대에 기웃거리는 어중이 손님을 만난 영업사원 눈빛을 장착하고 바싹 다가온다.

"어머, 부장님. 생활체조동호회에 관심 있으세요? 잘 생각하셨어요. 이게 그러니까 말 그대로 체조를 하는 건데요. 이름이 좀 그래서 그렇지 진짜 알찬 동호회예요. 회비도 1000원밖에 안 하고요…."

너무 적극적인 태도에 실무관님이 동호회 회장이냐고 물었더니 그건 아니란다. 자신은 그저 평회원으로 활동하고 있는데, 해보니 너어무 좋아서 관심 있는 사람을 만나면 이리

반갑게 소개를 한다는 것이다.

실무관의 설명을 종합하면 다음과 같다. 생활체조동호회는 말 그대로 체조를 하는 모임인데, 요가나 필라테스랑도 다르고, 스트레칭도 하고 유산소도 하는 건데…. 아무튼 일종의 체조이다. 매주 월화수목 나흘간 점심시간마다 모여 선생님의 지도에 따라 40분가량 체조를 하고 남은 20분가량 구내식당에서 밥을 먹고 헤어진다. 선생님은 전문 강사는 아니고 우리 청에 근무하는 실무관인데, 자신이 어느 학원에 가서 배워온 바를 토대로 일종의 재능기부 형식으로 가르쳐주고 있다. 그래서 회비가 싼 것이다. 체조실은 따로 없고 검찰청 가장 윗층에 있는 강당 바닥에 개인이 준비한 매트를 깔고 진행한다. 강당에서 행사가 있는 날에는 강당 앞 복도에라도 매트를 깔고 모여서 운동을 한다.

설명을 듣고 나니 좀 더 미심쩍었다. 일단, 어느 실무관이 어느 학원에 가서 배워온 바를 재능기부 형식으로 가르쳐준다는 지점에서 '그게 뭐지?' 싶었다. 나의 미심쩍음을 눈치챘는지 실무관이 재차 덧붙였다.

"그 언니가 자격증이 없어서 그렇지 정말 잘 가르친다니까요. 우리 몸을 아니까 딱 우리 수준에 맞춰서. 그리고 일단 회비가 1000원이잖아요. 속는 셈 치고 한번 가보시죠, 부장님. 제가 해보니까 저엉말 좋아서 그래요."

그렇게 해서 나는 생활체조동호회에 가입했다.

가입하고 보니 생활체조동호회에 가입한 검사는 내가 유일했다. 동호회 회원은 주로 실무관들과 속기사, 환경관리사들이었다. 대부분 나이가 많은 여성이고 내가 가장 막내급이었다. 등록된 회원 중에는 남성도 있기는 한데, 실제로 운동을 하러 오지는 않는다고 했다.

점심시간이 되자 회원들이 강당에 모였다. 화장실과 비품 창고에서 운동복으로 갈아입고 비품 창고 구석에 보관해둔 요가매트를 꺼내왔다. 강당에 있던 의자들을 한쪽으로 밀어 놓고 색색의 요가매트를 깔았다. 여느 요가 운동실과 다른 점은 레깅스, 탱크탑 요가복은 찾아볼 수 없다는 점, 그저 일자형 트레이닝복과 반팔 티셔츠 정도를 입고, 거울이 없어 강당 창문에 비친 모습으로 동작을 체크해야 한다는 점.

선생님은 공판 2부장실 실무관이었다. "자, 시작할까요?" 구령에 맞춰 회원들은 익숙하게 동작을 따라 했다. 늘 하던 루틴이 있는 듯했다. 다리를 들어 올리고 팔을 뻗어 올리고 어깨를 돌리는, 그야말로 생활체조에 적합한 동작이었다. 회원들은 너나 할 것 없이 하나, 둘, 셋, 넷 같이 구령을 외치며 팔을 뻗고 다리를 들었다.

"자, 다음 동작입니다. 무릎을 약간 굽히시고 어깨를 아래 뒤로 축 늘어뜨리세요. 나 잘났다 하는 자세 있잖아요. 바로 그겁니다. 우리 직장이 늘 주눅 들어서 일해야 하는 직장이잖아요. 이 시간만큼이라도 한번 펴봅시다. 자, 가슴을 뒤로 활짝 펴고 나 잘났다~~"

회원들이 일시에 "나 잘났다~~" 구호를 따라 하며 몸을 젖히다가 여기저기 웃음이 터졌다. 어깨를 젖히라고 했는데 표정까지 거만해져서 온몸으로 나 잘났다를 표현하고 있는 몇몇 회원 때문이었다. 그 외에도 웃음은 수시로 터졌다. 미자 언니 자세가 너무 웃겨서, 오른쪽 왼쪽 구분이 안 되는 스스로가 또 웃겨서 수시로 복근에 줬던 힘을 풀고 낄낄 웃었다.

"영숙이 오늘 뭘 잘못 먹었나 와 이래 웃어 쌌노. 그래 뭐 웃는 것도 운동이 되지. 자, 다 같이 한번 웃어볼까요? 하하하."

관대한 선생님의 입담이 더해져 검찰청 생활체조동호회의 열기는 한층 뜨거워졌다. 별 동작 아닌 듯한데도 마칠 때면 이마에 땀이 맺혔다. 처음 며칠 나는 다리까지 후들거릴 지경이었다.

생활체조동호회의 회원 대다수는 실무관들이다. 이들은 1980년대부터 1990년대 사이에 검찰청에 들어와 일을 해왔다. 사무운영직급이라고 하는데, 검찰은 어느 단계부터 더 이상 이 직급을 뽑지 않기 때문에 젊은이들은 더 이상 들어오지 않고 이들 대부분은 이제 퇴직이 임박해 있다. 여드름이 채 다

가시지 않은 10대 후반, 20대 초반에 검찰청에 들어와서 지난 세기의 검찰부터 현재의 검찰까지 검찰의 근대 역사를 온몸으로 통과해온 그녀들이다. 처음 검찰청에 들어왔을 때는 컴퓨터가 없어 타자기로 서류를 작성했다고 한다. 같은 서류의 부본을 여러 장 만들어야 해서 종이 사이에 먹지를 대고 여러 장의 종이를 겹쳐 타자를 쳤는데, 그러려면 손목에 잔뜩 힘이 들어갈 수밖에 없었단다. 문제는 오타가 나는 경우였다. 지금이야 컴퓨터에 저장된 서류를 불러오고 복사해 붙이고 수정하는 것이 어렵지 않지만 당시에는 오타 한 자만 나도 전체를 다시 타이핑해야 하니 그런 낭패가 없었다. 그래서 언니들 중에는 중간에 틀린 글자 하나만 딱 맞춰서 기가 막히게 수정하는 기술을 지닌 이가 있다고도 했다. 그 외에도 도장에 클립을 붙여두면 빠르게 방향을 찾아 반듯하게 찍을 수 있다거나 철끈의 매듭을 어떻게 묶어야 절대 풀리지 않는다거나 인주는 어느 상표가 색이 곱고 잘 찍힌다거나 하는 식의 갖가지 업무 팁을 그녀들은 몸으로 간직한 채 오늘날까지 왔다. 그러는 동안 그녀들은 모두 손목이 상하고 어깨가 굳었다.

같은 실무관으로서 그녀들 몸에 쌓인 노동과 세월의 흔적을 가장 잘 아는 선생님은 그래서 최적의 강사다. 회원들의 굳은 어깨와 주눅 든 마음을 이해하고 그에게 적합한 최적의 체조를 구성해왔다. 구령은 회원들이 같이 큰 소리로 부르도록

했다. 숨이 찰수록 힘에 부칠수록 더 크게 구령을 불렀다. 생활체조동호회에서 하는 운동 중에 내가 가장 좋아하는 동작은 단순하게 서서 발바닥을 팡팡 구르는 동작이다. 손 허리 자세로 몸을 곧추세우고 구령에 맞춰 한 발씩 팡팡 구른다. 횟수가 올라갈수록 선생님은 더 크게, 더 세게를 외친다. 마침 우리가 운동하는 강당은 검찰청의 가장 꼭대기에 있어서 구르는 발소리는 검찰청 전체에 울린다. 대부분의 검사와 수사관들이 점심을 먹기 위해 바깥으로 나간 시간, 검찰청에 가장 오래전부터 근무했으나 눈에 잘 띄지 않던 그녀들의 발소리가 가장 위에서부터 검찰청을 울릴 때 뭔지 모를 해방감이 차오른다.

운동을 마치고 나면 회원들은 구내식당에 몰려가 늦은 점심을 먹는다. 이미 다른 직원들은 모두 식사를 마친 시간, 남아 있는 음식들로 급히 하는 식사지만 운동 뒤에 먹는 밥은 언제나 맛있다. 항상 늦게 오는 회원들을 위해 구내식당 여사님들은 어떤 반찬은 따로 남겨놨다가 주기도 하고, 그들끼리 먹으려고 만든 특식을 나눠주기도 한다. 운동도 운동이지만 나는 이 식사 시간을 무척 좋아했는데, 회원들의 찐 수다를 들을 수 있기 때문이다. 이 자리에서 누구네 아들이 군대에 가서 첫 휴가를 나왔는지, 요즘 제철인 시금치는 어떻게 요리하면 맛있는지, 파마는 보통 몇 달마다 한 번씩 하는 게 좋은지, 요즘 문을 안 열고 있는 사거리 반찬집에는 무슨 사연이 있는지를 알게 된다. 항상 느끼지만 나이 든 여성들에게는 업무 팁뿐 아니라 삶의 소소한 정보들과 지혜가 가득하고, 무엇보다 잠깐이라도 짬이 나면 최대한 그 정보를 나누려는 기질이 충만한 것 같다. 불과 15분 남짓한 식사 시간에 논의되고 공유되는 정보는 실로 방대하고 유용하다. 언니들의 찐 정보를 얻어 듣기 위해서라도 나는 생활체조동호회를 기다리곤 했다.

"우리 동호회가 해보면 참 좋은데, 아무래도 이름이 문제인 것 같아요. 이름을 뭔가 세련되게 바꿔볼까요? 영어를 좀 넣어가지고… 바이오 힐링 테라피?"

이렇게 좋은 동호회에 왜 신규 회원이 더 들어오지 않는가를 두고 논의하다가 아무래도 이름이 문제라는 결론에 이르렀다. 뭔가 그럴듯한 이름을 지어보고자 열심히 머리를 굴려보지만 아니다. 아는 영어를 다 동원해서 최대한 세련된 이름을 지어보아도 그 느낌이 살지 않는다. 어려운 헬스 기술이나 필라테스 용어와는 달리 우리끼리 이름 붙인 '나 잘났다' 자세라든가, 숨이 찰수록 목소리를 더해 함께 외치는 하나, 둘, 셋, 넷 구령이라든가 점심시간 빈틈을 이용해서라도 최대한 발을 쿵쿵 굴러보는 희열을 다 담아내기엔 '생활체조동호회'만 한 이름이 없다. 꽃다운 20대 초반부터 시작해 퇴직을 바라보는 나이가 되기까지 한 시대의 범죄 기록을 꿰매고 철하고 옮기느라 보낸 검찰청에서의 한 시절에 대해, 그에 굳어지고 시큰거리는 몸 구석구석에 대해 알고 있는 이들끼리 서로 나누는 이 다정한 시간은 달리 다른 이름으로 표현하기 어렵다. 그래서 검찰청 생활체조동호회는 여전히 생활체조동호회이다. 이름은 좀 촌스럽지만 꾸준히 하다 보면 굳은 목도 펴지고 둥근 어깨도 바로잡아진다는, 운동 시간 내내 까르르 웃음이 터지는 검찰청 언니들의 유쾌 발랄한 운동모임이다.

나의 댄스: 현재와 과거와 미래

현재

테이블 위에 세워둔 작은 휴대폰 화면을 키와 몸집이 각각 다른 세 개의 실루엣이 집중해서 들여다보고 있다. 고등학생 딸, 초등학생 아들, 40대 후반의 나다. 우리는 요즘 유행하는 댄스 챌린지에 도전하는 중이다. 저녁을 먹다가 요즘 유행한다는 댄스 챌린지 얘기가 나왔고 그렇다면 우리도 한번 해보자고 하기에 이르렀다. 댄스 챌린지 영상을 검색해 그중에 쉬워 보이는 것으로 골랐다. "오케이 감 잡았어!" 영상을 몇 번 돌려보더니 아이들은 동작을 곧바로 따라 한다. 거의 완성된 동작을 신나게 따라 하던 아이들이 문득 고개를 돌려 나에게 묻는다.

"엄마, 지금 뭐해?"

뭘 하긴. 그야 물론 나도 휴대폰 화면 속에 나오는 대로 댄스 동작을 따라 하고 있다. 그런데 이게 어째 이상하다. 영상을 보며 머릿속에 그리던 몸짓과는 전혀 다른 동작들이 나의 팔다리에 의해 구현되고 있다. 영상은 1분도 안 되는 길이. 몇 번 박자를 놓치고 어버버하다 보면 그마저도 끝난다. 동작다운 동작은 해보지도 못했는데 숨이 차다.

"야, 엄마는 도저히 안 되겠어, 우리 이제 그만 들어가자."

아이들이 각자의 방으로 들어가버리고 텅 빈 거실에 앉아 혼자 숨을 몰아쉬며 생각한다. '이게 왜 안 되는 거지?'

그런 나를 '그럼 그게 될 줄 알았냐'는 눈빛으로 남편이 힐끗 보고 지나간다. 그와 나는 대학 동기이고, 대학의 춤추는 동아리에서 만났다.

과거

3월 신입생 앞에 펼쳐진 캠퍼스의 봄은 찬란했다. 입시의 무거운 갑옷을 벗고 훨훨 날아오를 수 있을 것 같은 기분. 무엇이든 할 수 있을 듯 코끝에 알싸하게 퍼지는 자유의 냄새.

3월의 교내는 상큼한 신입생 유치를 위한 선배들의 동아리 홍보 전쟁으로 시끌벅적했다. 기껏해야 한두 살 많은 선배들이 최대한 멋있는 척, 친절한 척을 하며 신입생들에게 접근했다. 집안의 맏이로 대학 생활에 대한 아무런 정보가 없던 나는 '대학생이면 누구나 동아리에 들어야 하는구나' 생각하고 있었다. 낯을 좀 가리는 편이라 중앙 동아리 같은 곳에 가기는 부담스럽고 법대 내 동아리에 들어야겠다고 생각하고 보니 그 당시 법대에는 노래패, 풍물패, 몸짓패가 있었다. 노래침내 그 옆에 멀뚱히 앉아 있는 나를 발견하고 별 기대 없는 투로 물었다.

"혹시 너는 몸짓패 해볼 생각 없니?"

"네, 저 그거 가입하러 왔는데요."

"어? 응? 그래? 진짜? 잠깐만… 가입신청서가 어디에 있더라?"

과도하게 당황하는 선배를 보며 뭔가 잘못된 건가 생각이 들었지만, 설마 이제까지 가입신청서를 한 번도 받아본 적이 없기 때문일 거라고는 생각지 못했다. 그리하여 나는 아무도 권하지 않았으나 제 발로 찾아와 가입신청서를 쓴 몸짓패 1호 신입생이 되었다.

그 이후로 선배들이 어떻게 꼬셔왔는지 몰라도 몇 명의 신입생이 더 들어왔다. 놀랍게도 그중에는 깜찍이도 있었다. 법대 최고 깜찍이의 영입에 선배들이 몹시 들떠 있다는 것을 동아리방 구석에 앉아만 있어도 느낄 수 있었다.

춤을 춰보니, 과연 즐거웠다. 초등학교를 졸업하고 중, 고, 대학생에 이르는 동안 이렇게 몸을 움직여본 경험이 없었다. 땅을 박차고 폴짝 뛰어오르는 감각도 리듬에 따라 이리저리 대형을 바꾸며 스텝을 밟는 기분도 처음 느껴보는 것이었다. 고등학생 때 꿈꾸던 대학생의 자유란 이런 것이 아닐까? 연습이 끝나고 땀에 절은 티셔츠를 말리며 폴라포를 나눠 먹는 맛!

패, 풍물패는 뭔지 알겠는데 엥? 몸짓패는 뭐지? 신입생 엔테이션 행사에 나와 한껏 재미있다는 표정으로 유치원 후 끊은 율동 같은 것을 추는 사람들이 있었는데 그들이 몸짓패란다. '아, 춤추는 곳이구나….' 나는 쉽게 그렇게 이해했다. 노래를 잘 부르지 못하고 북은 너무 무거울 것 같아서 어쩔 수 없이 몸짓패에 들기로 마음먹었다. 왜인지 모르겠지만 '내가 과연 춤을 잘 출 수 있을까' 같은 고려는 해보지 않았다. 그런 면에서는 어쩌면 운명 같은 것이었는지도 모르겠다.

　몸짓패에 들어가기로 혼자서 마음먹고 동아리방에 갔다. '신입생 여러분 환영합니다' 글씨가 적힌 좁은 방안에 동아리 탐색전에 나선 새내기들과 그들을 꼬드기고 있는 선배들이 북적였다. 방 한쪽에 신입생 오리엔테이션 무대에서 가장 즐거운 표정으로 춤을 춰서 눈에 익은 선배가 보이기에 그쪽으로 다가갔다. 선배는 당시 우리 신입생 중에 작고 깜찍하고 이쁘다고 소문난 여자 동기생을 영입하느라 여념이 없었다. 이 동아리가 얼마나 재미있고 멋지고 대학 생활에 도움이 되는지 선배는 열정을 다해 설명하고 있었다. 반면에 동기는 관심이 있는 듯 없는 듯 애매한 표정으로 앉아 있다가 생각을 좀 해보겠다고 하며 예의 바른 인사를 남기고 나갔다. 아마 다른 동아리 방에서도 그런 표정으로 앉아 있다가 깜찍한 인사를 남기고 나왔을 것이었다. 깜찍이에게 한참 친을 뺀 선배가 마그러나 즐거웠다는 것이 곧 잘했다는 것은 아니다. 시키는 대로 동작들을 따라 하긴 했지만 특출난 정도는 아니었다. 센터는 단연 깜찍이의 몫이었다. 같은 동작을 해도 깜찍이는 깜찍했다. 무대에 설 때 내 자리는 뒷줄 가장자리로 정해졌다. "넌 키가 크니까"라고 선배는 말했지만, 크기는 개뿔. 선배, 나 160인데요?

그러나 얼마 지나지 않아 깜찍이는 떠나갔다. "이제는 저도 공부에 전념하려고요" 같은 말을 남겼던 것 같다. 선배들은 실의에 빠진 것처럼 행동했지만 어딘지 모르게 홀가분한 것 같기도 했다. 어차피 그렇게 될 일이었다는 자조적인 비평이 지배적이었다. 깜찍이가 떠났다고 해서 뒷줄 가장자리 요원이 곧바로 센터로 올 수 있는 것은 아니었다. 깜찍이 이후 다른 신입생 몇몇이 더 떠나고 우리가 더 이상 두 줄 대형을 만들 수 없는 지경에 이를 때까지 나의 자리는 여전히 뒷줄 어디쯤이었다. 그런데 그즈음 뒷줄 가장자리의 댄서는 어쩐 일인지 춤의, 아니 율동의 세계에 홀로 깊이 빠져들고 있었다. 더 이상 센터는 중요치 않았다. 나에게는 나만의 춤의 순간이 있었다.

〈바위처럼〉이라는 노래가 있다. 90년대 대학생이라면 누구나 한 번쯤 들어봤을 노래다. 신입생 오티나 모꼬지 같은 것에 참여했다면 한 번쯤 동작을 배우고 춤도 춰봤을 그 노래.

〈응답하라 1994〉에도 나오는 노래다. 경쾌하고 발랄한 리듬에 맞춰 아주 간단한 몇 가지 동작을 반복하면 되는 곡이어서 누구나 금방 익힐 수 있고 따라 출 수 있다. 당시의 대학생들은 모이기만 하면 일단 〈바위처럼〉을 췄다. 사람들의 흥을 고취시키고 으쌰으쌰 하는 분위기를 조성하는 데 이만한 곡이 없었다.

그러니까 〈바위처럼〉은 일종의 대중보급형 노래로, 굳이 몸짓패가 아니라도 누구나 춤을 출 수 있는 곡이었다. 워낙 누구나 하는 곡이니만큼 잘한다거나 못한다거나 하는 개념도 없었다. 그런데 이 〈바위처럼〉에 어쩐지 심취한 이가 있었으니, 무대 뒷줄 가장자리의 고독한 춤꾼인 나다. 맥주 박스를 쌓아놓고 그 위에 교단 같은 걸 놓아 만든 간이 무대 위에서나, 다수의 대중이 뒤섞여 군무를 추는 운동장 바닥에서나 나는 〈바위처럼〉에 진심이었다. 누구 하나 집중해서 보아주는 사람이 없다 한들(대부분 자기 춤추느라 바쁘니까 남이 어떻게 추는지 보지 않는다) 전혀 문제 되지 않았다. 나는 〈바위처럼〉을 잘하고 싶었고 잘할 수 있을 것 같았다. 그리고 마침내 무척 잘하게 되었다.

이쯤에서 〈바위처럼〉이라는 곡을 아는 동년배들은 의아할 수 있다. 도대체 〈바위처럼〉을 잘 춘다는 것이 가능한 일인가? 이것은 기교나 기술이 끼어들 여지조차 없는 매우 단순한 동작의 반복으로 이루어진 곡인데 말이다. 그러나 나는 그 단순함 속에서 다른 무엇을 해내고자 했다. 전주에 맞춰 폴짝거리며 분위기를 조성할 때부터 엇박으로 엉덩이를 치고 나아가는 타이밍, 하늘을 향해 곧게 뻗는 팔의 각도와 손끝의 간결한 처리, "아싸 아싸 아싸 예~" 할 때의 절제된 바이브까지. 그 안에 나만의 춤이 있었다. 최전성기 때는 힘껏 뛰어오른 후 무대 위에 소리 하나 없이 착지하는 경지에 이르렀다.

한편 〈바위처럼〉을 추고 들어온 어느 날 후배가 말했다.

"와 누나는 〈바위처럼〉 출 때 보면 진짜 미친 것 같아요."

그날 나는 비로소 최고의 〈바위처럼〉을 완성했다고 느꼈다. 누구나 할 수 있고 너무나 평범해서 특별히 잘한다는 것이 무슨 의미가 있는지 의아해지는 영역에 꽂히는 습성은 그때부터 시작이었는지 모르겠다. 검사가 된 이후 줄곧 형사부 공판부에서만 일하며 남들은 별로 관심 없는 국민참여재판에 꽂혀 있는 나의 경력이 그런 식으로 보자면 얼핏 이해가 되기도 한다. 누구나 멋지다고 추앙하는 검사계의 센터, 특수부·공안부의 자리에는 서본 적이 없다. 그러니까 검찰이라는 무대에서의 내 자리는 뒷줄 가장자리쯤 되겠다. 일찍이 능력을 인정받은 깜찍이들이 센터에 서서 환호를 받고 또 그만큼의 욕을 먹는 사이 뒷줄 가장자리에서 가장 보편의 무엇을 완성해보겠다고 끙끙거린다. 훌쩍 뛰어올랐다가 소리 내지 않고 떨어지는 법을 궁리한다.

지금부터 10여 년 전, 국민참여재판 전담을 맡게 된 것은 우연한 일이었다. 원래 그 일을 하던 동기가 유학을 가면서 땜빵으로 그 자리에 들어가게 되었다. 조직이 평소 나를 눈여겨 봤다거나 나의 능력을 높이 산 결과는 아니었다. 그 무렵 대충 내가 그 언저리에 만만하게 있었을 뿐이었다. 인사철도 아닌데, 대부분의 검사들이 선호하지 않는 자리에, 나한테 물어보지도 않고 인사이동을 시키면서 이전 부서 부장은 나와 눈도 못 마주치고 미안하다고 했다. 동료들도 나에게 위로를 건넸다. 그랬거나 어쨌거나 나는 괜찮았다. 어차피 그 전의 부서에서도 조직의 대단한 기대나 집중을 받으며 일하고 있었던 것은 아니었으니까. 공판부 사무실은 본관으로부터 한참 돌아가 구석진 자리에 있었다. 새로 옮긴 구석진 사무실에서 당장 내일부터 시작한다는 국민참여재판 기록을 받아들고는 어쩐지 모를 희열에 살짝 들떴다.

막상 해보니, 국민참여재판은 아직 누구에 의해서도 개척되지 않은 미지의 숲 같은 곳이었다. 법률가들 사이에 익숙하게 이어오는 규칙도, 모범 사례 예시도, 필승 전략 레시피도 변변히 존재하지 않는, 그야말로 내가 하는 대로 행해지는 낯선 땅. 그곳에서 나는 화전을 일궈 새로 심을 농작물을 고르는 개척농처럼 고심했다. 코를 박고 새로운 땅의 냄새를 맡고, 그곳에서 내가 실행할 수 있는 바를 하나씩 실행했다. 가장 적합하다고 생각되는 방식으로 증거를 해체했다가 재구성하고 스토리를 꾸리고 말을 골랐다. 배심원 앞 어느 지점에 설 것인지를 고민하고 말을 시작하는 순간 어떻게 숨을 들이마실지를 고려했다. 나는 이걸 진짜 잘해보고 싶었다. 잘할 수 있을 것도 같았다.

이 모든 과정은 조직에 보고되지 않는다. 조직에는 다만 유죄인지 무죄인지, 배심원 중 몇 명이나 유죄 의견을 냈는지 그 결과만이 보고될 뿐이다. 그 결과에 이르기까지 내가 무얼 하는지, 어떤 고민에 사로잡혔다가 마침내 어떤 답을 찾았는지, 그리하여 마주한 성공이나 실패의 결과 앞에 어떻게 성장하고 무너지고 다시 일어섰는지는 오직 나에게만 속한 일이었다. 법정이라는 무대의 한편에서, 아무도 눈여겨보지 않는 나만의 춤을 완성하기에 적합한 조건이었다. 그 점이 무척 마음에 들었다.

지켜보는 이가 몇 명 되지 않는 어느 국민참여재판 법정에서, 나만의 치열한 춤을 구사하던 어느 날, 재판을 방청하러 왔던 후배가 말했다.

"와 선배님 최종진술 할 때 보니 무당이 작두 타는 거 같았어요. 홀려서 보다가 벌떡 일어나 박수 칠 뻔했다니까요."

무대 뒷줄의 가장자리에서 나만의 춤이 천천히 완성되고 있었다.

미래

퇴근 시간이 되어서도 초여름의 햇살은 아직 환하다. 그래도 한낮의 기세에서 한풀 꺾인 태양이 멀리 서쪽 산 너머로 기울기 시작하고, 나는 송사리가 수면 위로 튀어 오르는 작은 강변을 천천히 걸어 퇴근한다. 그 시간 강변 둔치에 있는 야외음악당에서는 여러 명의 여성들이 모여 춤을 춘다. 무대 중앙에 선 목소리가 엄청 큰 강사의 지도에 따라 줄줄이 늘어선 여성들이 체조라고 해야 할지 에어로빅이라고 해야 할지 춤이라고 해야 할지 모르겠는 몸짓을 한다. 참가자들의 연령대는 얼핏 보아도 대략 중년 이상이다. 음악은 〈남행열차〉부터 〈잘못된 만남〉까지 다양한데, 주로 빠른 비트로 편곡된 트로트 곡을 쓴다. 신나는 비트에 맞춰 색색 빛깔 옷을 입은 여성들이 단체로 몸을 움직이는 모습에는 어쩐지 눈을 떼지 못하게 하는 매력이 있다. 검사 체면에 따라 하지는 못하고 멀리서 지켜보며 속으로 둠칫둠칫 하게 된다.

그런 어느 날의 퇴근길이었다. 야외음악당의 음악이 막 시작되는 중이었는데, 어? 평소와 달리 잔잔한 비트로 음악이 시작된다. 어딘가 귀에 익은 이 음악은 바로… 이문세님의 〈옛사랑〉이 아닌가. '설마 옛사랑에 맞춰 춤을 추겠다고? 저러다가 갑자기 디스코 버전으로 바뀌겠지?' 생각하고 있는데, "남들도 모르게 서성이다 울었지~ 지나온 일들이 가슴에 사무쳐~" 도입부만 들어도 가슴이 쿵 내려앉는 문세 아저씨의 목소리가 그대로 흐른다. 잔잔히 잔잔히…. 그리고 그 순간 무대 위의 그녀들이 일제히 움직인다. 조금은 굽은 색색깔의 팔들이 같은 방향으로 허공을 가르며 원을 그린다. 물결친다. 잔잔히 잔잔히, 〈옛사랑〉에 맞춰 춤을 추는 것이 뭐가 문제냐는 듯이….

나는 그 자리에 우뚝 멈춰 완전히 압도된 채로 그들을 본다. 마침 기울기 시작한 저녁 햇살 아래 늙은 여자들의 춤사위는 초현실적이다. 노래는 이제 거의 하이라이트에 이른다.

"아~ 그리운 것은 그리운 대로 내 맘에 둘 거야~ 그대 생각이 나면 생각난 대로 내버려두듯이~"

모든 그리운 것들과 생각난 것들이 그녀들의 몸짓을 따라 저녁 하늘에 흩어진다. 그 위로 왜가리 한 마리가 긴 울음을 울며 둥지를 향해 날아간다.

나의 댄스

어떤 사람에게는 선뜻 설명하기 어려운 종류의 열망이 있다. 열망하는 분야에 대해 특출한 능력이 있는가와는 별개로 그냥 잘하고 싶고, 어쩐지 잘할 수 있을 것만 같은 분야가 있다. 나의 경우는 춤이 그렇다. 춤을 추고 싶었다. 그냥 말고 잘. 그리고 어쩐지 잘 출 수도 있을 것 같았다.

그러나 번번이 세상이 요구하는 춤들은 내가 따라 하기 어려운 춤들이었다. 내가 생각하는 것만큼 내 몸은 유연하지도 리듬감 있지도 않았고 더구나 깜찍하지도 않았다. 그런 주제에 왜 하필 춤이라는 분야를 열망하는가에 대한 회의가 그림자처럼 질기게 따라붙었다. 그러나 결과적으로 나는 아직 무대에 있기를 꿈꾼다. 그것은 말하자면 무대 뒷줄의 가장자리에서 완성하고 싶은 나만의 춤이 있기 때문이다. 내 리듬으로 뛰어올랐다가 소리도 없이 가볍게 착지하는 순간의 희열을 몇 번쯤은 맛보았기 때문이다. 그게 도대체 무슨 의미가 있는 거냐는 질문을 받아내면서 또 스스로 계속 되묻는 일이, 그게 아직은 재미있기 때문에….

그래서 오늘도 나의 댄스는 〈바위처럼〉과 아이돌 댄스 챌린지, 그리고 〈옛사랑〉 사이 거기 어디쯤에 있다.

경직이 인간에게 끼치는 영향

목이 굳었다. 그저 평범한 날이었다. 조금 곤란한 어떤 문제의 처리 방안에 대해 잠시 골몰하다가 퇴근 시간이 되었다는 채근에 화들짝 놀라 퇴근하는 길이었다. 평소와 같이 능숙하게 차에 올라 주차장을 빠져나오면서 왼쪽에서 오는 차가 있나 확인하려는 순간, '어? 이거 왜 이러지?' 목이 돌아가지 않는다는 사실을 알게 되었다.

목은 정확히 오른쪽으로 약 5도 정도 갸우뚱한 채로 고정되었다. 아마도 시공간을 잊고 어떤 문제에 몰입했던 그 시간 동안 그런 자세로 있었던 모양이다. 목을 약간 갸우뚱한 채로 책상 끝의 한 지점을 응시하는 자세로, 길어야 몇 십 분 정도였을 텐데, 어째서인지 그대로 목이 굳어버린 것이다.

오른쪽으로 5도 정도면 일상에서 만나 대화하는 상대들조차 잘 눈치채지 못한다. 생각해보면 나는 원래 목을 약간 갸우뚱한 상태로 살아왔던 게 아닌가 할 정도로 별반 차이가 없었다. 그런데 막상 목이 굳고 보니 굳은 목이 야기하는 문제를 생활 곳곳에서 마주하게 되었다. 그것은 생각보다 곤란하고 빈번하며 무엇보다 위험한 일이었다.

문제는 위험이 왼쪽에서 다가올 때였다. 우선 반드시 왼쪽을 확인해야 안전하게 출차할 수 있는 주차장이 그랬다. 고개를 약간 돌려 왼쪽에서 차가 오는지 확인하는 일, 평소에는 의식조차 하지 않은 채 습관적으로 하던 그 행위가 그렇게 어려울 수가 없었다. 어쩔 수 없이 주차장 출입구에 이르면 엉덩이를 약간 들고 몸의 방향 자체를 틀어야만 했다. 주차장 출구 지점에 다가갈 때부터 엉덩이에 힘이 들어갔다. 브레이크를 한 발로 밟은 채로 좌석에서 엉덩이를 약간 들어 몸을 튼다는 것은 그렇게 쉬운 일만은 아니었다. 상당히 귀찮고 번거로워서 그만 자기 과실 100퍼센트의 교통사고 위험을 감수하고 나의 남은 운을 시험해보고 싶은 마음이 드는 날도 종종 있었다.

그다음으로는, 이것은 위험하다기보다는 곤란한 일인데, 왼쪽에서 누군가 다가와 말을 걸 때다. 왼쪽에서 말을 걸어오는 사람이 누구인지 확인하고 응대하기 위해 이전에는 의식조차 하지 않고 고개만 약간 돌리면 될 일이었겠지만, 오른쪽 5도 목을 가진 나에게는 불가능한 일이었다. 이제는 반드시 왼쪽의 화자를 향해서 몸을 돌려야 했다. 그냥 몸의 각도를 좀 돌리는 일이 그리 어려운 일인가 싶겠지만 실상 목이 굳은 채로 해보면 이게 또 못지않게 성가신 일이다.

복도를 지나다가 나를 발견하고 그저 가벼운 인사말이나

하고 지나가려고 했던 사람들은 내가 발걸음을 멈추고 천천히 몸을 돌려 그를 향해 서면 약간 당황한다. 무슨 중요한 용건이 있는 것처럼, 나도 그냥 '안녕하세요' 정도의 인사만 하고 지나칠 수는 없어서 무언가 할 말을 고르는 민망한 순간들이 잦았다. 그중에 좀 친한 사람들에게는 몸을 돌리는 동작을 시작하는 동시에 양해를 구했다.

"미안해요, 잠깐만. 내가 지금 목이 좀 굳어서 말이에요…."
그러면 그 자리에서 "어머 어쩌다 그렇게 되었어요? 병원은 다녀왔어요?" 하는 길고 긴 목 토크가 시작되곤 했다. 자신도 담이 와서 며칠을 고생하다가 어디 가서 침 맞고 나았다거나, 어디 마사지사가 잔근육을 하나하나 짚어가며 기가 막히게 풀어준다거나 하는 얘기부터 그런데 침도 잘 맞아야지 누구는 침 잘못 맞아서 결국 마비가 와버렸다는 무시무시한 괴담까지 각종 정보가 전해졌다. 여러모로 성가신 날들이었다.

많은 날들이 지나도록 목은 돌아오지 않았다. 목이 굳은 채로 몇 주간을 보냈다. 병원에 가서 근육이완제 한 방 맞으면 끝날 거라는 조언도 있었다. 그렇지만 몇 주가 지나도록 그 상태 그대로 버틴 이유는 병원을 갈 만큼의 여유가 없었기 때문이기도 했지만, 무엇보다도 내가 목이 굳어 있다는 사실을 자주 잊었기 때문이었다.

이렇게 불편한 일인데도 이상하리만큼 굳은 목은 자주 잊혔다. 그러고 보니 나는 평소에도 약간 고개를 오른쪽으로 기울이고 생활해온 듯도 했다. 오른쪽으로 갸우뚱한 채로 기록을 읽고 자판을 두드리고, 책상의 오른쪽 모서리를 노려보며 골몰하는 인간이었다. 왼쪽을 공들여 확인해야 할 특별한 순간이 닥치지 않는 한 나는 편안했다. 그러니까 실은 나라는 인간은 그전부터 미세하게 오른쪽 편향성을 가지고 있었던 것이다. 아무도 왼쪽으로부터 다가와 말을 거는 이가 없었던 어떤 날에는 저녁 퇴근 시간, 주차장 출구에 이르러서야 목의 굳음이 겨우 상기되곤 했다.

굳은 목을 하고 여러 날들이 지나던 어느 날, 그래도 뭐라도 해야지 싶어 동네 한의원에 갔다. 나 자신의 문제로 한의원을 방문해보는 것은 성인이 되고 처음 있는 일이었다. 대기실에 앉아 있는데 달큰한 한약 냄새와 은은하게 깔리는 가야금 연주가 마음을 편안하게 가라앉히며, 그동안 너무 나를 돌보지 않고 살아온 것이 아닌가 하는 반성이 저절로 들었다.

"이렇게 된 지 얼마나 되셨죠?"

다정한 미소를 장착한 젊은 한의사가 물었다.

"글쎄요…." (정말 잘 생각이 나지 않았다.)

나는 고개를 오른쪽으로 갸우뚱한 채로 잠시 날짜를 되짚어보고는 말했다.

"대략 한 달 정도?"

"한 달이요? 이상하군요. 담이라는 것은 보통 며칠이면 풀려야 하거든요."

한의사는 나를 눕혀놓고 여기저기 눌러보거나 손바닥에 알 수 없는 금속 같은 것을 올려놓고 잡아보라고 하더니 심각한 표정으로 나를 내려다보며 말했다.

"사실 목이 문제가 아닙니다."

"네? 목이 문제가 아니라고요?"

나는 목을 고치기 위해 여기에 왔는데 목이 아니라고? 그럼 무엇이란 말이지?

"당장은 목이 아픈 것처럼 느껴지지만 사실은 모든 것이 문제예요."

"모든 것이요?"

오장육부가 어떻고 순환이 어떻고 하는 긴 이야기가 이어졌는데, 사실 잘 기억나지 않는다. 요약하자면 모든 것이 총체적으로 문제라는 취지였고, 근본적인 해결이 필요하다는 것이었으며, 그래서 한약을 좀 먹어보겠느냐는 말이었다. 나는 무엇에 홀린 듯 오른쪽으로 약간 치우친 상태로 고개를 끄덕였다. 모든 것이 문제라는데 어쩌겠는가. 한의사의 표정이 급격히 확 밝아지는 것을 보고 나서야 한약 값은 얼마나 하려나 싶었지만 이미 늦었다.

한약은 맛있었다. 약을 먹으면서도 침을 맞기 위해 한의원을 몇 번 더 다녔는데, 오른쪽으로 목을 약간 기울인 채로 한의원의 대기실에 앉아 가야금으로 연주되는 비틀즈의 〈Let it be〉를 듣다 보면 정말이지 본질적인 문제는 목이 아닐지도 모른다는 생각이 들었다. 내가 인식을 못해서 그렇지 목 말고도 기울어지고 굳은 것이 얼마나 많겠는가. 일그러지고 뻣뻣해진 채로도 아무렇지 않게 살아온 수많은 날들은 이제 와 어떻게 해석되어야 하는가.

뒷목과 머리에 침을 꽂고 엎드려서는 편향에 대해 생각했다. 나도 모르게 편향을 가졌는가. 왜 하필 오른쪽인가? 오른쪽을 돌아볼 일이 더 많았기 때문일까? 편향은 나쁜 것인가. 혹은 좋다고 볼 지점도 있는 것인가. 그나저나 인간은 편향되지 않고 살 수 있는가.

침을 제거하고 나면 한의사는 항상 기대에 찬 표정으로 나에게 어떠냐고 물었다. 그 표정이 무척 천진해서 나도 모르게 "네, 한결 가벼워진 것 같아요"라든가 "목이 훨씬 부드러워졌어요"라고 대답했는데, 생각이 깊어질수록 이건 나 자신을 속이는 의례적인 대답일 뿐이라는 생각이 들었다. 그렇다고 "선생님, 제가 여기 찜질 침대에 누워서 오래 생각을 해봤는데요, 인간은 원래 편향적인 동물인 거 같아요"라고 말할 수는 없는 노릇, 그저 다음 진료 예약은 언제로 잡을지 묻는 간호사에게 다음에 연락하겠다고 하고 조용히 발길을 끊었다. 목이 아직 뻣뻣한 채로, 이것도 뭐 좋은 경험이었다 하면서….

그러다가 어떻게 해서 목이 괜찮아졌는지 잘 생각나지 않는다. 한의원 진료를 그만두고 나서도 한참을 굳어 있던 목은 그야말로 시나브로 풀렸다. 누군가 내게 "이제 목은 괜찮아요?"라고 왼쪽으로부터 다가와 묻는 바람에 고개를 돌려보고 나서야 알았다. 마침내 목이 괜찮다는 사실을. 인식하지 못하는 동안 목이 굳었듯 인식하지 못하는 동안 목이 풀렸다.

그러나 완전히 괜찮지는 않다. 한번 경직을 경험한 목은 완전히 전처럼 자유롭지는 못하고, 무언가에 골몰하는 상황이 생기면 어김없이 목이 먼저 굳으려는 태세를 보인다. 그러나 이제는 처음 목이 굳었을 때만큼 두렵거나 당혹스럽지 않다. 목은 언제든 굳을 수 있으며 또 시나브로 풀리기도 한다는 사실을 이제 알기 때문이다.

인간은 누구나 어느 쪽으로든 조금씩 치우쳐 있기 마련이고 그건 오랜 습관과 삶의 궤적에 의해 만들어진다는 것을 안다. 편향이 그렇게 꼭 나쁜 것만은 아니라는 주장에 어느 정도 동의한다. 더불어, 그럼에도 불구하고 한쪽만을 오래 응시하는 것은 무척 위험한 일임을 잊지 않으려 한다. 한쪽으로 굳어버리면 다른 쪽에서 닥쳐오는 위험들을 살필 수 없기도 하지만, 다른 쪽으로부터 다가오는 다정한 이들의 인사에도 제때

화답할 수 없다는 사실을 안타까워하기 때문이다. 그러다가 어쩔 수 없이 그런 상태가 되어버린 자신을 발견한다면 무거운 엉덩이를 들거나 가던 발걸음을 멈추고 몸 전체를 돌려 다른 쪽을 바라보는 수고를 애써 해야 한다는 사실을 떠올려야지. 기꺼이 수고로운 마음이 있다면 우리는 언제고 닥쳐오는 편향 속에서도 조금은 균형 잡힌 인간이 될 수 있다는 사실을 기억해야지.

이런 글을 쓰는 동안에도 혹시 또 나도 모르는 사이 목이 굳어버린 것은 아닌지 한 번씩 목을 돌려보면서 말이다.

오늘도 무사히, 우당탕탕 공판부

　어릴 때 살던 마을에 탄광이 있었다. 지금은 사라지고 없는 함백 광업소. 광부들의 공동 목욕시설이 있는 사무실 구역 앞으로 시커먼 물이 흐르는 천이 있었고, 그 천을 가로지르는 위태로운 모양의 출렁다리가 있었다. 출렁다리를 건너면 갱도로 들어가는 입구가 나왔다. 그 출렁다리 앞에 낡은 간판이 있었는데, 거기에는 흰옷을 입은 소녀가 무릎을 꿇고 앉아 기도하는 모습이 그려져 있었다. 기도하는 소녀 옆에는 '오늘도 무사히'라는 글씨가 적혀 있었다. 철판으로 만들어진 간판은 설치한 지 오래된 양 무척 낡았고 군데군데 페인트가 벗겨진 모양이었다. 소녀가 입은 하얀 옷 위로 까맣게 석탄 가루가 내려앉아 있었다. 광부들은 매일 그 기도하는 소녀의 앞을 지나 출렁다리를 건너 갱도 속으로 들어갔다. 수십, 수백 미터 땅속으로 엘리베이터를 타고 들어가서 땅을 뚫고 한때는 고대 생명체의 몸이었을 석탄 덩어리를 캐냈다. 그러고는 다시 출렁다리를 건너서 돌아왔다. 수백 미터 땅속에 도사리고 있는 갖가지 위험으로부터 마침내 무사히 돌아온 그들이 기도하는 소녀를 지나 공동 목욕탕에서 뜨겁게 몸을 씻었다.

공판부장 사무실은 공판검사실 바로 앞에 있다. 그 앞에 철제문이 있고 문 안쪽에는 엘리베이터가 있다. 그 엘리베이터는 검찰청과 법원을 잇는 지하통로로 이어진다. 지하통로는 재판을 받으러 가야 하는 수감인들과 재판을 하러 가는 공판검사들만이 사용하는 통로로 다른 사람에게는 공개되지 않는다. 창문도 장식도 없이 오직 법정을 향해 뚫려 있는 직사각형의 통로는 흡사 다른 세계로 통하는 유일한 길같이 느껴진다. 엘리베이터 안에는 철창이 설치되어 있어, 탄광의 수직 갱도에 설치된 엘리베이터를 떠올리게 하는 측면이 있다.

공판검사들은 그 엘리베이터를 타고 지하로 내려간 후 지하 연결 통로를 지나 법정으로 간다. 그렇게 법정이라는 세상의 끝에 이르러 진실에 가장 유사한 것을 캐내어 오려고 노력한다. 시커먼 법복을 둘러 입고 공판검사들이 법정으로 떠나는 엘리베이터 앞에 사무실을 두고 있는 나는 공판부장이다. 공판검사 아홉 명이 16개의 재판부에서 담당하는 공판 업무를 총괄하는 것이 나의 일이다.

공판부장으로서 나의 바람은 모든 공판검사가 별 사고 없이 무사히 재판을 마치고 돌아오는 것이다. 재판에서 우수한 결과를 내어오는 것은 그다음 일이다. 어차피 법정에서 우리가 받아올 수 있는 것은 유죄 아니면 무죄이고, 어느 쪽이든 언젠가 누군가의 삶이었을 그것들은 검게 압축된 덩어리일 뿐, 빛나는 영광과는 거리가 멀다.

그리하여 나는 종종 광산의 갱구로 이어진 출렁다리 앞, 기도하는 소녀상 같은 마음이 된다. 오늘도 무사히, 나의 공판검사들이 세상의 막장으로부터 무사히 돌아오기를 기다린다. 순백의 아름다운 소녀상과는 달리 주로 검은 옷을 입고 있고, 검은 머리 위로 하얗게 흰머리가 쌓여간다는 점이 다르다고 하겠지만.

재판을 마치고 돌아온 초임검사와 수석검사가 함께 들어온다. 초임검사의 얼굴이 붉게 상기되어 있다. 검사가 된 지 약 3개월, 그는 오늘 처음으로 공판검사로 법정에 섰다. 처음으로 법정에 서는 그가 걱정되어 수석검사에게 같이 들어가 보라고 한 터였다.

"재판 잘 하고 왔어? 어땠어? 별일은 없었어?"

생애 첫 재판을 마치고 온 초임검사는 영혼을 아직 다 챙겨오지 못한 듯 멍한 표정이다. 초임검사가 뭐라고 답을 못하고 머뭇거리자, 옆에 있던 수석검사가 대신 대답한다.

"부장님, 우 검사가 오늘 법원 실물 영사기를 고장냈습니다."

"엥? 법정에 있는 실물영사기? 어쩌다가 그걸?"

실물영사기는 기록이나 물건을 렌즈 아래에 올려두면 그

것을 화면으로 전사해주는 장치다. 증거서류를 증인에게 보여주며 확인해야 할 경우 실물을 증인에게 직접 가지고 가는 대신 검사석에 있는 실물영사기에 올려 법정 화면에 띄워 보여준다. 그날은 하필 증인에게 보여줘야 하는 증거서류가 너무나 많은 날이었다. 증인을 신문하면서 적시에 해당 증거를 영사기에 딱 맞게 놓고 보여주기만도 쉽지 않은 일인데, 그날따라 기록이 또 너무 두꺼웠다. 어렵게 증거의 해당 페이지를 펴서 영사기 렌즈 밑에 넣는 데는 성공을 했는데, 나머지 증거기록의 무게를 이기지 못한 영사기가 기우뚱하며 넘어져 버렸단다.

"아이고 저런, 그래서 어떻게 했어?"

"그 이후로 영사기는 초점이 나가버려서 못 쓰고요, 직접 증거기록 들고 증인 앞에 가서 제시하면서 증거조사 마쳤습니다. 영사기는 법원 계장이 옆에서 고치고 있던데, 어떻게 되었는지 모르겠습니다."

수석검사가 대신 대답하는 동안 초임검사의 얼굴빛이 점점 더 붉게 타올랐다.

"거 그냥 차분하게 하면 될 것을 막 우당탕탕 과도하게 하더라고요."

당황하는 초임검사를 놀리려는 셈으로 수석검사가 웃음을 꾹 참고 덧붙였다. 이런 재미있는 기회를 놓칠 수 없어 나도

가세했다.

"저런, 우 검사 큰일이다, 너는 초임이라 월급 모아둔 것도 없을 거 아니니. 안 되겠다. 엄마한테 전화해서 영사기 물어줘야 한다고 그래."

놀라서 고개를 든 초임검사가 웃음을 참고 있는 부장과 수석의 얼굴을 번갈아 보더니 한 박자 늦게 상황을 파악하고는 와르르 웃었다. 수석검사가 초임검사의 어깨를 두드리며 덧붙였다.

"그래도 우 검사가 그 와중에 당황하지 않고 실물 제시하고 증인신문 잘하더라고요. 사실 그 영사기가 그 전부터 위태롭게 설치되어 있던 거였고요."

다행히 영사기는 큰 고장 나지 않고 무사히 복구되었다는 보고를 받았다. 그날 그 법정에서 영사기보다 더 위태롭게 서 있었던 초임검사의 영혼도 무사히 복구된 듯 보였다. 복구될 수 있는 것들이라면 그런 흔들림은, 그런 우당탕탕은 충분히 괜찮다. 복구의 시간들이 촘촘히 모여 그를 한 명의 단단한 공판검사로 만들어줄 것이다.

실무관이 2단으로 된 카트 가득 결재판을 싣고 들어온다. 결재판이 터지도록 담겨 있는 저것들은 바로 우리 공판검사 9인이 지난주 16개 재판부에서 수행한 공판의 결과물들이다.

한 번에 수십 건씩 선고되는 사건에 대해 상소해 다툴 것인지 말 것인지를 결정하기까지 검사에게 주어진 시간은 딱 한 주. 5일 중 4일은 다른 재판을 진행해가면서, 그 주에 선고된 재판 결과들을 분석해 상소까지 마치는 일은 쉬운 일이 아니다. 그렇다고 행여 항소기간을 놓치는 일은 상상도 할 수 없는 일. 그래서 공판검사들은 한 주 단위로 살고 죽는 레이스를 달리는 기분이 된다. 점심시간에 샌드위치나 김밥을 뜯어 먹으며 손가락에 모터 단 듯 항소이유서를 쓰는 공판검사를 공판실에서는 심심찮게 목격할 수 있다.

마침내 그 숨 막히는 레이스 끝에 완성된 보고서와 항소 서류들이 부장의 결재를 받기 위해 줄줄이 도열하고 있다. 기록마다 잘 보이는 색깔로 표시된 만기를 확인하고 가장 급한 놈부터 펼친다. 골무를 다잡아 끼고 나의 젊은 검사들이 세상의 법정에서 캐올려 온 것들과 대면한다. 과거 한때는 한몫하는 광부였으나 이제 직접 갱도 속으로 들어가지 않는 나로서는, 공판검사들이 보내준 이 보고서를 통해 땅속 아득한 곳, 법정의 상황을 가늠해볼 뿐이다.

유죄와 무죄를 가르는 갖가지 이유들 사이에서 공판검사들의 시간을 읽는다. 좀처럼 출석하지 않는 증인과 말을 바꿔버린 공범들과 어딘가 흐릿한 증거들과 은폐되거나 소실되어버린 범죄의 흔적들에 맞서 검사의 입증책임을 다하기 위해 어떻게 싸워왔는지를 본다. 그럼에도 결국 받아들게 된 무죄 판결문 앞에 다시 어떻게 논리를 벼려 싸움을 시작할 수 있을지를 고민하는 대목에서 나도 모르게 발가락에 힘을 꽉 주기도 한다.

한창 공판검사로 재판 현장에 설 때 나는 이상하게 재판을 마치고 오면 다리가 아팠다. '재판이라는 것이 다리로 하는 일이 아닌데, 왜 다리가 아프지?' 아픈 다리를 두드리며 생각해 보니 나는 법정에 서 있을 때 발가락 끝부터 다리에 힘을 빡 주고 서 있는 버릇이 있었다. 법정은 자주 세상의 끝이거나 갱도의 막장 같은 곳이어서, 겨우 흔적들을 모아 진실의 원형을 입증받고자 하는 나약한 인간으로서는 다리에라도 힘을 주고 서 있을 수밖에 없었던 것이다. 그 버릇이 남아 지금은 사무용 슬리퍼 안에서나마 발가락에 힘을 빡 주고 무죄 검토 보고서를 검토하는 나는 전직 광부, 현직 기도하는 공판부장이다.

재판에 다녀온 박 검사가 어깨를 축 늘어뜨리고 들어온다. 오늘의 재판이 무탈하지 않았던 모양이다.

"부장님, 저희 재판부에 있는 ○○○ 사건이요. 아무래도 보석으로 풀어줄 것 같습니다. 아직 결정은 안 나왔는데 판사님 말씀하시는 뉘앙스가… 그렇습니다. 어떡하지요?"

○○○ 사건이라면 불법 수익만 수백 억에 이르는 해외 사

이버 도박 조직 사건이다. 사건의 규모가 큰 만큼 관련자도 많고 증거들도 복잡한데, 초임검사인 박 검사가 맡게 되어 막중한 부담감과 책임감으로 온몸을 갈아넣고 있다. 잠도 줄이고 식사 시간도 줄이며 재판 준비를 하는데 피고인들을 보석으로 풀어주겠다니, 어떡하냐고 묻는 박 검사의 눈빛이 간절하다.

그러나 아마도 방도가 없을 것이다. 사건은 구속만기 6개월이 다 되어가고 있었고 그 안에 재판을 종결할 수 없는 재판부로서는 피고인의 보석 신청을 받아들일 가능성이 크다. 구속기간 만기가 다 되도록 최대한 재판 기일을 끌어 석방을 유도하는 것이 요즘 변호인들이 유행처럼 사용하고 있는 변론기법이라 하더라도 어쩔 수가 없다. 정해진 절차 규정 안에서 이를 막을 방도는 없다.

"우리로서는 최대한 보석허가 하면 안 된다는 의견서를 제출하는 수밖에 없을 것 같은데, 그렇지만 막지 못할 가능성이 커. 재판 중 구속에 대한 사항은 법원의 권한이니까. 그런데 보석 석방이 곧 무죄는 아니잖아. 석방된다 해도 재판은 계속되는 거니까, 우린 또 거기에서 최선을 다해야겠지."

"네, 우선은 최선을 다해 의견서를 써보겠습니다."

박 검사는 또다시 며칠 밤잠을 줄여가며 의견서를 써냈다. 정해진 절차의 틀 안에서, 아마도 정해져 있을 결말을 향해서나마, 최선을 다해 돌진해야 하는 자의 결연함과 쓸쓸함이 그

밤들에 고르게 들이닥쳤을 것이다. 그 과정을 통해 마침내 단단해진 마음으로 권한의 범위 안에서 각자의 역할을 수행하는 법에 대해, 절박함에 어긋난 결과를 소화해내는 방식에 대해 박 검사는 한발 다가설 수 있게 될 것이다.

며칠 후, 결국 보석이 허가되었다는 소식이 전해졌다. 퇴근길 엘리베이터 앞에서 박 검사를 만났다. 며칠 밤을 설쳤는지 눈이 퀭했다.

"퇴근하는 거야? 박 검사 상태를 보니 얼른 가서 쉬어야겠다."

"이발하러 갑니다, 부장님. ○○○이요. 보석이 되어 나가더니 오늘 재판에는 이발을 싹 하고 왔더라고요. 머리를 깔끔하게 하고 옷도 수의 아니고 정장으로 쫙 빼 입고… 그러고 보니 그가 좀 더 무죄 같고 제가 막 유죄 같고 그래서요."

그러고 보니 박 검사의 머리가 다듬지 못한 채 덥수룩하게 덮여 있다. 아니 이런, 우리 박 검사가 누구던가. 검사가 되기 전에는 어느 클럽가 일대를 주름잡았다는 풍문이 화려한 박 검사가 아니던가. 어느 갱구에 들어가서 석탄을 캐더라도 이럴 수는 없는 일이었다.

"그래 박 검사, 우리가 보석에서는 밀려도 외모에서는 밀릴 수 없지. 가서 최고의 머리를 하고 와."

"네 부장님, 최선을 다하겠습니다."

머리 모양 같은 것이 유무죄의 세계에 미칠 영향일랑 1도 없겠지만, 남은 공소유지의 성공을 위해, 머리끝부터 최선을 다하러 가는 박 검사의 뒷모습을 든든하게 바라본다. 그러는 동안 기도하는 공판부장은 응원하는 공판부장으로 변신한다. 발가락 끝에 힘을 주고 어금니를 지그시 깨물며 나직이 말해 본다.

"불법 도박사이트 조직원들, 딱 기다려. 이제 다 죽었으~"

3부   시골지청 안단테

시골지청 안단테: intro

대구지방검찰청 상주지청은 경상도의 북부 상주시에 있다. 상주, 문경, 예천 세 군데 지역을 관할하는 작은 검찰청이다. 어디 있는지는 알아도 내가 근무하게 되리라고는 한 번도 생각해보지 못한 검찰청. 상주지청은 예상치 못한 순간 갑작스레 나의 검사 인생에 뛰어들어 왔다. 반짝일 일 없던 검사 생활에 이벤트처럼, 선물처럼, 어떤 위로처럼.

인사 발표가 있다고 알려진 날 아침, 예정된 인사대상이 아니었던 나는 별 관심 없이 다른 일을 하고 있다가 상주지청장으로 발령되었다는 소식을 들었다.

갑자기? 상주? 지청장? 한 번도 염두에 둬본 적 없는 단어의 조합이었다. 그야말로 엄청난 서프라이즈였다.

실은, 매일 골똘히 상주라는 지역에 대해 생각하던 시절이 있었다. 상주로 발령받은 때로부터 약 7, 8년 전의 일이다.

이 지역에서 발생한 커다란 살인 사건이 있었고, 그 사건의 국민참여재판을 당시 대구지검에서 공판검사로 일하고 있던 내가 담당했었다. 그 사건은 훗날 내가 국민참여재판 전문검사가 되는 것에 결정적인 계기가 되었다. 검사들에게는 각자 검사생활을 뒤흔들거나 규정하는 계기가 된 인생사건이 있기 마련인데, 나에게는 상주의 그 사건이 바로 인생사건이었다.

그 사건의 재판을 준비하면서 나는 매일 내가 한 번도 가보지 못한 상주의 어느 마을을 생각했었다. 사건기록에 첨부된 사진을 보며 걸어보지 못한 논길을 매일 걸었고 만난 적 없는 사람들의 마음을 읽어보려 애썼다. 밥을 먹다가도, 법복 한쪽 소매에 팔을 넣다가도 멈추고 상주의 그 마을로 마음이 달려갔었다. 그 사건 재판을 준비하던 시절의 나를 알고 있는 동료들은 나의 상주 발령에 남다른 감회를 보내왔다.

"와 드디어 상주에 가는군요."

드디어. 상주에. 지청장으로 간다는 것은 어떤 의미일까. '드디어'라는 말에 어쩔 수 없이 실리는 운명성 같은 것을 애써 도리질해 떨쳐냈다. 그 어느 때보다 무심한 듯 담담히 새로운 임지에 임하고 싶었다. 심장의 박동을 지그시 눌렀다.

부임 전날 상주에 도착했다. 도시의 첫인상은 평평하고 단정했다. 마침 대보름이었고, 코로나 규제도 풀리는 분위기라 지자체는 3년 만에 강 둔치에서 대보름 시민 한마당을 열고 있었다. 아이들이 쥐불 대신 야광봉을 돌리고, 부녀회에서는 뜨끈한 떡국을 나눠주고 있었다. 한쪽 부스에서는 소원지에 소원을 적어 띠에 엮는 행사를 하고 있었다. 저마다 소원을 적는 시민들 사이에 슬쩍 끼어 '상주의 무사태평'이라고 적었다. 나는 원래 소원 같은 것을 비는 인간이 아니다. 그렇지만 내일부터 이 지역의 범죄가 모두 내 소관이 된다고 생각하니 문득 간절해지지 않을 수 없었다. 이 순간 내가 빌어야 할 소원은 오직 하나, 아무런 사고도 사건도 일어나지 않는 것, 이 지방의 모두가 무사하고 무탈한 것! 나는 소원지를 잘 접어 새끼줄에 묶었다. 이전에는 만나본 적 없는 낯모르는 사람들의 안녕을 간절히 비는 입장이 되었다는 사실에 문득 뻐근했다. 과연 대보름이라 하기에 손색없이 큰 달이 두둥실 떠올랐다.

상주시의 평평하고 단정한 도심을 감고 흐르는 강 북천의 옆구리 지점에 상주지청이 있다. 어쩐지 근엄한 큰아버지가 연상되는 색감의 법원 건물 옆에, 새파란 스카프를 두르고 발랄하게 멋을 낸 셋째 이모 같은 검찰청 건물, 그곳이 나의 일터다. 매일 아침 북천변을 따라 천천히 걸어서 출근을 했다. 지하철도 버스도 없는 곳에서 안단테, 걸어다니는 속도로 그곳의 시간은 천천히 흐른다.

걸어가는 동안에는 주로 오리를 봤다. 청둥오리들이다. 오리를 보며 걷는 이유는 달리 볼 만한 무언가가 없기 때문이기도 하지만 무엇보다 오리가 멋진 생물이기 때문이다. 오리들은 얼어 있다가 이제 막 몸을 푼 차가운 강물 위를 단호히 가르며 지나다닌다. 지나간 자리에는 길게 물길이 나는데, 가볍게 떠다니는 존재가 내는 물길에 나는 자주 마음을 빼앗긴다. 물 위로 엉덩이 깃들만 봉긋 솟아 올라와 있다면 그건 오리들이 아침식사를 하고 있다는 뜻이다. 작고 노란 발목이 바둥대며 물속에 머리를 처박고 있는 모습을 보자면, '그래 너도나도 밥 먹고 살기는 힘든 일이구나' 싶다. 오리라고 해도 잠수를 오래 할 수 있는 것은 아닌 모양이다. 귀여운 엉덩이를 찍어보려고 휴대폰을 들이대는 사이 퍼뜩 고개를 들고 물 위로 올라온다. 언제 한갓 밥벌이에 바둥거렸냐는 듯 도도히 고개를 쳐들고 다시 물길을 가른다.

그렇게 15분을 걸어 도착한 일터에서 내가 하는 일도 청둥오리의 그것과 크게 다르지 않다. 고개를 처박고 기록을 읽고 그중에 진실 비슷한 것이 있어 요깃거리라도 되려는가 바둥거린다. 오래 숨을 참을 수는 없어서 자주 자세를 고쳐 앉아 딴청을 피운다. 언제 그랬냐는 듯 도도하게 물길이나 내며 지나가고 싶은데, 그건 또 잘되지 않아서 문서창을 열고 글을 쓴다. 내가 온 마음으로 무탈하기를 바라게 된 소담스러운 도시에 대하여, 안단테의 템포로 느리게 흘러갔으면 하는 시골 지청에서의 시간에 대하여…. 그리고 그곳에 와서야 비로소 돌아볼 수 있게 된 것들에 대하여.

여기는 심쿵요정들이 살고 있어요

책상 위에 허리가 굽은 할미꽃 한 송이가 꽂힌 작은 도자기 화병이 놓여 있다. 꽃은 반쯤 벌어졌고 오소소한 솜털이 꽃과 줄기 전체를 덮고 있다. 향기도 없이 작고 고요한 꽃이다. 미간을 좁힌 채 다소 예민하고 시니컬한 보고서를 검토하다 말고 물끄러미 꽃을 본다. 할미꽃이 허리를 굽힌 채 놓여 있는 책상에서는 그 방법 외에 다른 방도가 없다.

우리 검찰청 1층에 있는 범죄피해자지원센터 사무처장님이 아침에 가져다주신 꽃이다. 보통 미리 약속을 잡고 조심스레 내 방에 오시는데 오늘은 불쑥 오셨다. 무슨 일이신가 했더니 손으로 감싸 쥐고 온 할미꽃 화병을 내미신다.

"아침에 나오니까 집 앞에 할미꽃이 피었더라고요, 할미꽃 보기 힘든데… 지청장님도 보시라고 가져왔어요."

세상에나. 갑작스러운 일에 어버버하는 사이, 배고프면 먹으라고 곶감 몇 알도 놓고 가셨다.

집 앞에 핀 할미꽃을 발견하고 나에게 보여줘야겠다고 생각하신 순간에 대해, 이걸 작은 화병에 꽂아서 손바닥에 받쳐

들고 오시는 동안의 발걸음에 대해 생각하다가, 그분은 꽃을 받은 내가 이렇게 한없이 설렐 것까지 미리 알고 계셨다는 생각에 이른다.

'제가 정말 좋은 걸 가지고 왔는데 지청장님도 엄청 행복하실걸요?' 손바닥을 내밀던 사무처장님의 표정은 분명 그런 표정이었다.

어떻게 알았지? 내가 할미꽃 한 송이에 온 마음으로 행복해지는 부류의 인간이라는 것을. 그러고 보니 이곳 상주에 와서 나에게 그런 표정으로 무언가를 말하는 사람들을 여럿 만났다. 우선 우리 사무과장님이 그렇다. 사무과장님은 재정이며, 행정 처리며 각종 청의 사정에 대해 나에게 이것저것 보고를 많이 하시는 분인데, 어느 날은 은밀히 전할 말이 있다는 듯 조용히 말했다.

"우리 청 정원 가장자리에 튤립이 심겨져 있습니다."

"튤립이라고요?"

놀라는 나를 보는 사무과장님의 표정이 그랬다.

'그것 봐요. 내가 정말 엄청난 소식을 알려줬죠?'

마침 직원 간담회에서 만난 관리사께 어떻게 검찰청에 튤립을 심으실 생각을 하셨냐고 물었다. 시청에서 작년에 꽃길 가꾸기 행사를 하고 모종이 남았다길래 그걸 얻어와서 검찰청 정원에 심었다고 했다. 꽃을 얻어다가 검찰청 마당에 심는 사람의 이야기는 처음 들어보는 것이어서 어쩐지 비현실적으로 느껴졌다.

"작년에 심은 꽃이 올해에도 필까요?"

눈에 보이지 않은 것들을 쉽사리 믿지 않는 습관을 가진 자는 의심을 다 버리지 못하고 물었다.

그러나 관리사는 확신에 차 대답했다.

"그 땅은 물빠짐이 좋은 땅이거든요. 올해도 문제없이 꽃이 필 겁니다."

나의 의문은 그저 검찰청 같은 곳에 튤립이 피겠는가 하는 막연한 의심에 기인하지만, 관리사의 확신은 오래 가꿔온 땅의 성질에 대한 이해에 근거하고 있었다. 그러므로 그의 확신은 믿을 만한 것이다. 머지않아 어여쁜 튤립들이 우리 검찰청 화단에 필 것이다.

'여긴 아무래도 좀 이상한데?'

모두들 만난 지 이제 겨우 한 달 남짓 된 사람들이고, 검찰청 안에서 일로 만난 사람들이다. 나는 이제까지 어느 검찰청에서도 이런 이야기를 해주는 사람을 만난 적이 없다. 어쩌면 프로의 세계에서 할미꽃이라거나 튤립이라거나 하는 말들은 금기어다. 누구나 이 단어들을 알고 있지만 입에 올리지 않는다. 그런 마음 같은 걸 품고 있다는 건 어쩐지 비밀이어서 서로 잘 드러내지 않는다. 그런데 이들은 어째서 불쑥 봉인을 해제

하고 꽃을 내미는가. 거기에 까무룩 행복해지는 내 마음은 어째서 또 이렇게 쉽게 들키는가.

어쩌면 이것이 상주의 마법 같은 것이 아닐까? 땅이 너르고 하늘이 순한 상주들판에는 예로부터 '심쿵요정'들이 살고 있어서 외지에서 온 '무뚝뚝이'들을 놀라게 하는 건 일도 아니라는 듯 심쿵하게 꽃을 내미는 건지도 모르겠다. 아니면 또 이렇게도 생각해본다. 사람들은 원래 예전부터 서로에게 꽃소식을 전하며 이토록 다정하게 살아왔는데 내가 먼 데를 헤매느라 보지 못한 것은 아닌가. 그러다가 이곳에 와서 풍경처럼 순해진 눈과 귀로 마침내 그들을 마주할 수 있게 된 것인가. 그걸 용케 알아보고 돌아온 탕아에게 순순히 꽃을 내미는 사람들.

이렇게 아름다운 곳에서도 우리가 주고받는 것이 꽃만은 아니다. 꽃일 리가 없다. 나는 이 지역에서 일어나는 범죄들을 다루는 일을 한다. 선하고 너른 하늘 아래 사는 사람들 사이에서도 범죄는 빚어지고, 범죄의 속내는 언제나 어둑어둑하다. 그 어두운 곳에서 사실과 법리를 가려 죄를 구성하고 벌할 것을 청하는 일을 한다. 내 앞에 당도한 사연은 제각기 가볍거나 무겁게 아프고, 내 앞에 앉는 사람들은 누구나 원망하거나 후회하는 눈빛을 가졌다. 먹고사는 일의 고단함과 삶의 악다구니를 지천에 피는 꽃으로는 다 가릴 수가 없어서 우리는 법을 만들고 교도소를 짓고 사람을 가둔다. 비극은 조금씩 농도와 밀도를 달리할 뿐 인간의 마을 어디에나 있고, 그 앞에 책상을 두고 앉은 자로서의 나는 단단한 마음을 가져야 한다. 심박수를 최대한 느리게 조정하는 방법으로 검사다운 표정을 유지한다.

 그런데 다 비슷해 보이는 슬픈 인간들의 도시 너머 어느 곳엔 유독 심쿵요정들이 많이 살고 있는 마을이 있다. 이것은 원래 있던 이야기는 아니고 실은 내가 만든 이야기인데, 나는 지금부터 그 이야기를 믿어볼 참이다. 이 마을에서도 사기, 음주운전, 절도와 폭력 사건들이 벌어지고 기록으로 묶여 검사의 책상 위로 배달되지만, 그 위로 불쑥 꽃을 내밀고, '심쿵!' 해버린 검사의 표정이 어떻게 풀리는지 기대에 차서 지켜보는 사람들이 있다. 어디에 어떤 꽃이 피는지 다 알아두었다가 철마다 찾아보고, 그 좋은 걸 나누고 싶어 안달하는 사람들이 있는 곳에서는 범죄도 조금은 유순해지고 상처도 조금 빨리 아문다.

 우리 검찰청 1층 범죄피해자지원센터에는 내가 추정하는 심쿵요정 한 분이 계신다. 나에게 할미꽃을 가져다주신 그분이다. 심쿵요정님은 검사의 기소와 처벌로는 미처 다 회복될 수 없는 피해자들의 상처를 보듬는 일을 하신다. 상처가 얼마나 깊은 줄도 모르고 밥을 짓고, 알바를 하다가 문득 눈물이 차오르곤 하는 피해자들 옆에 계신다. 오늘은 상담을 위해 방문한 어린 피해자의 신발을 손수 빨아주고, 컵라면에 물을 부어주고 있다는 목격담이 접수되었다.

심쿵요정님은 검찰청 로비에도 꽃을 놓아주신다. 관공서에서 보기 힘든 제철의 생화들이 계절마다 색을 바꿔 꼭 알맞은 화병에 꽂힌다. 누가 시킨 일도 아닌데 이렇게 하시는 이유를 물어봤다.

"여길 드나드는 사람들은 모두 힘든 사람이잖아요. 여기 직원들도 예쁜 것 볼 일은 잘 없는 분들이고요. 그래서 가져다 놨어요. 잠깐이라도 기분 좋아지시라고요."

그러니까 말이다. 이래도 심쿵요정의 존재를 믿지 않을 도리가 있겠는가.

웰컴 투 곶감 시티

"10월 말부터 11월 초까지는 검찰청에서 사람을 부르면 안 됩니다."

상주지청에 발령받은 직후 새로 만난 상주의 어른들은 모두 나에게 이런 말을 했다. 상주에 오신 것을 환영한다는 인사가 끝나기 무섭게, 약속이나 한 듯 모두 이 말부터 했다. 이유인 즉, 그 시기가 바로 감을 따고 깎아야 하는 시기라는 것이다. 그래, 어느 지역이나 그 지역만의 특색이 있고 특히 바쁜 시기가 있지. 그런데 아직, 감이 익으려면 한참 남았는데 새로 부임해온 지청장을 보자마자 이들은 어째서 감 따는 이야기부터 하는 것일까. 무언가 범상치 않은 질서가 이 도시를 지배하고 있다는 사실을 그때 어렴풋이 알았지만, 그게 얼마나 본격적인 것인지를 깨닫기까지는 얼마간의 시간이 더 필요했다.

상주IC를 통과하자마자 압도적인 규모로 서 있는 상주곶감유통센터 건물과 시내 곳곳에서 발견되는 감색 간판의 곶감 매장들, 농가 지붕 위에서도 모텔 주차장 입구에서도 심심찮게 발견되는 '곶감 상시 판매', 아무런 설명 없이 '감 박피기'라고만 써 있는 도로변 입간판 같은 것들이 이곳이 곶감의 도시 상주라는 사실을 알려주지만, 그것만으로 이 도시를 설명하기엔 어딘가 부족한 느낌이다.

곶감의 존재감은 이 도시 사람들의 생활 속 깊숙이 예상하지 못한 곳까지 뻗어 있다. 일례로 검찰청 옆에 있는 아주 큰 유치원의 이름은 '상주감꽃유치원'이다. 호랑이보다 무서운 곶감을 테마로 한 곶감공원이 있는 것은 당연하다. 집집마다 감나무 한 그루쯤 가지고 있는 것은 물론이고 도시의 가로수조차 감나무다.

여기까지는 우리나라 곶감 생산량의 60퍼센트를 차지하고 있는 명실상부 곶감 시티로서 어느 정도 예상이 되는 부분 아닌가 하겠지만, 그중에 '가요주점 곶감회관' 앞에 이르면 이들의 곶감 사랑이 이렇게까지 진심이라는 점에 누구라도 흠칫 놀라지 않을 수 없다. 간판은 곶감을 연상시키는 주황색의 단아한 글씨체로 뭐가 문제냐는 듯 걸려 있다. 그래 문제 될 건 없지. 어쩐지 곶감이 안주로 나올 것 같은 곶감회관에서는 다소 꾸덕하게 마른 상태로 노래를 부르고 놀아야 할 것 같다. 홍시처럼 질펀하게 퍼지면 안 될 것 같다. 그러나 모르지. 그 반건조의 꾸덕한 유흥 속에서 더욱 찰지게 차오르는 궁극의 스윗함을 상주 사람들은 사랑하는 것일지도….

상주에서 곶감을 만드는 데 쓰는 감은 '둥시'라고 불리는 둥근 모양의 떫은 감이다. 곶감은 감을 깎아 말리면 수분이 날아가 저장성이 강해지고, 떫은맛은 단맛으로 변하는 원리로 만들어진다. 일교차가 큰 상주의 햇살과 바람이 곶감을 만들기에 적합해서 아주 오래전부터 이 지역 사람들은 곶감을 깎고 말리며 살았다고 한다. 떫은 것을 말리면 단 것이 된다는 지혜를 일찍이 알게 된 사람들, 이곳에서는 하얗게 분이 핀 곶감이 꽃이고 돈이고 양식이었다.

상주시 외남면에 가면 감나무의 시초라고 불리는 750년 된 감나무가 있다. 하늘 아래 첫 감나무라는 표지석 뒤에 있는 그 할머니 나무는 가지마다 쓰러지지 않게 대어놓은 부목에 의지하고 간신히 서 있다. 그런데 얼마 전에 찾아가 봤더니 할머니 나뭇가지마다 새순이 돋고 있었다. 그렇다면 감도 열릴까? 750년씩이나 한자리에 서서 잎을 틔우고 꽃을 내고 감 열매를 여는 일에 대해 생각해보면 절로 꾸벅 고개가 숙여진다. 750세 왕할머니 나무 아래로 펼쳐진 감농장들에서는 이제 고작 몇 십 년씩 된 애송이 감나무들이 일제히 감을 생산하고 있다. 적당한 시기가 되면 사람들이 감을 따고 깎아 말릴 것이다. 주렴처럼 빽빽하게 매달린 주황색의 감 건조 장면은 가히 장관이어서, 가을이 되면 전국의 사진사들이 대포 카메라를 들고 몰려든다고 한다. 그 장면을 내내 보고 있었을 할머니 감나무는 흐뭇할까 고단할까.

"10월 말, 감 수확철 동안에는 사람을 부르지 말아주세요. 그 시기 상주에서는 손 달린 사람은 모두 감을 깎아야 합니다. 심지어 양로원에 누워 있던 할머니들까지 모두 나와서 감을 깎습니다."

다시 한 번 상주의 유구한 전통에 대해 알려준다는 듯이 엄숙하면서도 어딘가 자부심이 느껴지는 표정으로 말하는 그에게 외지에서 온 풋내기 검사가 천진하게 묻는다.

"꼭 그때여야 합니까?"

그는 어쩔 수 없는 일이라는 듯 단호하게 말한다.

"네, 그때입니다. 그때가 지나면 감이 물러져버리거든요."

감이 물러지게 둔다는 것은 있을 수 없는 일이다. 이 세계에서는 사람의 어떤 사정도 물러지는 감의 사정보다 중하거나 급하지 않다. 떫은 둥시가 한 알의 곶감이 되기까지 놓쳐서는 안 될 절묘한 타이밍, 그 시기를 중심으로 상주의 한 해는 돌아가고 이 도시의 사람들은 감이 익는 속도에 생활의 속도를 맞춘다.

과장만은 아닌 것이 그 시기에는 아무리 소환장을 보내도 사람들이 오지 않는다고 상주지청에서 오래 근무하고 있던 직원들은 말했다. 그래서 어느 해에는 감 수확철에 맞춰 야간 검찰청을 운영했다는 기록도 있다. 그런데 생각해보면 낮에는 감을 깎다가 밤에 검찰청에 와서 조사를 받는 삶은 너무 고단하지 않은가. 우리는 그 시기의 이전과 이후에 일을 모두 해두고, 감 따는 사람들을 최대한 부르지 말자고 다짐했다. 감의 시절에는 오로지 감에 집중할 수 있도록! 그것이 무릇 곶감 시티에 검사된 자의 도리 아니겠는가.

곶감의 도시에 대해 이제 제법 아는 체를 하고 있지만 나는 아직 감이 곶감이 되어가는 과정 전체를 지켜보지 못했다. 이제 막 새잎에 돋기 시작한 감나무 아래를 걸어 출퇴근할 뿐이다. 그것은 나에게 앞으로 함께할 곶감의 시절이 오롯이 남아 있다는 뜻이기도 하다. 이제 곧 5월이면 나무들에 감꽃이 필 것이다. 감꽃유치원 마당 앞에서 감꽃을 주우며 노는 아이들을 볼 수 있겠다. 꽃이 떨어진 자리에서 초록의 열매가 자라고 상주의 햇살 아래 익어가는 것을 매일 조금씩 지켜볼 것이다. 그러다가 마침내 절정의 그때가 왔을 때, 감의 시간에 집중하는 상주 사람들의 삶 옆에 조용히 있어야지. 할 수 있다면 서툰 솜씨로 감도 몇 알 깎아봐야지. 그다음으로는 차게 식은 가을바람 아래 장엄하게 매달려 말라가는 곶감들을 보게 될 테다. 1년 곶감 농사에 두둑해진 주머니로 가요주점 곶감회관을 방문하는 누군가와 마주칠지도 모른다. 곶감의 도시에 와서 한 시절 감과 곶감의 생애 옆에 있다 보면 검사 인간의 몸에 밴 떫은맛도 쫄깃한 단맛으로 변할 수 있을까. 상상하는 것만으로 문득 군침이 고인다.

여사님들의 꽃놀이

검찰청 직원들이 모두 식사를 마치고 빠져나간 시간, 성 여사와 권 여사와 이 처장은 구내식당에 모여 앉았다. 계절은 봄이 한창이다. 검찰청 청사 앞 천변에는 벚꽃들이 만개했다. 계절에 맞춰 검찰청 구내식당 메뉴는 봄나물 비빔밥이다. 여사님들은 식판 대신 커다란 대접에 나물들을 수북하게 담아 와 앉았다. 살이 연한 풋나물 위로 냉이 된장을 척척 끼얹어 비벼 먹는 맛은 다른 무엇에 비할 수 없는 봄맛, 그 자체.

언젠가 여사님들께 왜 직원들 식사시간이 다 끝나고 나서야 식사를 하시냐고 물어본 적이 있다. 음식을 만드시는 성 여사님이야 그렇다 쳐도 다른 두 분은 일찍 다른 직원들과 같이 드셔도 되지 않느냐고.

"에이 우리는 그냥 나중에 따로 먹는 게 편해요. 그래야 반찬도 마음껏 많이 갖다 놓고 먹고요. 다 먹고 나서 믹스커피도 한 잔씩 타 마시고요."

검찰청 공무원증을 목에 건 젊은 직원들이 새모이만큼(여사님들 표현이다) 식사를 마치고 인근 카페로 몰려간 이후에야 마침내 시작되는 여사님들의 여유롭고도 풍성한 식사시간을 상상하니 냉이 된장의 향내와 함께 부러움 같은 것이 울컥 올라왔다.

구내식당의 음식은 성 여사님이 만드신다. 규모가 작은 검찰청에 딸린 구내식당인지라 영양사, 조리사도 따로 없고 성 여사님 혼자서 밥도 하고 국도 끓이고 나물도 무친다. 젊은 직원들은 항상 고기반찬이 부족하다고 불만이기에 돈가스도 튀기고 제육볶음도 만든다. 성 여사님의 나이는 정확히 알려지지 않았는데, 손이 빠르고 음식 솜씨가 뛰어나다. 가끔 특식을 하는 날에는 권 여사님이 오셔서 손을 보탠다.

권 여사님은 공무직 관리사이다. 청사관리와 환경미화가 권 여사님의 일이다. 검찰청에 누구보다 일찍 출근해 화장실이며 복도며 반짝반짝 닦아두신다. 검찰청 화단에 꽃도 심고 화단 구석에는 상추에 파에 쑥갓도 심는다. 퇴근 후에는 어린이집에서 돌아온 손자 손녀도 돌보고, 집안에서 하는 나락 농사, 감농사도 거든다. 구내식당 성 여사님 손이 모자라는 날에는 앞치마 입고 주방에 들어가서 수육도 썬다. 봄마다 직접 뜯은 쑥으로 쑥떡을 만들어 직원 모두에게 나눠주시는데, 그 맛이 끝내준다.

그리고 나에게 우리 검찰청 '세 여사님 스토리'를 들려주시고 계신 분은 범죄피해자지원센터의 사무처장님이시다. 말하자면 세 여사님 중에서는 유일한 사무직이고, 이제 갓 60대에 들어선 젊은 막내다. 이 처장님은 이 지역의 범죄 피해자들을 지원하는 일을 하신다. 집 밖에 나가기 무섭고 사람 그림자만 봐도 깜짝깜짝 놀란다는 피해자들을 불러 비누도 만들고 꽃나무도 심는다. 같이 노래를 부르다가 엉켜 안고 울기도 하고, 그놈이 어떻게 재판받는지 보자고 피해자의 손을 잡고 법정 모니터링도 씩씩하게 다니신다.

그 검찰청에서 성 여사님이 해주신 밥을 먹고, 권 여사님이 닦아주신 책상에 앉아 온갖 범죄 기록을 헤집던 나는, 어느 봄날의 오후 이 처장님의 사무실에서 여사님들의 특별한 꽃놀이 이야기를 들었다. 처장님이 새로 만들었다는 쑥 미숫가루 한 잔을 내어놓으시며 내게 말했다.

"아니 글쎄, 성 여사님, 권 여사님이 꽃놀이를 못 가서 병이 난 거예요."

나는 언뜻 이해가 되지 않아 물었다.

"꽃놀이는 그냥 가시면 되는 거 아니에요? 당장 검찰청 문만 나서면 죄다 벚꽃이잖아요."

"저도 그렇게 말했죠. 당장이라도 가면 되지. 근데 이 여사님들 말이 꽃놀이는 그냥 막 가는 게 아니랍니다. 모름지기 한복을 딱 떨쳐입고 가야 진짜라는 겁니다."

"아… 한복이요?"

원래 꽃놀이는 한복 입고 하는 거였나? 뜻밖에 본격적인 전개였다. 처장님이 말을 이었다.

"나는 한복이 없는데 어쩌지, 했더니 성 여사님이 자기한테 한 벌 더 있대요. 그래서 성 여사님이 내 한복까지 가지고 와서 꽃놀이를 가기로 했거든요. 아니 그런데, 이 여사님들이, 자기들은 자식들 결혼시킬 때 맞춘 예쁜 신식 한복을 입고요, 저한테는 진짜 옛날 한복을 준 거예요."

그러면서 처장님이 내민 사진을 보고 하마터면 마시던 미숫가루를 뿜을 뻔했다. 잠자리 날개 같은 연분홍색, 보라색 치마저고리를 입은 두 여사님 사이에 처장님 혼자 아래위로 호박색인 공단 한복을 입고 어색하게 웃고 있었다. 키가 큰 편인 처장님의 흰 양말 발목이 치맛자락 아래로 껑충하니 드러났다. 머리 위로는 지역의 자랑인 북천 왕벚꽃이 한창 꽃망울을 터뜨리고 있었다.

아무튼 그렇게 시작된 꽃놀이 날. 온 지역 사람이 다 꽃놀이를 나온 듯한 날이어서 처장님은 아는 사람 만날까 노심초사하고 있었는데, 아니나 다를까 알고 지내던 시청 공무원을 딱 마주쳤다고 한다. 시청 공무원은 마침 벚꽃길 홍보 사진을 찍는 중이라며 한복을 입은 세 여성에게 사진을 좀 찍자고 제안했다.

"저는 우리 여사님들이 절대 안 된다 할 줄 알았거든요. 아, 웬걸요. 말 끝나기 무섭게 벌써 나무 밑에 떡하니 서서 포즈를 잡고 있는데, 이것 보세요. 포즈가 아주 의젓합니다."

나는 처장님으로부터 아예 휴대폰을 넘겨받아 꽃나무 아래 다양한 포즈를 취하고 있는 여사님들의 사진을 차례로 넘겨보았다. 검찰청에서 보던 것과는 사뭇 다른 천진하고 화사한 모습이었다. 그 누구보다 자신감 넘치는 표정으로 웃고 계신 여사님들의 사진을 신나게 넘기다가 어느 사진 한 장에서 문득 손가락을 멈췄다. 어두운 밤, 불 꺼진 검찰청 앞에 한복을 입고 서 계신 여사님의 사진이었다. 내가 어느 사진에서 멈췄는지 안다는 듯 처장님은 설명을 이어갔다.

"이제까지 검찰청에서 일하면서 이런 사진 한 번 찍은 적이 없다고 하더라고요. 그래서 제가 밤에 아무도 없으니까 한 장씩 후딱 찍자고 했어요. 엄청 좋아들 하시더라고요. 이제 어디 가서 나도 검찰청에서 일한다 하고 보여줄 거라고…."

앞치마를 벗고, 장화를 벗고 꽃보다 고운 한복을 입고서, 검찰청 마크가 잘 보이는 각도로 단정히 서서 정면을 응시하는 여사님들의 표정을 오래 들여다보았다. 자부심 가득한 미소로 웃고 계신 여사님들의 등 뒤로 그녀들이 쓸고 닦고 밥해 먹이는 힘으로 굴러가는 나의 직장이 우두커니 앉아 있었다.

검찰청에서 보고 겪은 일들을 가끔 글로 써내는 일을 하는 나에게 세상이 기대하는 것은 아마도 대단한 무언가에 대한 것이다. 기막힌 범죄, 흥미로운 수사, 눈물겨운 사연들과 사회 정의를 위한 제언, 그도 아니면 차라리 권력 조직의 구린 민낯에 대한 것. 그러나 검찰청 담벼락 위로도 편견 없이 연분홍의 봄꽃이 쏟아지는 날, 나는 문서창을 열고 검찰청 어딘가에서 콧노래 흥얼거릴 여사님들의 꽃놀이에 대해 쓴다. 체포와 구속, 거악과 척결 같은 각 잡힌 단어들 너머로 자부심 화사한 여사님들의 노동 역시 있다는 사실을 기록해둔다. 그런다고 검찰을 향한 세상의 서릿발 같은 시선이 누그러질 리 없겠지만, 그저 봄이기도 해서 말이다.

B검사는 버섯이 싫다고 했었지

"이름이 뭐라 그랬지? 사슴엉덩이?"

"노루궁뎅이버섯이요, 청장님. 노루궁뎅이를 닮아서 이름이 그렇대요."

B검사가 답했다. 노루궁뎅이를 본 적이 있는가? 나는 없다. 당연히 B검사도 없을 것이다. 그러므로 그렇게 말해도 어떻게 생긴 버섯인지 짐작할 수 없다.

"이렇게 생긴 버섯이랍니다."

옆에 있던 T검사가 노루궁뎅이버섯을 검색한 휴대폰 화면을 보여준다. 뽀얗고 보송보송하게 생긴 버섯 사진이 화면에 떠 있다. 면역력 개선, 노화 방지, 다이어트, 위염, 당뇨병에 좋다는 등의 효능에 대한 설명이 그 아래에 주르륵 달려 있다.

"이 정도면 거의 만병통치약인데요. 귀엽게 생겼네요."

S검사가 덧붙였다.

상주지청 구내식당에서 점심을 먹으며 지청장인 나와 검사 3인방은 요즘 B검사가 새롭게 고민하고 있다는 사건에 대해 이야기하고 있다. 이야기를 하며 B검사는 불고기 반찬에 들어간 버섯을 하나씩 골라 옆으로 밀어 놓았다. B검사는 버섯을 싫어한다고 했다.

이야기를 시작하기에 앞서 우리 상주지청 검사들을 소개해보자. 눈치채셨는지 모르겠지만 이들은 바로 BTS다. 상주지청에는 지청장 빼고 세 명의 평검사가 있다. 원래는 나이와 경력에 따라 1호, 2호, 3호 검사라고도 부른다.

처음, 검사가 세 명 있는 지청의 지청장으로 가야 한다는 사실을 통보받고 나는 엄청난 부담감에 몸부림을 쳤다. 이전까지 내 한 몸 건사하며 내 사건 처리만 하면 되는 삶에 익숙해왔는데, 이제 와 누군가를 지도하고 책임져야 하는 관리자가 된다니, 영 자신이 없었다. 이 부당한 승진에 저항하여 사표를 내볼까도 생각해봤으나 "그런 어이없는 사직사유가 어딨냐"라는 동료의 일갈에 곧 마음을 다잡았다. 그리고 선포했다.

"나는 BTS를 키우는 방시혁의 마음으로 상주지청에 가겠어. 그들의 잠재력을 키우고, 그들이 꿈을 펼칠 기회를 만들어주는 것이 내 역할인 거지. BTS가 멋지면 되지, 내가 멋있을 필요는 없잖아."

그러고 나니 마음이 좀 편안해졌다. 마침 검사가 세 명이라 B와 T와 S로 이름 붙이고 이들을 통칭하여 '상주지청 BTS'라고 불렀다. 그들도 내심 그 이름이 싫지는 않은 듯했다.

상주지청은 앞서 말한 것처럼 상주, 문경, 예천 세 개 지역을 관할하는 검찰청이다. 다 합쳐도 인구가 20만 정도 될까 말까 한, 농업을 기반으로 하는 지역이라 도시의 검찰청처럼 규모가 큰 사건들이 별로 없었다. 이 평화로운 농촌 지역에서 발생한 일명 '노루궁뎅이버섯 사기 사건'은 일약 상주지청의 가장 큰 현안 사건으로 떠올랐다.

스마트팜. 전통적인 방식의 농업이 점점 나이 들어가는 지난 세기의 농부들과 함께 기울어가는 시대에, 스마트팜은 마치 아이돌 스타처럼 새롭게 떠오르는 개념이다. 농촌 지역 국도 사거리마다 '스마트팜 정책 설명회' 같은 현수막이 붙어 있는 것을 심심찮게 목격할 수 있다.

대한민국 전자정부 누리집에는 스마트팜이란 정보통신기술(ICT)을 활용해 '시간과 공간의 제약 없이' 원격으로, 자동으로 작물의 생육환경을 관측하고 최적의 상태로 관리하는 과학 기반의 농업방식이라고 설명되어 있다. 농업은 그 무엇보다 시간과 공간의 제약을 받는 일이다. 주어진 토양 환경 안에서 해가 뜨고 지고, 계절이 바뀌고 비가 오고 마르는 제약 속에서 인간은 작물을 거두어왔다. 그런데 '시간과 공간의 제약 없이' 이 모든 것이 가능하다니 그야말로 혁명 아닌가. 아버지 세대가 새벽 해가 떠서 질 때까지 등이 굽어가며 체득한 자연의 법칙을 인공지능과 빅데이터가 대신해준다는 말은 달콤하다. 허리를 굽히고 근육에 힘을 주고 손바닥을 쓸어 해오던 모든 일들이 스마트라는 세련된 방식으로 땀 한 방울 흘리지 않고 구현된다는 것은 또 얼마나 놀랍고도 매혹적인가.

그리하여 농업의 미래를 그리는 지자체와 젊은 농부들과 무엇보다 농업에 대한 의지는 있으나 기술을 터득하지 못한 귀농인들 사이에서 스마트팜은 하나의 붐이 되었다. 그리고 검사의 오랜 촉으로 말하자면 붐이 있는 곳에는 언제나 범죄가 따라붙기 마련이다.

Y는 자신을 공기분자학을 오래 공부한 사람이라고 소개했다. 어느 외국 대학에서 학위를 땄다고도 했다. 그리고 8년간 연구한 끝에 마침내 자동으로 버섯재배사의 온도, 습도, 이산화탄소 농도를 제어해주는 버섯재배시스템 설비를 개발해 특허를 받았다고 했다. 최첨단, 인공지능, 자동 제어 설비 등의 화려한 수식어가 들어간 브로슈어는 무척 세련되어 보였다. 알 수 없는 외국인들과 외국의 농장에서 찍은 사진들, 농기계 박람회, 스마트팜 설명회 강사로도 초청받았다는 이력 등이 그의 말을 더욱 믿음직하게 받쳤다.

"이 설비를 이용하여 노루궁뎅이버섯을 재배하면 재배사 1동에 월 2000만 원의 수익을 얻을 수 있습니다."

귀농한 초보 농부인 A는 그 설명을 듣고 Y의 노루궁뎅이버섯 재배 시스템 설비를 들였다. 전 재산이나 다름없는 2억 원이 들어갔지만, 이 설비를 이용하기만 하면 재배사 한 동에 월 2000만 원은 벌 수 있다니 금방 투자 원금은 회수될 일이었다. 노루궁뎅이버섯은 먹어본 적도 키워본 적도 없었지만, Y가 공기분자학을 기반으로 개발한 시스템이 버섯재배사의 온도, 습도, 이산화탄소 농도를 측정해 자동으로 버섯의 생육에 가장 적합한 환경으로 조절해준다니 걱정할 일은 없었다. Y는 AS까지 확실히 책임진다고 다짐하며 A의 재배사에 설비를 설치했다. 가장 최적의 환경이 될 수 있도록 자신이 설비 셋팅을 모두 해두었으니 절대로 함부로 만지거나 다른 사람이 조작하도록 하지 말라는 당부도 덧붙였다. 버섯도, 공기분자학도, 스마트도 모르는 A는 시키는 대로 했다.

그러나 버섯은 자라지 않았다. 시스템은 가끔 왕왕 소리를 내며 돌아갔으나 결국 버섯을 제대로 키워내지 못했다. 하얗고 탐스러운 노루궁뎅이를 닮은 버섯은 제대로 생산되지 않았다. 겨우 일부가 살아남기도 했으나 월 2000만 원의 수입은 턱도 없는 일이었다. A는 Y에게 연락했다. 이거 뭔가 이상하다고….

Y는 처음 몇 번인가 설비를 들여다보더니 점차 연락이 잘 되지 않았다. 전화를 하면 다른 설명회며 투자자 미팅으로 바쁘다고 했다. A는 Y를 고소했다. A는 고소인이, Y는 피의자가

되었다.

이렇게 시작된 노루궁뎅이버섯 사기 사건은 상주지청 3인방 검사 중 1호, B검사가 맡게 되었다. 노루궁뎅이버섯이라니. 일단 이름이 좀 귀여워서 만만한 마음으로 기록을 펼쳤다가 B검사는 점점 빠져들었다. 새로운 미래를 꿈꾸며 전 재산에 가까운 자금을 투자한 귀농인의 꿈이 걸린 사기 사건이었다. 혹은 첨단 미래의 농업을 이끄는 어느 과학자의 꿈에 관한 이야기일 수도 있었다.

범죄경력을 확인해보니 피의자는 이미 다른 고소인들로부터도 여러 번 고소를 당했으나 사건들은 번번이 무혐의로 종결되고 있었다. 이것은 A 이외에도 노루궁뎅이버섯 설비를 설치했다가 버섯을 제대로 얻지 못한 이들이 전국적으로 더 있다는 말이고, 그럼에도 불구하고 그것이 피의자의 사기 범행인지 규명해내기는 무척 어렵다는 말이다. 이런 구도는 가끔 검사의 어떤 의지를 화르륵 타오르게 한다. B검사가 바로 그랬다. B검사 머릿속 어딘가에 있는 수사의지 버튼이 탁하고 켜졌다.

노루궁뎅이버섯 설비 시스템 사기 사건을 규명하기 위해서는 먼저 노루궁뎅이버섯에 대해 알아야 한다. 그다음엔 설비 시스템을 알아야 하고. 그 전체 구도를 다 안 다음에야 사기죄의 성립과 입증을 논할 수 있다. 사기죄의 성립에 대해서야 우리가 전문가지만, 노루궁뎅이버섯은, 이름만큼이나 너무나 생소한 영역이었다.

"B검사 학부 전공이 뭐야?"

"저 국문학 전공이었다가 법학 전공으로 바꿨어요."

"T검사, S검사는?"

"저희도 법학, 독어독문학과…."

오 이런. 상주지청 BTS는 모두 순수 문과였다. 그 흔한 이과 출신 한 명 없이, 이 어려운 수사를 어떻게 헤쳐나간담?

그렇다고 검사가 의지를 품었다면 못할 일도 아니지. B검사는 그날부터 노루궁뎅이버섯에 대해 공부하기 시작했다. 자료를 찾아 읽고 전문가를 수소문했다. 버섯 농장을 한다는 이를 소개받아 버섯의 생장에 대해 묻고 들었다. 그야말로 버섯의 세계로 그는 푹 빠져들어갔다. 나와 BTS가 구내식당에서 모여 점심을 먹을 때마다 B검사는 노루궁뎅이버섯에 대해 그가 새로 알게 된 사실을 이야기했다. 한동안 우리의 점심은 버섯 반찬이 나오는 날도 안 나오는 날도 버섯과 함께였다.

지청장의 입장에서, 소속 검사가 수사 의지를 빛내는 것은 매우 든든한 일이었지만 한편으로는 이게 그렇게까지 할 일인가도 싶었다. 우리에게는 노루궁뎅이버섯 사건 외에도 해결해야 할 사건이 숱하게 있었기 때문이다. 그때 B검사로부터 들은 어린 시절 이야기가 떠올랐다.

어린 시절 B어린이는 사마귀를 무척 좋아했다고 한다. 남들은 사마귀가 징그럽고 무섭다고 했지만 B어린이의 눈에는 그 어느 곤충보다 기품 있고 멋있었다는 것이다. 사마귀를 잡아서 채집통에 넣고 먹이를 잡아 줘가며 하루 종일 관찰했고, 학교 갈 때도 채집통을 들고 가서 발아래 두고 지켜봤다고 했다. 그 이야기를 할 때 B검사의 눈빛이 노루궁뎅이버섯 이야기를 할 때와 비슷했다. 타고난 성실함이 약간의 똘끼와 만나서 만드는 시너지. 그런 측면에서 보면 노루궁뎅이버섯에 대한 B검사의 열정도 이해가 되었다. 그렇다면 사건이 적임자를 찾아갔다고 보아야 할까.

노루궁뎅이버섯에 대한 기초 연구를 어느 정도 마쳤다고 생각될 즈음, 이제는 사건을 처리하지 않겠는가 하는 즈음에 B검사는 실험을 해야겠다고 했다. 고소인의 농장에 설치된 자동제어장치가 실제로 노루궁뎅이버섯의 생육 환경을 구현할 기능을 갖추고 있는지 실험을 통해 검증해봐야 한다는 것이다. 설비가 설치된 재배사와 설치되지 않은 재배사를 실험군과 대조군으로 하여 각각 같은 시간 환경에서 온도, 습도, 이산화탄소 농도가 제어되는지를 실험하겠다고 했다. (와… B 검사 너 문과라고 하지 않았니?)

"다 좋은데, 우리가 이 실험을 어떻게 하지?"

"그래서 한국농업기술진흥원에 협조 요청을 했습니다. 그쪽 연구원들이 실험을 같이 해줄 수 있다고 합니다."

"농업기술진흥원? 그게 어디 있는데?"

"익산이요."

전라북도 익산에서 경상북도 상주까지는 무척 먼 거리다. 한국농업기술진흥원의 연구원 몇이 실험장비들을 차에 싣고 그 먼 거리를 달려 와주었다. 모르긴 해도 그들도 B검사로부터 노루궁뎅이버섯에 대한 장대한 이야기를 들어야 했을 것이다. 버섯의 비읍도 모르던 문과 범생이가 노루궁뎅이버섯의 생육 조건을 독학으로 이해하기까지의 열정이 그들을 그 먼 거리의 출장으로 이끈 것이 틀림없었다.

실험은 일주일간 이루어졌다. 익산과 상주는 너무 멀었기에 농업기술진흥원의 연구원들은 첫날 와서 실험 기구들을 설치한 뒤 돌아가고, 마지막 날 다시 와서 시험 데이터를 수거하기로 했다. 연구원들이 자리를 비운 사이의 관리는 B검사의 몫이었다.

그날부터 B검사의 관심은 오직 노루궁뎅이버섯 재배사에 가 있었다. 점심을 먹으려고 모였다가 B검사가 보이지 않아 물어보면 버섯 재배사에 갔다고 했다. B검사의 낯빛이 침울해서 물어봤더니 내일 비가 온다는 일기 예보가 있다고 했다. 실험이 잘 나오려면 자연 기온이 뜨겁고 건조해야 하는데, 그래서 가장 기온이 높을 것으로 예상되는 이 시기를 실험 기간으로 잡았는데 비가 온다고 하니 실험 결과가 잘 나올지 걱정된다는 것이었다. 그러다가 예보와 달리 날이 개자 B검사의 표정도 환하게 개였다. 퇴근 전에 빠르게 주차장을 빠져나가는 B검사의 모습이 보이면 그건 역시 버섯 재배사의 실험이 잘 돌아가는지 확인하기 위해 가는 것이었다. 누가 보면 검사라기보다는 노루궁뎅이버섯 스마트팜의 꿈을 품고 새로 온 젊은 귀농인으로 알 만했다.

일주일이 지나자 농업기술진흥원 연구원들이 실험 장비들을 떼어갔다. 그들은 얼마 지나지 않아 데이터를 분석한 결과 피의자의 설비는 온도도 습도도 이산화탄소 농도도 제어하지 못한다는 내용의 보고서를 보내주었다. 낯선 표와 그래프와 용어들이 적힌 두툼한 보고서를 받아들고 B검사는 드디어 본격적인 사기 사건 수사에 착수했다.

피의자는 혐의를 부인했지만, 이미 확보한 실험 결과가 있었기에 소용없는 일이었다. B검사는 오히려 피의자가 실제로는 자신이 발명했다는 설비의 조작 방법조차 알지 못한다는 사실을 밝혀냈다. 실험을 하기 위해 B검사는 사용설명서를 꼼꼼히 보고 그 조작법을 이미 다 익힌 뒤였다. B검사는 피의자의 휴대전화 속 2만 8000개의 녹음파일 중에서 다른 구매자들이 농기계 설비에 항의하며 손해배상을 요구하는 내용, 피의자가 자신의 가족에게 스스로 그 기계는 문제가 있다고 말하는 내용 등을 확보했다. (그 무렵 첫아이가 태어난 B검사는, 이

녹음파일을 아이와 출산한 아내가 입원해 있는 산후조리원에서 다 들었다고 하는데, 아기와 엄마에게 미안할 따름이다.)

마침내 B검사는 피의자를 사기죄로 기소하여 재판에 넘겼다. 몇 개월에 걸쳐 그가 한 땀 한 땀 고민하고 실험하고 조사한 결과물이 공소장으로 묶여 법원으로 넘어가는 것을 보는 B검사의 표정은 묘했다. 홀가분하면서도 어딘지 아쉽고 뿌듯하면서도 염려를 놓지 못하는…. 그것은 흡사 몇 개월 애지중지 키워낸 작물을 마침내 수확해 경매시장에 실어 보내는 농부의 표정과도 비슷하다고 나는 생각했다.

"고생했어 B검사. 이참에 농업전문 검사가 되어보는 건 어때? 이게 의외의 블루오션일 것 같은데…"

"아니요, 청장님. 저도 다음에는 도시적인 사건으로 하고 싶어요."

"그래? 그나저나 오늘 어려운 사건도 끝냈는데 맛있는 거 먹으러 갈까? 뭐 먹을까?"

"아무거나 좋습니다. 앗, 버섯 들어가는 메뉴만 빼고요."

(그래, B검사는 버섯이 싫다고 했었지.)

한 시절의 가을볕 아래, 한 시절의 젊은 검사가 단단히 익어가고 있었다.

해피엔드를 향하여, 구속영장

　사기, 절도, 음주운전, 폭행, 공무집행방해, 모욕, 강제추행, 살인….

　검찰청에 송치된 사건의 죄명들이다. 대도시의 검찰청이나 시골 작은 검찰청이나 매한가지다. 인간이 사는 곳에서 발생하는 죄명은 다 비슷하다. 어떤 죄명이 더 많이 발생하고, 어떤 죄명이 더 적게 발생한다는 차이가 있을 뿐. 인간은 어디에서나 유죄 아니면 무죄다.

　언뜻 평화로워 보이는 마을에 범죄를 다루는 사람으로 발령받아 와서 가장 처음 한 일은 이 지역의 무사태평을 비는 것이었다. 대보름 달집이 타는 옆에서 '상주의 무사태평' 소원지를 적어 묶었다. 그러나 알고 있다. 사람 사는 마을에 무사태평은 없다. 무사태평하다면 나 같은 검사 인간을 이리로 보낼 이유도 없겠지.

　이 조용한 지역에서도 사건은 하루도 빠짐없이 매일 밀려왔다. 도시의 그것과 죄명이 좀 다르고 극악하기가 좀 다를 수는 있으나 모두 범죄의 얼굴을 하고 있었다.

범죄가 무거울 때, 범죄가 사회 속에서 더 큰 위험을 초래할 때, 그냥 두어서는 단절되지 않을 때, 우리는 그 일을 저지른 사람을 가두는 방법을 취한다. 구속이다. 공식적으로 구속 사유는 범죄가 상당하고, 증거인멸, 도주우려가 있는 경우라고 법은 규정하고 있지만, 우리가 어떤 한 사람을 가두기로 결정하는 데에는 그보다 훨씬 복잡한 요소들이 영향을 미친다. 제각기 다른 삶의 결만큼이나 다양한, 법전에는 쓰여 있지 않은 구속사유를 헤아리는 일은 언제나 무척 어려운 일이어서, 구속영장 다루는 모든 순간의 나는 안절부절 뒤숭숭한 상태가 되곤 한다. 그러나 그런 결정을 직업으로 삼고 있는 이가 언제까지 망설이고만 있을 수는 없는 일. 그 심란한 마음을 손에 들고 있다가 마침내 어느 쪽으로든 내려놓는 순간에 마지막으로 하나의 질문을 기억하려고 한다.

이 구속영장의 방향은 해피엔드를 향하고 있는가.

지역에 와서 생각보다 많이 보게 되는 죄명은 음주운전이다. 술을 마시고 운전하는 사람들은 어디에나 있다. 술을 마시고 운전하는 일은 도시, 농촌 할 것 없이 어디서나 위험하고 금지되는 일이지만 시골 지역에서의 음주운전은 조금 다른 구석이 있다. 대중교통도 대리운전도 없는 지역에서 운전은 선택이 아니라 필수 사항이다. 드문드문 멀리 흩어져 있는 일터나 이웃에게 가기 위하여 어쨌든 운전을 해야 하는 사람들이, 술을 마시고 운전을 해버리는 위험한 일이 도시와 다른 빈 도로 벌어진다. 음주운전으로 한 번 입건이 되어 면허가 정지되었는데도 다시 또 읍내에 가기 위해, 아니면 그저 집에 돌아가기 위해 술을 마시고 운전을 해버리는 일이 자주 발생한다. 한적한 도로와 너른 논과 밭이 그들로 하여금 더 쉽게 위험한 운전의 유혹에 빠져들게 한다.

검사는 음주운전을 반복하는 한 남자를 구속하겠다고 했다. 면단위 농촌 외곽에 가족도 없이 혼자 사는 남자인데, 이번으로 음주운전 세 번째. 삼진아웃에 해당한다고 했다. 구속기준에 해당한다는 점은 명확한데, 약간 주저하는 마음이 들었다. 이제 막 농번기가 시작되는 시점이었다. 지금 구속된다면 구속기간이 길지 않더라도 올해의 농사는 허사가 될 일이었다. 검사에게 사건을 조금 더 들여다보자고 했다. 행여 도시에서 온 젊은 검사가 표에 적힌 기준만을 기계적으로 들이대고 있는 것은 아닌지.

검사는 남자의 평소 생활과 지난 전과와 이번 음주운전이 드러나게 된 경위를 샅샅이 조사했다. 한갓진 외곽 지역에서 혼자 사는 남자의 위태로운 삶이 조서 속에서 복원되었다.

남자는 혼자 농사를 지으며 살면서 매일 동리에 하나밖에 없는 중국집에 가서 식사를 해결한다고 했다. 차를 타고 집에서 15분 남짓 가야 하는 거리에 있는 식당이었는데, 그곳에서 매일 같은 메뉴로 식사를 하면서 매일 술도 한 병씩 마신다고 했다. 그렇게 술을 마시고는 당연히 차를 몰아 귀가하는 생활을 반복해왔다. 그 식당을 이용하지 않거나 술을 마시지 않거나 운전을 하지 않는 방법을 선택할 수 있었을 것인데, 남자는 그중 어느 것도 선택하지 않았다. 그러므로 매일 음주운전을 반복하고 있었다.

몇 달 전 남자는 혼자 술에 취한 채 운전해 귀가하다가 다른 사람 집의 담벼락을 들이받는 사고를 냈다. 그 바람에 음주운전이 적발되고 면허도 정지되었다. 이미 그 전에도 비슷한 경위로 한 차례 음주운전을 하고 처벌받은 전력이 있던 그였다. 그리고 몇 달이 지나지 않아 남자가 술을 마시고 운전한 차는 어느 논두렁에 처박혔다. 인적이 드문 한적한 시골길이라 이번에는 한참이나 시간이 지난 다음에 발각되었다. 그때까지 술에 취한 채 차 안에서 잠들어 있던 남자는 지나가는 행인의 신고에 의해 늦은 밤이 되어서야 구조되었다. 날씨가 차가운 시절이었다. 남자는 갈비뼈와 다리를 다쳤다. 이로써 적발된 음주운전은 3회째지만 그사이 수많은 날들의 위험한 음주운전이 있었음을 알 수 있었다.

검사는 이대로 두면 필시 더 큰 사고가 발생하고 말 것이라고, 다른 사람을 다치게 하든 그 스스로를 다치게 하든 더 큰 불행이 닥칠 것이라고 염려했다. 그를 불구속 상태로 두었을 때 닥쳐올 불행을 스스로 막을 방도는 없어 보였다. 나는 검사가 가지고 온 구속영장 청구서를 결재했다.

구속영장에 대한 심문이 있는 날, 남자는 늘 자신이 타고 다니는 트럭을 타고 왔다. 그에게서 술냄새가 훅 끼쳤다. 설마 오늘도 술을 마시고 운전하고 온 것이냐는 물음에 남자는 구속심사를 받으려니 떨려서 한잔하고 왔다고 말했다. 머쓱하게 웃으면서도, 그 외에 다른 방법이 있느냐는 듯이….

남자는 그날 구속되었다. 그가 타고 온 트럭이 검찰청 주차장에 서 있었다. 한동안은 그렇게 서 있어야 할 것이다. 주인을 기다리는 반려견처럼 저녁 햇살 아래 고요히 낡아갈 트럭을 보며 생각한다. 이 구속이 해피엔드가 될 수 있기를.

두 번째 남자는 교도소에서 나온 지 얼마 안 된 사람이다. 그는 이제까지 절도며 폭행이며 사소한 범죄들을 반복적으로 저질러 교도소를 반복적으로 드나들었다. 교도소에서 나오면 얼마간 출소자들을 지원하는 시설에 머물렀다. 막상 교도소에서 나왔지만 새 삶에 대한 재기의 의지 같은 것이 솟지는 않았다. 시설에서의 생활은 교도소보다도 따분하고 기술을 배우라는 둥 취업을 하라는 둥 성가신 측면이 있었다. 남자는 시설에서 좀 있다가 그도 지치면 다시 무언가 사소한 범죄를 저지르고 교도소로 들어가는 생활을 반복해왔다.

이번에도 그럴 참이었다. 따분한 시설에서 나와 시외버스를 타고 이 낮고 평평한 지역의 읍내에 들어서며, 남자는 이제 다시 교도소에 돌아갈 때가 되었다고 생각했다. 날씨도 점점 추워지고 있었고 얼마간의 직업 훈련을 받는 대가로 받은 수당도 다 떨어져가는 중이었다. 남자는 시외버스 터미널 앞 만만해 보이는 국밥집에 들어갔다. 마지막 식사로 뜨끈한 국밥에 수육, 소주도 몇 병 시켰다. 느긋하게 음식을 다 먹고는 "나 돈 없다. 경찰에 신고해라" 소리쳤다. 경찰들이 그를 데리고 갔다. 국밥과 술 몇 병을 무전취식한 죄일 뿐이었지만 그의 이전 전과와 전력들은 그를 구속하지 않을 수 없는 요건을 충분히 갖추고 있었다. 경찰은 구속영장을 신청했고 검찰은 법원에 청구했다. 그에게는 익숙한 절차였다.

그런데, 예상과 달리 구속영장은 기각되었다. 국밥 한 그릇 뜨끈하게 먹고 익숙한 교도소로 돌아가려는 그의 계획은 틀어져버렸다. 영장이 기각되었다는 보고를 들으며 나는 판사님의 배려에도 불구하고 이 남자가 좀 곤란할 수 있겠다는 생각을 했다.

"몇 끼 더 드시고 들어오셔야겠는걸."

그를 석방하라는 문서에 도장을 찍는데 며칠 새 바깥바람이 더욱 차가워지고 있었다.

생각보다 일찍, 그의 두 번째 구속영장이 올라왔다. 이번에는 감자탕집에서 감자탕에 소주를 마셨다. 그를 데려간 경찰이 물었다.

"피의자는 불과 며칠 전에 무전취식을 하고 구속영장까지 청구되었다가 석방되었는데, 왜 또 이런 짓을 저질렀나요."

"그러게요. 저도 그때가 마지막이라고 생각하고 국밥을 먹은 건데, 예상치 않게 풀려나버려서…."

묻는 이도, 답하는 이도, 쓰는 이도, 읽는 이도 서로 뭔가 민망하고 난감한 조서였다.

"어떡하죠 청장님. 구속영장 또 기각되었습니다."

주임검사가 다시 기각된 그의 영장을 들고 들어온다. 영장 기각 사유로 사안이 경미하고 증거인멸의 우려가 없다고 쓰여 있다. 맞는 말이긴 하다만….

이 정도 되니 난감해진 것은 그만이 아니었다. 교도소에 들어가고자 마음먹은 한 사람이 이 작은 지역사회를 배회하고 있다는 것은 지역의 안정 측면에서도 염려되는 상황이다. 이제 주임검사와 나는 더 추워지기 전에 교도소로 돌아가기로 마음먹은 그 남자의 입장이 되어 연거푸 기각되는 구속영장을 분석한다.

"아무래도 밥만 먹어서 그래. 국밥이랑 감자탕이랑. 다 식사잖아. 너무 생계형이야."

"유흥성이 좀 있으면 영장이 발부되었을 것 같은데요. 그런데 이 사람 이전 전과를 봐도 유흥주점 같은 곳은 잘 안 가더라고요."

그 시각, 다시금 찬바람 부는 시외버스 터미널 앞에 선 남자도 우리와 같은 생각을 하고 있었던 것 같다. '밥만 먹어서는 안 되는구나.'

지역에는 소문이 나서 더 이상 그 남자를 받아주는 식당도 없고, 그렇다고 다른 지역으로 이동해서 새롭게 뭔가를 도모해볼 의지도 남자에게는 없었다. 어쨌든 여기서 끝내야 했다. 남자는 큰맘 먹고 지역에 하나밖에 없는 유흥주점에 갔다. 줄곧 소주파이던 남자는 좋아하지도 않는 양주를 시켰다. 과일 안주와 봉사료까지 다 해서 더 이상 사안이 경미해지지 않을 만큼 남자는 애써 판을 키웠다. 그 결과, 드디어 3차 시기 만에 구속영장이 발부되었다. 며칠간 긴장했던 지역의 식당가와 경찰과 검찰과 그가 다 같이 한시름을 놓았다.

불교에 조예가 깊던 한 선배 검사가 말했다.

"검사 일이 다 업을 짓는 일이야. 밖에 막 자유롭게 돌아다니던 사람을 잡아다가 가두는 일이 이게 보통 업이 아니야. 어느 날은 내가 아는 스님한테 물어봤어. 이 업을 어찌 해야 하는가요?"

불교에 대해 모르지만 나도 덩달아 간절해지는 마음으로

스님의 답을 기다렸다.

"스님이, 이런 업은 괜찮대. 좋은 뜻을 위해 하는 일이니까."

대답은 싱겁고도 단순했는데, 연약한 그 말이 가슴에 박혔다. 그토록 단순한 논리가 아니고서야 우리가 끝내 기댈 곳이 이생에서는 없다.

그러므로 모든 구속영장은 해피엔드를 향해 있어야 한다. 좋은 뜻을 위해서…. 행복의 땅에 얼마나 많은 이가 생존해 닿을 수 있을지 모른다 하더라도, 그 방향성만은 그쪽으로 기울어 있어야 한다. 조금 더 햇볕이 드는 쪽으로, 그와 우리의 업이 함께 말라 갈 수 있는 쪽으로.

장화를 샀다

 장화를 샀다. 상주중앙시장에서다. 점심시간에 검찰청 직원들과 함께 상주의 명물 남천식당 국밥을 먹으러 간 날이었다. 남천식당은 무려 1936년부터 대를 이어 장사를 하고 있는 국밥집이다. 새벽 5시에 문을 열고 오후 2시면 닫는다. 빈자리에 앉으면 주문할 것도 없이 국밥 한 그릇을 앞에 놓아주는데 테이블에 놓여 있는 고추 다짐과 양념을 적당히 넣어서 먹으면 된다. 된장 베이스의 배추 우거지국밥으로 날계란도 하나씩 들어 있는데 가격이 3000원이다. 셋이 가서 후루룩후루룩 뜨겁게 속을 채우고 나서 1만 원 내고 1000원 거슬러 받았다. 속은 이미 든든한데 거슬러 받은 1000원 한 장이 뭔가 허전해서 세 개에 1000원 하는 시장 꽈배기를 사러 가는 길이었다. 갖가지 싱싱한 모종이 눈을 홀리는 모종 판매점 옆에 장날이 아닌데도 문을 열고 있는 신발 가게가 있었다. 가게 앞에 쭉 전시되어 있는 장화가 눈에 들어왔다.
 '아, 나 장화 사야 하는데.'
 마치 처음부터 장화를 사러 온 사람처럼 홀린 듯 신발 가게로 접근했다.

　가게 앞에 전시된 묘하게 힙한 느낌이 나는 체크무늬 장화를 집어들자 가게 안에 있던 주인 아주머니가 엉덩이를 일으키며 말했다.

　"그건 중국산이에요, 국산은 여기 있어요."

　"국산이 더 좋아요?"

　"당연하지, 바닥이 달라요."

　국산이라며 아주머니가 내민 장화는 브라운 계열의 잔잔한 꽃무늬가 가득한 디자인이었다. 꽃무늬의 압박에 다소 망설이는 마음으로 주인장께 건네받은 장화를 신어봤다. 구두 속에 찌그러져 있던 발이 장화 속으로 쑥 미끄러져 들어가는데, 우와, 이거 뭔가. 발가락 마디마디 시원해지는 해방감. 아주머니가 자부한 대로 바닥은 탄탄한데, 몸체의 고무는 가볍고 유연했다. 게다가 그 브라운의 꽃무늬가 그날 마침 입고 있던 베이지색 정장과 어째서인지 찰떡이 아닌가. 함께 간 일행들이 모두 동의하며 부추기는 가운데 결국 그 장화를 샀다. 내친김에 남편에게 전화해 발 사이즈를 물었다. 왜냐고 되묻는 남편에게 장화를 하나 사려고 한다고 하고 서둘러 전화를 끊었다. 옆에서 사이즈를 들은 아주머니가 얼른 남자용 장화 하나를 봉지에 넣었다. 남자 것은 디자인이고 뭐고 따질 것도 없었다.

"여성용은 1만 4000원, 남자 것은 1만 5000원, 합이 2만 9000원!"

장화라는 것을 사본 적이 없어서 이 가격이 적당한지 어떤지 알 수 없었으므로 두 말 않고 값을 치르고 돌아서는데 아주머니가 궁금하다는 듯이 물었다.

"그런데 오늘 뭐 행사라도 있어요? 왜 장화를 사러 오면서 양복들을 입고 왔데?"

그러고 보니 그 시간 그 시장에 양복쟁이는 우리밖에 없었다.

"아니, 뭐… 저희는 원래 이렇게 입고 다녀서요."

무언가 혼자만 드레스코드를 못 맞추고 있다가 들킨 사람처럼 부끄러워하며 서둘러 자리를 떴다.

그리하여 나는 장화를 가지게 되었다. 점심에 얼결에 발 사이즈를 털린 남편이 저녁때야 정신을 차리고 물었다.

"왜 갑자기 장화를 산 거야?"

"모름지기 사람은 누구나 자신만의 장화를 하나씩은 가지고 있어야 한다는 생각이 들었어."

"그러니까, 왜?"

그러니까… 왜냐하면 말이다. 실은 장화를 가져야겠다고 생각하게 된 것은 어떤 유튜브 채널을 보고 나서다. 방송국 피디가 시골집을 사서 고치고 사는 이야기를 담은 채널인데, 몇 년 전에 나온 것이라지만 최근에야 보게 되었다. 콘텐츠를 보는 동안, 이쁘게 변신한 시골집과 그 앞으로 너르게 펼쳐진 평야의 풍경에 마음을 빼앗겼지만, 그중에서도 유독 내 눈길을 사로잡은 것은 주인공 피디가 신고 있는 빨간 장화였다. 그는 장화를 신고 화면 속을 누볐다. 발밑에 뭐가 있는지 모를 수풀이 우거진 풀밭에도 그는 망설임 없이 성큼 걸어 들어갔다. 장화가 있어서 가능한 일 같았다. 장화가 내 발을 보호해주고 있다는 믿음과 동시에 그 신발이 훼손될 것을 우려하지 않아도 된다는 사실이 그를 든든하게 했으리라. 저 도시내기에게 망설임과 주저함 대신 용기를 준 것은 다름 아닌 저 장화가 분명하다. 어쩐지 확신하며 생각했다. '나도 나만의 장화가 있어야겠다. 훼손을 두려워하지 않고 성큼 나아갈 용기가 필요한 순간이 언제고 닥칠 테니까…'

장화가 없어서 나아가지 못한 일들을 생각해보지만 구체적인 순간으로는 잘 떠오르지 않는다. 그것은 아마 내가 이전에 장화를 가져본 적이 없는 인간이기 때문일 것이다. 마지막 장화의 기억은 어린 시절 신었던 발등에 개구리 눈알이 튀어나와 있는 초록색 장화에서 끝난다. 그 이후로 줄곧 장화가 없었으므로 발이 젖고 진흙이 빠지는 길에는 가지 않았다. 갈 수 있는 길이라고 생각하지 않았으니 성큼 용기를 내지 못한 대가로 내가 무엇을 놓쳤는지에 대해서도 알지 못한다. 그러나 이제 장화가 있는 나는 보다 다양한 길들을 고려해볼 수 있을 것이다. 어떤 수풀이나 어떤 진창 흙길들에 성큼 걸어 들어갈 순간들이 나에게도 가능성으로 주어질 것이다.

장화가 없을 때는 몰랐는데 내 장화를 가지고 보니 생각보다 많은 곳에서 장화를 신고 일하는 사람들이 눈에 들어왔다. 논밭뿐만 아니라 시장 국밥집에서도 편의점에서도 거리에서도 장화를 신고 있는 사람들과 마주쳤다. 그러고 보니 우리 검찰청 구내식당 여사님도 고운 색깔의 체크무늬 장화를 신고 계셨다. '세상엔 장화를 신는 사람들이 이렇게나 많은데, 나만 없어 장화?' 그런 줄도 모르고 변변한 장화 한 켤레 없이 온갖 세상사에 아는 체하고 살아온 날들이 무모하게 느껴졌다.

검사로 첫 출근을 앞두고는 구두를 샀다. 새로 산 검은색 정장에 맞춘, 검은색 구두. 별다른 장식이 없으며 약간의 굽이 있는 그런 구두였다. 이전에도 구두를 신어보지 않은 것은 아니었지만, 마침내 직장인이 되어 구두를 신고 출근하는 기분은 달랐다. 5센티미터 정도의 높지 않은 굽이 주는 긴장감이 종아리를 타고 올라와 허리를 곧추세우게 했다. 그러나 그 뿌듯함은 곧 곤란함으로 바뀌었다. 첫 출근날은 여기저기 다니며 검찰청 구조를 익히고 인사를 해야 하는 일정이 빠듯하게 짜여 있었다. 검찰청 사람들의 발걸음은 너무나 빨랐고 그 뒤를 익숙하지 않은 구두를 신고 종종걸음으로 따라다녀야 했다. 그저 따라다니는 일인데도 만만치가 않았다. 하루 일과가 끝나고 마침내 그 구두를 벗자 쭈그러진 발가락이 시무룩하게 드러났다. 어쩐지 앞으로 닥칠 날들의 은유같다는 생각을 애써 떨쳤다.

그 뒤로 쭈욱 구두를 신고 일하는 날들을 이어왔다. 구두를 본격적으로 신고 나서야 안 사실이지만 나는 구두를 신고 걸을 때 특히 소리가 많이 나는 인간이었다. 과도하게 다리에 힘을 주고 걷기 때문인 것 같았다. 사람들은 내 발소리만 듣고도 내가 다가오는 것을 알 수 있을 정도라고 했다.

당시 우리 부장은 한발 더 나아가, 복도에서 울리는 내 발소리만 듣고도 내가 어떤 용무로 오는지 알 수 있다고 했다.

그냥 또각 또각 또각 올 때는 일반적인 보고를 하러 오는 것이고, 또오각, 또오각 느리게 올 때는 뭔가 어려운 문제에 대해 말하려고 망설이거나 생각을 정리하면서 오는 것이고, 또각또각또각… 기세를 올려 올 때는 부장의 반려를 받아들일 수 없다고 항의하러 오는 것이라고 했다. 어떤 날은 부장이 사건을 반려한 직후 또각또각또각 기세 좋게 오다가 갑자기 또오각 또오각 걸음이 느려지더니 발걸음 소리가 부장 방문 앞에 잠시 멈췄다가 또각 또각 또각 돌아가더라고 했다. 필시 반려를 받고 들이받으려고 기세 좋게 오다가 '아닌가?' 잠시 생각하다가, 마침내 스스로의 잘못을 깨닫고 돌아간 것이 아니냐고 부장은 분석했는데, 정말 귀신같이 맞았다. 역시 부장검사의 촉은 만만히 볼 일이 아니었다.

또각 또각 또각, 또오각 또오각, 또각또각또각또각….

망설임과 깨달음, 주저함과 두려움, 그럼에도 용기를 내어 보는 순간들과 지겹고 힘들었던 날들, 신났던 일들, 아무렇지 않았던 날들의 감정을 담아 구두 소리를 울리며 나의 검찰 생활은 이어져왔다. 20년 가까이 그러는 동안 이제 제법 구두를 신고 하는 일에 익숙한 사람이 되었다. 어떤 때는 감정을 들키는 일 없이 소리를 죽여 걸을 줄도 알게 되었다.

시대의 유행과 나의 상태에 따라 모양도 굽도 조금씩 다른 여러 구두로 바꿔왔지만, 그럼에도 항상 내가 고려하고 생각할 수 있는 범위는 구두 안에 있었다. 그러다 마침내, 조금만 눈을 돌리면 너른 들판 위로 시야가 확 트이는 이곳에 와서야 이제까지 가져본 적 없는 장화도 한 켤레쯤은 필요하다는 생각을 하기에 이른 것이다. 장화를 신고 어디에나 있는 사람들의 틈바구니에 나도 한번 자연스럽게 끼어 앉아보는 일.

시골에 계시는 엄마께 전화를 걸어 장화를 샀다고 말했다. 이미 오랜 경험을 통해 누구에게나 장화가 필요한 순간들이 있다는 사실을 알고 있는 엄마는 나에게 왜 장화를 샀느냐고 묻지 않았다. 대신 보다 실용적인 질문을 했다.

"어디서? 얼마 주고 샀는데?"

"상주시장에서, 1만 4000원, 국산이야."

장화 애송이는 빠르게 대답하고 약간 긴장한 채로 전문가님의 평가를 기다린다.

"잘 샀네, 나도 지난 장날 새로 장화 하나 샀거든, 중국산인데 1만 5000원, 그런데 실패야. 살 때는 몰랐는데 일하면서 신어보니 너무 뻣뻣해."

아, 이미 수많은 장화를 가져본 사람도 새 장화를 장만하면서 실패를 하기도 하는구나. 역시 어느 세계에서나 디테일로 들어가면 또한 심오하고 새로운 세계가 있기 마련이지. 내 장화를 신고 어떤 수풀이나 어떤 진흙길에 성큼 걸어 들어갈 용기 있는 날의 디테일에 대해 생각해보지만 아직은 잘 떠오르지 않는다. 이제 겨우 인생 첫 번째 장화를 장만한 애송이로서 다만 장화 속 발가락을 꼼지락거려볼 뿐.

우리는 징검다리를 건너 스타벅스에 간다

 서울이 아닌 지역은 덮어놓고 다 시골이라고 부르는 사람들이 있다. 심지어 대구, 부산도 시골이라고 부르기도 한다. 지방에서 태어나 지방에서 자랐고 여전히 지방에 터 잡고 살고 있는 지방인으로서 어이가 없음은 물론이다.
 "대구에도 스타벅스 있어?"
 서울을 떠나 본격 지방에 살아본 적이 없다는 한 검사가 대구에 발령받은 직후 물어왔다. "장난하나 이 사람아." 대구검찰청 기준으로 도보 10분 거리에만 스타벅스 리저브 포함 다섯 개가 넘게 있다. (그러고 보니 왜 이렇게 많지?) 이렇게 대답하고 나서 겨우 스타벅스 따위로 도시 부심을 부리는 스스로가 좀 한심하기도 했었다.
 하긴, 다만 커피 프랜차이즈일 뿐이지만, 스타벅스의 존재는 한 지역이 얼마나 도시화되었는지를 가늠하는 척도로 쓰이기도 하니까.

 상주에 처음 발령받아 갔을 때 상주 토박이 직원들이 말했다.

"상주에도 스타벅스가 있습니다."

말하는 뉘앙스에 은근한 자부심이 실려 있었다. 인구 10만 명 선이 무너지고 있다고는 하나 검찰청도 설치될 만큼 어엿한 도시의 형상을 하고 있는 곳인데, 스타벅스가 있는 것이 이리 특별히 일러주어야 하는 일일까 의아했으나, 다음 말을 듣고 조금 이해가 되었다.

"원래 상주에는 스타벅스가 없었거든요. 그런데 작년 겨울에 생겼습니다. 다른 지역에 사는 지인들이 생일이라고 스타벅스 쿠폰 보내주고 그러면요. 상주에는 스타벅스가 없다는 말도 못 하고 조용히 받아놓고 그랬거든요. 근데 우리도 이제 스타벅스 기프티콘 쓸 수 있어요."

상대방이 사는 지역에 스타벅스가 있는지 없는지도 확인하지 않고 덜컥 쿠폰을 보내는 이나, 이 정도 규모의 지역에 스타벅스가 있는 것이 별일인가 생각한 나의 무신경함이 모두 다 민망한 가운데, 그게 또 뭐라고, '우리 동네는 스타벅스 없어' 말도 못 하고 조용히 간직하고만 있었다는 그 마음이 귀엽고도 서글펐다. 아무튼. 그리하여 내가 발령받기 직전 겨울에 그랜드 오픈을 하였다는 그 스타벅스에 우리는 점심시간에 가보기로 했다.

"스타벅스가 강 건너편에 있죠? 점심시간에 다녀오려면

차 타고 가야겠네요?"

"아니요, 요 앞 북천에 있는 징검다리 건너서 가면 바로 금방입니다."

어느 곳도 경사도가 5도를 넘지 않는다는 너른 평야지대에 형성된 상주시의 북쪽 끝에 시내를 휘돌아 감싸고 흐르는 천이 있다. 이름은 심플하게 '북천'이다. 시청을 비롯한 주요 상업시설과 주거시설은 주로 북천의 아래쪽에 있고, 상주검찰청은 북천 위쪽에 따로 떨어져 있다. 이 때문에 떡볶이를 하나 사 먹으려고 해도 일단 북천을 넘어 시내 지역으로 들어가야 한다. 북천을 가로지르는 다리가 띄엄띄엄 설치되어 있지만 검찰청과 스타벅스는 하필 그 다리들 사이의 중간 지점에 있어 건너가려면 꽤 먼 거리를 돌아가야 할 듯했다. 그러나 직원들은 그럴 필요 없이, 징검다리를 건너가면 된다고 했다. 아닌 게 아니라, 북천에는 중간중간에 커다란 돌을 듬성듬성 연결해둔 징검다리가 여러 개 있었다. 북천을 넘어 등교하는 학생들도 이 징검다리를 줄줄이 건너 학교에 갔고, 강변을 산책하는 강아지도 돌 사이를 폴짝폴짝 뛰어 징검다리를 건넜다. 제법 돌아가야 하는 정식 다리를 대신해, 북천의 징검다리는 상주 주민들의 주요한 통행로이자 북과 남의 사람들을 잇는 연결로의 몫을 톡톡히 해내고 있었다.

"스타벅스에 가려면 이쪽 징검다리를 건너가는 것이 가장

빠릅니다."

 직원의 안내에 따라 징검다리에 들어섰다. 멀리서 볼 때는 몰랐는데, 막상 올라서 보니 징검다리를 구성하는 돌들의 표면이 편편하지 않고 울퉁불퉁했다. 거기에 돌들 사이도 꽤나 넓었다. 그 틈 사이로 물살이 제법 거세게 흘렀다. 발밑을 제대로 살피지 않으면, 그리고 돌 사이를 제대로 폴짝 뛰지 않으면 물에 빠지기 쉬워 보였다. 한 발 한 발 집중한 채로 가장 안정적인 부분을 골라 징검다리를 건넜다. 낭만적으로 보이던 징검다리 건너기가 익스트림 스포츠처럼 느껴지는 순간, 중간쯤 왔을 때 발을 멈추고 허리를 폈다. 북천의 터줏대감 청둥오리들이 유유히 물살을 가르는 가운데, 학교를 일찍 마친 아이들 몇이 강의 얕은 지점에 벌써부터 다리를 걷고 들어가 있는 장면이 그림처럼 펼쳐졌다. 세상 어느 스타벅스 가는 길보다 낭만적인 풍경이 아닐까. 낭만과 익스트림 스포츠 사이, 나는 스타벅스에 가고 있다는 사실도 잊고 잠시 서서 그 풍경을 바라봤다. 이른 봄의 햇살이 등을 따스하게 달궜다.

 강을 건너 도착한 스타벅스는 넓은 주차장을 구비한, 제법 큰 규모의 단독 2층 건물이었다. 그 넓은 주차장이 차로 가득 차 있어서, 지역에 새로 생긴 도시 시설에 대한 지역민의 열기를 느낄 수 있었다. 평일 점심임에도 자리를 잡기 어려울 정도로 사람들이 많았다. '이 많은 사람이 다 어디서 왔지? 이들

중 몇몇은 우리처럼 징검다리를 건너왔을까?'

2층의 넓은 통창은 상주의 또 다른 명물이라는 북천 벚꽃 길과 마주하고 있었다. 머지않아 벚꽃이 피면 창 가득 왕벚꽃이 가득한 장관이 펼쳐질 것이 그려졌다. '그러면 더 많은 상주 사람들이 이곳에 오겠지. 그동안 오래 묵혀뒀던 생일 축하 기프티콘들을 들고 자신만만하게 징검다리를 건너오겠지' 생각하니 괜히 좀 뿌듯해지는 것이, 이제 나도 상주 사람이 다 된 것 같았다.

내가 연재하던 시골검사 시리즈가 소문이 나면서 대검찰청에 있는 검찰 유튜브팀에서 상주지청의 모습을 찍겠다고 내려왔다. 사전 인터뷰를 하면서 촬영팀 관계자가 물었다.

"여긴 검찰청 앞에 뭐가 별로 없네요. 좀 심심하시겠어요?"

그는 별 뜻 없이 말했을 텐데, 어쩐지 이 서울 양반이 우리 지역을 너무 시골로 보는 것 같아 나도 모르게 말했다.

"여기 스타벅스 있어요. 우리도 점심 먹고 스타벅스 갑니다. 징검다리 건너서 가면 금방이에요."

"징검다리를 건너서 스타벅스에 간다고요?"

이 말이 뜻하지 않게 그의 어떤 창작적 영감을 건드린 모양이다. 그는 눈을 반짝이며 어서 징검다리에 가보자고 했다. 다음 순간 나와 우리 상주지청 검사 3인방은 한 손에 스타벅스 커피를 들고 줄줄이 서서 징검다리를 건너야 했다. 영상 촬영이라는 것이 한 번에 끝나는 것이 아닌지라 우리는 촬영감독의 지시에 따라 몇 번이고 징검다리를 건너고 건넜다. 쓸데없이 풍광은 또 너무 아름다웠으므로 감독은 드론까지 띄워서 항공샷을 촬영하는 열의를 보였다. 그날은 하필 폭염이 최고 온도를 기록한 날, 등판이 땀에 젖은 채로 징검다리 사이를 거푸 뛰어넘던 T검사가 낮게 중얼거렸다.

"아니, 징검다리 건너 스타벅스 가는 게 이렇게까지 신기할 일일까요?"

그해 여름에는 비가 몹시 많이 내렸다. 하늘에 구멍이라도 뚫린 듯 내리는 빗줄기에 북천의 물은 쉽게 불어났다. 몇 해 전 상주에는 북천이 범람하는 큰 수해가 있었다고 했다. 그래서인지 사람들은 모두 걱정스레 북천의 몸피가 불어나는 것을 바라봤다.

비가 얼마나 내렸는지는 징검다리를 보면 알 수 있었다. 징검다리가 윗부분만 보이다가 마침내 흙탕물 속에 잠겼을 때, 사람들은 "아이고 이것 참 큰일이네" 하며 너 나 없이 잔뜩 걱정스러운 얼굴이 되었다. 지자체에서는 징검다리가 있던 부분에 출입통제 펜스를 치고 강변에 세워진 확성기로 수해 경보 방송을 내보냈다. 밤이고 낮이고 울리는 확성기 소리에 불안감이 더해졌다. 북천의 상류 지역에 큰비가 내려 집이 무너지고 사람들이 목숨을 잃었다는 소식이 전해지고 있었다. 지역민들은 모두 비통함 속에 침묵한 채 북천을 봤다. 흙탕물에 가려 보이지 않는, 징검다리가 있었던 자리를 눈으로 가늠하며 그저 그 비를 견뎠다. 그 시기에는 아무도 징검다리를 건너지 못했다. 징검다리를 건너 다정한 이들을 만나러 가지 못했고 학생들도 먼 길을 돌아 학교에 갔다. 징검다리가 없다는 것만으로 지역은 한층 침울해 보였다.

　마침내 비가 그치고, 얼마간의 나날이 더 흐른 뒤에야 징검다리는 모습을 드러냈다. 커다랗던 바윗돌들이 물살에 휩쓸려 원래의 자리에서 이리저리 이탈해 있었다. 가까스로 출입통제가 풀린 천변에 서서 커다란 중장비가 물에 들어가 비뚤어진 돌들을 다시 열 맞추어 배열하고자 애쓰는 모습을 한참 지켜봤다. 징검다리를 구성하던 돌들이 그토록 크다는 사실과, 그 커다란 돌들을 흩어버릴 만큼 그해 여름 인간의 마을에 가해진 비극이 거셌다는 사실이 동시에 눈에 들어왔다. 북천의 상류 지역에서는 아직 폭우 속에 떠내려간 이들 중 찾지 못한 이들이 있다고 했고, 그들을 찾다가 젊은 군인이 생때같은 목숨을 잃었다는 아픈 소식이 또한 전해졌다.

　비통함 속에서도 복구공사가 시작되었다. 마을 주민 몇몇이 나처럼 걱정 어린 얼굴로 천변에 나와서는 그 모습을 함께 지켜봤다. 중장비가 흐트러진 거대한 돌들을 옮기려 이리저리 힘을 쓸 때 우리도 괜스레 주먹에 힘을 주고 마음을 보탰다. 모두 애쓰고 있었다. 언제고 닥쳐올 비극 앞에 인간은 종종 이토록 속수무책이지만, 어쨌든 모두 애를 쓰고 있다는 사실만이 끝내 남을 실체라는 듯이.

징검다리를 건널 때는 발아래를 잘 살펴야 한다. 멀리서 보면 든든하게만 보이던 돌의 표면이 고르지 않을 것을 고려해야 하고 최대한 안정적으로 발을 놓을 수 있는 곳을 살펴 힘주어 디뎌야 한다. 돌과 돌 사이의 간격과 그 사이를 세차게 흐르는 물살을 염두에 두고, 기반과 기반 사이를 훌쩍 뛰어넘을 줄 알아야 한다. 그렇다고 해서 너무 발밑의 위험에만 집중할 필요는 없다. 너무 힘을 주면 오히려 다리에 쥐가 날 수도 있다. 우리는 대단한 익스트림 스포츠를 하는 것이 아니고 다만 징검다리를 건너 떡볶이를 사 먹거나 커피를 마시러 가는 중이지 않는가. 징검다리 사이로 흐르는 물살만 보고 있으면 그 세찬 물살이 모든 것을 휩쓸어갈 것만 같아 어지러워지는 경우가 있다. 그때는 잠시 멈춰 고개를 들고 허리를 세워보자. 멀리 펼쳐지는 마을의 풍광이 눈에 들어올 것이다.

언제고 흘러 닥칠 생의 비극들 사이에라도 기어이 징검다리를 놓고, 너무 멀리 돌아가지 않는 방식으로 다정한 이들을 만나러 가는 사람들이 있다. 그 길을 건너, 비단 스타벅스가 아니더라도, 지역의 어여쁜 카페들을 방문해보자. 한 발 한 발 징검다리를 건너 찾아가 마시는 홍시라떼, 곶감에이드는 얼마나 꿀맛일지. 폴짝거리며 징검다리를 함께 건너온 우리는 또 얼마나 정겨울지 기대하면서, 그 시간들을 오래 지켜갈 수 있도록 애를 쓰면서.

물끄러미와 넌지시 사이에서

　검사가 되어 처음 발령받은 곳은 이전에는 가본 적 없는 낯선 지방이었다. 막 부흥이 시작된 도심과 조금만 차를 달려 나가면 너르게 펼쳐지던 들녘은 생경하고도 아름다웠다. 오래된 검찰청 건물은 낡았지만 단단해 보였다. 이런 곳에서 검사로 일하게 되다니, 출근을 위해 옷매무새를 가다듬으며 가슴 한쪽이 벅차올랐다.
　그러나 사무실에 도착해 컴퓨터를 켜고 캐비닛을 여는 순간부터 나는 그저 해본 적 없는 전쟁에 투입된 초보 병사일 뿐이었다. 총탄이 어디서 날아오는지 그럴 땐 어디로 피하거나 싸워야 하는지 알 수 없는 상태로 우왕좌왕하다 보면 하루가 갔다. 검사가 되겠다고 마음먹었을 때 분명 어금니 꽉 깨물고 두 주먹 불끈 쥐었으나 매일의 퇴근길에서 나는 입을 반쯤 벌린 채 멍한 표정이 되곤 했다. 사건은 양적, 질적 면에서 나의 상상을 압도했다.
　여기저기 총상을 입고 너덜너덜해진 영혼을 겨우 챙겨 퇴근하던 어느 날 저녁에, 그 지역에서 활동한다는 시인의 시집을 한 권 샀다. 아직 눈과 머리가 법률 문장에 갇히기 전, 시를 읽을 수 있던 시절이었다.

그 지역의 고등학교에서 아이들을 가르친다는 이정록 시인의 시집에서 〈물끄러미에 대하여〉라는 시를 발견했다. 시인이 그려낸 모내기를 마친 무논의 풍경은 처음 와본 그 지역의 들판만큼이나 생경한 것이어서 아주 오래 찬찬히 들여다봐야 했다.

그리고 어느 날은 그 시를 프린트해 나의 검사실 책상 귀퉁이에 붙여두었다.

미꾸라지 같은 것을 잡으려다가 어린 벼 포기를 짓밟고 벌받듯 서 있는 왜가리와, 진창에 처박힌 어린 모의 안간힘으로 몸살을 앓는 봄 논의 물결이 시 안에 그려졌다.

어쩐지 검사가 되어 내가 마주할 세상 역시 그러한 것이 아니겠느냐고 막연히 생각했다.

검사가 무엇인지, 어떤 일을 어떻게 해야 하는 것인지 도통 모르는 것투성이었지만, 그런 것이라면 마른침을 꿀꺽 삼키고 한번 해보고 싶다는 생각이 들었다. 진창에 처박힌 존재의 안간힘과 함께 기꺼이 일렁이는 자가 되고 싶었다. 호기로운 시절이었다.

사건을 아무리 처리해도 사람들의 아픔이 사라지지 않는

다는 사실은 이 일을 하고 있는 동안 나를 따라다니는 본질적인 회의였다. 이미 일어나버린 범죄가 있는 이상 범인을 밝히고 그를 처벌한다고 해서 과거의 시간 자체가 회복되지는 않는다. 범죄로 인하여 피해를 입은 사람도 혹은 범죄를 저질러 벌을 받게 된 사람도 모두 아팠다. 죄를 지어 마땅히 감옥에 가는 사람에게조차도 그의 부재를 아파하는 가족과 그의 남은 생이 있었다. 사건을 잘 처리했다는 나의 성취 너머로 언제나 슬픈 얼굴을 한 사람들이 있었다. 일을 잘하려고 할수록 그들의 슬픈 얼굴을 자주 많이 보아야 했다. 그리고 아주 많은 순간 무엇이 마땅한지 그 경계가 흐릿했다. 본질적으로는 아무도 구원할 수 없는 싸움을 진탕 속에서 벌이고 있다는 생각이 들면, 그만 떠나고 싶었다. 사회적으로 분명 가치 있는 일이겠지만, 이걸 내가 꼭 해야 할까…. 나는 보다 명확하게 행복한 세상으로 가고 싶었다.

 그러나 나는 아직 떠나지 않고 여기에 있다. ('떠나지 못하고'라고 썼다가 '떠나지 않고'라고 고쳐 쓴다.) 무너질 듯 위태롭게 기록이 쌓인 검사실 책상 귀퉁이에 시를 붙여두고 한 번씩 물끄러미 들여다보던 날로부터 많은 시간을 지나왔다. 18년쯤, 출근을 하고 사건들을 마주하고 가끔 뿌듯해하거나 간혹 후회하며 어쨌든 검사로, 직장인으로 살아왔다. 범죄로 구성되는 세계에 대해 많은 것을 알게 되었지만, 세상과 삶이라는 것은 그보다 훨씬 더 복잡하고도 아련한 것들로 이루어진다는 사실도 알게 되었다. 입증되는 세계와 동등하게 입증되지 않는 세계도 존재한다는 사실을 알게 되었다.

그리고 본질적으로는 아픔을 완전히 제거할 수 없는 채로 슬픈 얼굴을 마주하는 일들에 제법 익숙해졌다. 결국 그 무엇도 타인의 고통을 완전히 제거할 수는 없으며 각자는 각자가 감당해야 할 몫의 아픔이 있다는 정도로 나의 세상에 대한 관점은 정리되었다. 그 옆에서 다만 슬픈 얼굴들을 마주하는 것을 포기하지 않는 것. 그 정도가 세상의 물결 속에 기꺼이 발을 담그고 살아가기를 꿈꿨던 인간이 감당해야 할 몫이 아니겠는가, 하고 굳은살이 좀 생긴 마음으로 수긍해본다.

상주지청장으로 발령받고 처음 와서 본 상주의 들판은 막긴 겨울에서 깨어나고 있었다. 논바닥 깊숙이 얼었던 땅이 풀리느라 아지랑이가 하얗게 피어올랐다. 그것은 18년 전 2월의 어느 날 검사로 첫 발령을 받아 간 지역의 풍경과 비슷했다. 이제 곧 한 해의 농사를 시작하기 위해 논마다 물을 담을 것이었다. 갈라진 흙바닥마다 가득 물이 들어찰 장엄한 장면을 상상하면서 실로 오랜만에 초임검사의 책상 귀퉁이에 붙어 있던 시를 떠올렸다. 물끄러미 세상을 바라보며, 넌지시 위로를 건네는 그런 일들은 지금도 가능한 것일까.

논에 들어찬 물로 땅이 다 풀리고, 농부들이 모내기를 시작할 즈음에 '다시 논 구경을 가야지' 생각했었다. 생명의 한 순환이 시작되는 순간을 물끄러미 바라보고 싶었다. 그러나 그 들판에 나가보지 못하고 몇 개월이 흘렀다. 밀려오는 사람의 사연들을 읽고 가르느라 바빴다. 갈라진 마음 바닥과 사무친 미움들과 집착들과 욕심들이, 무심함과 될 대로 되라는 심정들이 책상 위로 올라왔다가 분류되어 나갔다. 그러는 동안 몇 번이나 슬픈 사람들의 얼굴을 마주 보아야 했다. 건네줄 위로가 마땅치 않은 빈 주머니 속을 뒤적거리는 날들이 많았다.

시간이 지나, 마침내 상주를 떠날 때가 다 되어서야 너른 논이 펼쳐진 곳에 나가볼 수 있었다. 논에는 늦여름의 햇살 아래 이미 다 자란 벼들이 고개 숙일 준비를 하고 있었다. 허리를 굽히고 들여다보니 이삭마다 알이 굵은 양식이 들어차 있었다. 지난날의 무도한 빗줄기나 악착같이 들러붙는 해충들이나, 그 모질고 어려운 것들을 다 이기고 이들이 이렇게 익었구나. 저녁이 내리기 시작한 논둑에 서서. 뒤늦게나마 여기 서 보기를 잘했다는 생각을 한다. 순한 산세와 물길을 닮아 선한 눈빛을 한 사람들 곁에서 검사로 살았던 나의 한 시절이, 또한 장하게 익고 있었다.

돌아오는 길에는 네비게이션을 켜지 않았다. 그저 익숙한 방향을 따라 차를 몰았다. 어둠이 내린 좁은 국도 길을 구불구불 따라가다 보니 어느 순간 눈앞이 확 트이면서 멀리 단정한 마을의 불빛들이 눈에 들어왔다. 나의 상주가 거기 있었다.

굿바이 상주, 올리브그린색 작별

 올 것이 오고야 말았다. 다시 인사발령이 난 것이다. 상주에 올 때만큼은 아니었지만 갑작스러운 인사발령이었다. 아니 갑작스럽다기보다는 원치 않았던 인사발령이라고 하는 것이 정확하겠다. 원래 그렇지. 원치 않는 이별은 이토록 아득바득 오지. 상주지청장으로 발령받은 지 7개월 19일 만에 나는 다른 곳으로 떠나게 되었다.
 계획했던 많은 일들이 남아 있었다. 우선 상주지역 고등학교에서 하기로 한 강의 일정이 다음 달에 잡혀 있었다. 자전거 동호회원들과 상주보까지 자전거를 타고 가보자는 계획도 실현하지 못했다. 검찰청 뒷산 완등도, 검사 3인방과 2 대 2로 편 먹고 하기로 한 배드민턴 시합도 아직 못 했는데…. 무엇보다, 감이 익어 곶감이 되는 과정을 지켜보지 못했다. 곶감의 도시 상주에 오면서 잎이 나고 꽃이 피고 감이 맺히고 익어 곶감이 되는 순간까지 전 과정을 한번 제대로 지켜보리라 계획했었다. 입술 사이에 앙 깨물고 싶은 순한 잎이 날 때부터 감꽃이 바닥에 우수수 떨어지는 시간들을 매일 지켜보고 기록했다. 이제 제법 열매의 모습을 갖춘 감들이 어떻게 익어가는지 지켜볼 참이었는데, 그걸 다 못하고 떠나게 되었다.

인사발령이 난 날은 저녁에 상주시민들과 만나서 하는 강연회가 있었다. 비가 몹시 많이 내리는 날 상주도서관 강당에서 나를 보겠다고 비를 뚫고 도착한 시민들을 만났다. 강연 끄트머리에, 나는 오늘 인사발령을 받았다고, 이제 다음 주가 되면 더 이상 상주의 지청장이 아니라고 말했다. 상주의 평야를 닮아 눈길이 순한 사람들이 그날 처음 만난 나와의 이별을 아쉬워해주었다. 이곳에 처음 도착해 대보름 행사에서 소원지를 묶을 때부터 지난 7개월 내내 내가 무사태평을 빌었던 이들이었다. 낯모르는 사람들의 무사를 빈다는 것이 어떤 마음인지를 느끼게 해준 사람들이었다. 말의 끝이 '~여'로 끝나는 상주의 둥그런 사투리도 이제 막 익숙해진 참이었는데, 기어이 떠날 시간이었다.

그러나 나는 떠나는 것에 익숙한 사람, 인사발령에 따라 전국 어디든 가서 짐을 풀고 또 꾸리는 사람이다. 이제껏 숱하게 해온 경험을 바탕으로 익숙하게 이동과 이별을 준비한다. 업무를 정리하고 짐을 꾸리고, 남은 이들과 인사를 나누는 일은 내가 지난 18년간 늘 해오던 일이다.

조금 다른 점이 있다면, 내가 기관장이라는 사실일 텐데,

하여 사사로이 떠나지 못하고 전 직원이 참여하는 이임식이라는 공식행사가 떡하니 마련될 참이었다.

'울지 말고 쿨 하게 떠나야지.'

나는 원래 이동할 때 우는 사람이 아니다. 이제까지 겪어 왔던 수많은 이동의 장에서 한 번도 울어본 적이 없다. 그런데 이번만큼은 틀림없이 울고 말 것 같은 예감에 이임식 며칠 전부터 마음을 다잡았다. 이동을 밥 먹듯이 하는 공직자가, 그것도 기관장씩이나 되어서 펑펑 울고 그러면 너무 흉할 것 같았다. '그동안 여러분과 함께해 행복했습니다. 안녕히 계세요' 정도의 깔끔한 인사를 남기고 멋지게 손 흔들며 떠나고 싶었다. 그렇게 마음을 다잡았는데도 뭔가 자꾸 무너지려는 마음 한쪽이 불안해서 검사들에게도 미리 말해놨다.

"나 진짜 안 울 거니까. 그렇게 알아둬."

그런데 복병은 우리 검사 3인방 중에 끝내주는 울보가 한 명 있다는 것이었다. 이 친구는 선천적으로 타고난 것이 아닐까 싶을 정도로 울 수 있는 모든 순간에 '누구보다 빠르게 남들과는 다르게' 탁월한 울음을 우는 이였다.

"청장님, 성공하시려면 일단 S검사랑 눈을 마주치지 않는 것이 중요할 것 같습니다."

B검사가 조언했다. 옆에서 T검사가 격하게 고개를 끄덕였다.

"아니에요, 저도 이번엔 안 울 거예요."

S검사가 자신했지만, 그건 믿을 수 없는 말.

이임사를 무사히 마칠 때까지 S검사 쪽은 쳐다보지 말아야겠다고 다짐했다.

이임식을 준비하며 노래를 하기로 마음먹었다. 이제껏 수없이 많은 이임식을 봐왔지만 떠나는 이들이 각 잡고 하는 이임사는 결국 마음에 남지 않았다. 무엇보다 나의 상주를 떠나는 마음은 '상주지청 검찰 가족 여러분'으로 시작하는 딱딱한 이임사로는 담을 수 없을 듯했다.

오래 고민해 결정한 곡목은 〈세월이 가면〉. 처음 이곳에 부임한 날처럼 가슴에 꽃을 달고 이제는 한 명, 한 명 다 눈에 익은 상주지청 직원들 앞에서 나는 목을 가다듬고 이임사를 대신할 노래를 불렀다.

"세월이 가면 가슴이 터질 듯한 그리운 마음이야 잊는다 해도 한없이 소중했던 사람이 있었음을 잊지 말고 기억해줘요."

울지 않고 담담하게 끝까지 노래를 완성하려고 했는데, 역시나 검사 S가, 이임식장에 문을 열고 들어오기도 전부터 이미 울기 시작한 S가 제일 앞줄에 앉아 펑펑 눈물을 쏟고 있었으므로 어쩔 수 없이 목소리가 울컥울컥 떨렸다.

그래도 끝내 완전히 울음이 터지지는 않고 무사히 이임식을 마쳤다. 직원들과 악수를 하고 청사 마당에 서서 기념사진도 찍었다. 모든 공식행사가 끝나고 이제 마지막 짐을 챙겨 떠나려고 사무실에 돌아왔는데, 범죄피해자지원센터 사무처장님이 인사를 하러 오셨다. 내가 이곳에 처음 왔을 때 나에게 할미꽃 한 송이를 가져다주셨던 나의 심쿵요정님이다. 그를 보자마자 참았던 울음이 터졌다. 그런 나를 요정님은 요정 미소를 하고 차분히 안아주었다. 그런데 이상한 것은 한 번 터진 울음이 그치지를 않는 것이었다. 그냥 흐느낌 정도가 아니라 폭풍오열로, 나는 요정님의 어깨에 기대어 사연 있는 여자처럼 오래도록 크게 울었다. 울면서도 내 안에 이런 울음이 있었던가 의아했다. 그저 작별의 아쉬움이라기에는 너무 길고 깊은 울음이었다.

울지 않고 살아온 많은 날들이 있었다. 숱하게 마주한 슬픈 얼굴들과 버거운 나날들 앞에서도 나는 꾹 참고 울지 않는 쪽을 택했다. 우는 것은 아무것도 나아지게 하지 못한다고 믿어 왔기 때문이다. 그러나, 어떤 한 시절 어떤 다정한 사람들 곁에 고요히 있는 동안 내 안의 무언가가 변화한 것일까. 무엇을 나아지게 하려고 우는 것도, 나아지지 않아서 우는 것도 아니고. 울음은 다만 그저 노래처럼 몸속에서 흘러나오기도 한다는 것을 그제야 알았다. 마땅히 울었어도 좋을 지점에서조차 울지 않고 버텨온 날들의 오랜 울음빛이 그날 그 자리에서 터져버린 것은 아닐까. 훗날, 그날의 기이했던 울음을 떠올리며 나는 어쩌면 그 울음을 울기 위해 그곳에 간 것이 아니었던가 하는 생각이 들었다.

마지막까지 남아 있던 '상주지청장 정명원' 명패를 챙겨 들고 주차장으로 가니 내 차 옆에 무언가가 있었다. 가까이 가보니 올리브 나무가 심겨진 작은 화분이다. 차 운전석 손잡이 쪽에 가녀린 쑥부쟁이꽃 한 송이가 종이테이프로 붙어 있었다. 이런 일을 할 이는 보나 마나 심쿵요정님. 범죄 피해자들과 함께 올리브 나무 심기 행사를 한다더니 그때 심은 나무인 모양이다.

'올리브 나무는 건조한 환경에서도 잘 버티는 나무로 알려져 있지만, 사실은 물이 많이 필요한 나무랍니다. 한 번 물을 줄 때 충분히 깊이 주시고 물이 빠질 때까지 고요히 놔두세요. 이 나무는 물과 햇볕뿐만 아니라 바람도 있어야 잘 자라요. 바람이 좋은 날은 창을 활짝 열고 바람을 쐬게 해주세요. 가지가 바람에 마음껏 흔들려야 합니다.'

가녀린 가지가 심긴 올리브 화분을 옆자리에 태우고 차를 출발한다. 목적지는 법무부가 지정해준 나의 새로운 일터. 어떤 사람들의 삶과 어떤 사람들의 범죄가 있는 곳. 그곳에서 요정도 없이 나 혼자 저 나무를 잘 살려낼 수 있을까? 조금 걱정이 되지만, 그녀의 조언을 단단히 기억해놨으니, 한번 해보는 거지. 나의 차 올리브✦가 가볍게 상주IC를 통과해 새로운 곳으로 향한다.

✦ 차의 외장이 올리브그린색이라 이름을 '올리브'라고 지었다.

에필로그

어떤 바다가 사과밭이 되듯, 우리는 또 무엇이 되어갈 테니

강원도 정선의 우뚝한 산들 중 하나, 해발 900미터의 고원 지대에 어떤 땅이 있다. 상상할 수 없는 까마득한 과거에는 이 땅이 바다였다고 한다. 지구의 어떤 사정으로 인해 융기한 바다가 산이 되었다고 산 중턱에서 발견되곤 하는 바다생물의 화석들이 말해주었다. 산이 된 땅을 일군 것은 화전민이라고 들었다. 산의 만만한 사면에 불을 놓고 땅을 골라 밭의 형태를 만들었다. 땅은 경사가 급하고 돌이 많아 거칠었다.

처음에, 나의 아버지는 이 땅에서 배추 농사를 지었다. 이 동네는 전국에서 손꼽히는 대단위 고랭지 채소 단지였다. 하늘 아래 문득 펼쳐진 대단위의 화전밭에 일제히 배추들이 자라면, 도시의 거대한 화물차들이 들어와 아슬아슬 최대한의 높이로 배추들을 쌓아 싣고 떠났다. "으샤 으샤" 하고 트럭 위

배추 탑 위로 천막을 묶는 인부들이 힘을 주는 소리를 흉내내며 배춧골 아이들은 배추처럼 자랐다.

그러나 배추 농사는 오래가지 못했다. 배추는 유동성이 큰 작물이었다. 가락동 채소시장에서 어느 해는 한 트럭에 몇 천만 원에 팔리던 배추가 다음 해에는 몇 십만 원에도 팔리지 않았다. 운송비도 나오지 않아 출하를 포기한 배추 포기들이 밭에 선 채로 무르고 썩었다. 그런 해에는 배추 썩는 냄새가 온 마을을 지배했다. 가격 폭락을 예측하지 못하고 일찌감치 밭떼기 계약을 했던 중간 상인 몇몇이 목숨을 끊었다는 흉흉한 소문이 들리기도 했다. 그다음은 병충해였다. 어느 해인가 외지에서부터 들어왔다는 무름병이 동네의 모든 밭에 퍼졌다. 여러 해 연작으로 이미 힘을 잃은 땅은 바이러스를 이겨내지 못했다. 농부들은 제 몸 상하는 것을 감수하면서 독한 농약을 뿌리며 버텼지만 오래가지 못했다. 결국은 기후의 문제였다. 온난화라는 지구적 재난 앞에 한낱 농부들의 저항은 무력했다. 전국에서 손꼽히던 대단위 고랭지 채소 단지는 시나브로 축소되거나 사라졌다.

배추 시대 흥망성쇠의 귀퉁이에서 가진 것이라고는 특히 가파르고 접근성이 좋지 않은 땅뿐이던 아버지는 늘 꾸준히 무언가를 시도하던 사람이었다. 어느 해에는 대파를, 피망을, 시금치를, 샐러리를 심었고, 그 산골에 머스크멜론을 들여오기도 했다. 그러다가 어느 해에는 꽃 농사를 선언했다. 색색깔의 리시안시스와 장대한 해바라기가 차례로 하늘과 맞닿은 화전밭에 심겼다. 어느새 노인의 반열에 든 아버지는 등이 조금 굽은 채로 돋보기를 쓰고 가장 알맞게 핀 꽃송이를 골라 다발로 엮었다. 등락이 심하고 점차 사라질 운명일지라도 어쩌다가 한방이 있는 배추 농사에 비해 아버지가 하는 농사는 대부분 큰돈이 되지는 못한 듯하다. 돈도 안 되는 일에, 매번 새로운 작법과 새로운 출하법을 익히느라 남들 몇 배는 바쁜 아버지를 누군가는 비웃기도 했던 모양이지만, 매해 겨울이면 '또 내년엔 뭘 심어볼까' 골몰하는 아버지가 나는 늘 자랑스러웠다. 잔뜩 피곤한 저녁에도 작업일지를 펴고 그날의 날씨와 작물의 상태와 그 자신이 무엇을 했는가를 기록하는 아버지의 등을 바라보며 나는 자랐다.

그러던 어느 해였다. 아버지는 하늘과 맞닿은 돌 많은 비탈밭에 사과나무를 심겠다고 했다. 이제까지와는 전혀 다른 새로운 농법을 시작하기에 아버지는 어느덧 동네에서 가장 나이가 많은 농부가 되어 있었지만 그렇기에 "더 늦기 전에"를 강조하며 아버지는 멀리까지 가서 사과나무 묘목을 실어 왔다. 문득 돌아보면 이미 기후 위기에 몰린 동네의 배추밭들이 점점 사과밭으로 변하고 있었다.

사과나무 묘목은 처음엔 그저 꼬챙이 같아 보였다. '이것이

커서 사과나무가 된다고?' 쉽게 믿어지지 않는 연약함이었다. 사과를 수확하려면 3년쯤 기다려야 할 거라고 아버지는 신중하게 말했다. 이런저런 채소에 대해서는 어느 정도 능통한 농부였지만 그 역시 사과나무는 처음이었다. 아버지는 매일같이 밭에 나가 나무를 매만졌다. 지지대를 세워주고 조금씩 뻗어나가는 나뭇가지의 방향을 잡아줬다. 처음부터 수형을 잘 잡아야 좋은 사과나무가 되는 것이라고, 아직 사과를 맺지 않은 이 시기가 중요한 것이라고 가지를 매만지며 말했다. 3년이 지나자, 거짓말처럼 꼬챙이는 어엿한 사과나무가 되었다. 제법 늠름해진 가지 끝에 잎과 꽃을 틔우더니 정말이지 크고 붉은 사과를 맺었다. 태초에 바다였으나 융기하여 산이 되었다가 뜨거운 불길을 입고 화전밭이 되었던 땅은 이제 명실상부 아버지의 사과밭이 되었다.

　이곳에서 나는 사과는 유난히 맛이 달고 과질이 단단하다. 한입 베어 물면 온통 새콤하고 달콤한 과즙이 우주를 다 채울 기세다. 이 한 알의 과일을 만들어낸 것은 고랭지의 찬 아침이다. 높은 산자락에서 태어난 바람은 한여름에도 작은 과일의 이마를 차게 식혔다. '여긴 왜 늘 이렇게 추워' 힘겹게 어깨를 펴는 아침들이 어린 것의 과육을 단단하게 뭉쳤다. 그 위로 맹렬히 쏟아지던 한낮의 햇볕이 새콤하고 달콤한 과즙으로 차올라 한 알의 사과가 되었다. 저마다 붉게 익은 사과를 주렁주

렁 달고 일렬로 도열한 사과나무들처럼 늠름하고 가득한 풍경이 또 있을까. 잘 익은 사과는 손만 가져다 대면 기다렸다는 듯이 똑 하고 떨어져서 손안에 묵직하게 담긴다. 하나의 우주가 손바닥 위에 놓인다. 팽팽하게 사과를 잡고 있던 가지가 마침내 홀가분하게 팔을 뻗는다.

"이제 몇 년을 더 이렇게 농사를 지을 수 있을지 모르겠구나. 아직 해보고 싶은 일들이 많은데 말이다."

툭하니 말을 던진 뒤 아버지는 휴대폰 화면으로 '신진 사과 농법'을 소개하는 유튜브를 본다. 식물의 생장과 자연의 섭리에 대해서야 아빠가 그 유튜버보다 훨씬 많이 알 것 같은데…. 작은 휴대폰 화면에 집중하느라 조금 더 굽은 아버지의 등을 본다. 바람과 햇살과 어둠과 습기들, 바다와 산이었다가 화전이었던 땅의 기운을 모두 먹고 사과 한 알이 완성되듯 한 사람의 농업인으로 단단히 익은 그를 본다.

농부의 딸은 세상에 나가 검사가 되었다. 사람들의 삶 속에 범죄라고 이름 붙은 것들을 찾아내고 분석하고 분류하고 그에 마땅한 답을 고르는 일을 한다. 세상의 모든 일이 그렇듯 이 일을 잘 해내려면 먼저 토양이 되는 사람들의 삶의 결을 이해해야 한다. 지금은 다만 황막한 범죄의 현장일 뿐이지만 어느 과거에는 바다이거나 산이었을지 모를 땅의 역사를,

그 땅 위에 내려앉았을 어둠과 바람과 햇살의 이야기를 들어야 한다. 그러지 않는다면 기껏해야 유죄와 무죄로만 구축되는 이 옹졸한 세계에서 인간에 대해 희망을 품는 일은 번번이 실패하고 말 것이므로.

하여, 이 책은 아버지가 고단한 밤에도 거르지 않고 매일 쓰던 영농일지의 방식으로 쓰였다. 허리를 굽혀 땅을 고르고 가지를 햇살이 드는 쪽으로 일일이 매만지는 농부의 방식으로, 기후 위기처럼 닥쳐오는 인간의 불행 앞에 기꺼이 애쓰는 이들의 표정을 기록한 것이다.

몇 해에 걸쳐 쌓여온 기록을 한 권의 책으로 엮고 보니 한 해 농사의 수확물을 실어 세상으로 내보내는 농부의 심정이 된다. 그러고 보니 내가 세상을 바라보는 관점의 대부분은 아빠의 거친 밭으로부터 온 것들이었다. 그러한 방식으로 앞으로 조금 더 나아가볼 것이다. 어떤 바다가 사과밭이 되듯, 우리는 또 무언가가 되어갈 테니까.

검찰청 창살 아래 숨죽이던 나를 찾아와, 이런 이야기를 세상에 전해보자고 설득해준 한겨레출판의 김진주 편집자에게 감사의 마음을 전한다. 이 험난한 비탈밭에서 해지는 줄 모르고 함께 땅을 고르고 있는 나의 동료들과, 무엇보다 이 책에 실린 이야기들의 원래 주인인, 이름 없이 등장하는 모든 이에게 감사드린다.

추천의 말

검사에 대한 편견이 있었다. 누구보다도 똑똑하고, 어떤 상황에서도 냉철함을 유지하고, 찔러도 피 한 방울 나오지 않을 것 같은 이미지…. 지난 몇 년간 이 편견은 상당 부분 깨졌지만, 여전히 그들은 차가운 존재처럼 느껴진다. 검사(檢事)가 흡사 칼을 다루는 검사(劍士)처럼 다가오는 것이다. 정명원의 책을 읽으며 남아 있던 편견마저 산산이 깨졌다. 거기에 들이 차는 것은 각양각색의 마음이다. 인간이라서 사람 쪽으로 기울어지고 인간으로서 온몸으로 슬퍼하고 인간이기에 다시 우뚝 서는 마음.

스스로를 '외곽주의자'라고 일컫는 저자는 주변을 살피는 데 여념이 없다. 바닥을 훑고 틈을 찾고 구석을 응시한다. 범죄를 수사하고 공소를 제기하는 직업인이기 이전에 그는 발견을 사랑하는 생활인이고 타고난 '이야기꾼'이기 때문이다. 어디서든 '심쿵 요정'을 찾고 나를 지키는 이야기, 어떻게든 내가 믿는 가치를 잃지 않으려 애쓰는 이야기, 인생이라는 무대에서 '나만의 춤'을 완성해나가는 이야기가 바로 여기 있다.

이 책 덕분에 알게 되었다. 정겨움과 다정함이 하루를 완성한다는 것을. 사람과 그 사람이 빚어내는 사연이 삶을 빛나게 한다는 것을, 그리고 세상의 거의 모든 일은 '사람들의 삶의 결'을 헤아리는 눈부신 마음에서 비롯한다는 것을.

―오은, 시인

유무죄 세계의 사랑법

ⓒ 정명원, 2025

초판 1쇄 발행 2025년 7월 11일
초판 2쇄 발행 2025년 8월 25일

지은이　　정명원
펴낸이　　유강문
편집1팀　　김진주 이연재
마케팅　　김한성 조재성 박신영 김애린 오민정

펴낸곳　　(주)한겨레엔 www.hanibook.co.kr
등록　　　2006년 1월 4일 제313-2006-00003호
주소　　　서울시 마포구 창전로 70(신수동) 화수목빌딩 5층
전화　　　02) 6383-1602~3　팩스 02) 6383-1610
대표메일　book@hanien.co.kr

ISBN　　　979-11-7213-283-5 (03300)

• 책값은 뒤표지에 있습니다.
• 파본은 구입하신 서점에서 바꾸어 드립니다.
• 이 책의 일부 또는 전부를 재사용하려면 반드시 저작권자와 ㈜한겨레엔 양측의 동의를 얻어야 합니다.